王 一 著

社会保护的
理论分野与整合

"再商品化"互构论
与"去商品化"权利论

THEORETICAL DIVISION AND INTEGRATION
IN SOCIAL PROTECTION

THE MUTUAL-CONSTRUCTION THEORY OF
"RECOMMODIFICATION"
AND THE RIGHT THEORY OF
"DECOMMODIFICATION"

社会科学文献出版社
SOCIAL SCIENCES ACADEMIC PRESS (CHINA)

王 一

　　管理学博士，吉林大学哲学社会学院教授、博士生导师，匡亚明青年学者；主要研究方向为社会保障理论与社会政策；出版学术专著2部，在CSSCI核心期刊上发表论文50余篇，其中多篇被《新华文摘》《中国社会科学文摘》等全文转载；主持国家社会科学基金项目2项；获吉林省社会科学优秀成果奖一等奖1项、二等奖2项。

序　言

　　社会保障在今日中国既是社会热点，也是重要研究议题。社会保障与社会学的渊源颇深，从学理上说，社会学认为政府、市场与社会是最重要的三个主体或三大机制，社会保障是保护社会成员的各种国家干预政策，如何在释放市场力量的同时保护社会成员免受自由市场的伤害，维持三个主体的相对平衡，是社会学与社会保障学科的共同关切；从学科上说，社会保障作为福利社会学、社会政策或社会建设的组成部分而成为社会学的研究领域，很多高校在劳动与社会保障专业设立之初，都将其归入社会学系。目前，中国社会学会下设社会发展与社会保障专业委员会、社会福利专业委员会、社会政策研究专业委员会，很多社会学同仁长期从事社会保障问题研究。

　　本书作者王一教授就是典型的社会学背景从事社会保障研究的青年学者，本书将研究视域从社会保障扩展到社会保护，恐怕也与其社会学专业背景有关，是试图站在社会学立场上进行的理论梳理与反思。本书将"自由市场的反向运动"作为社会保护的逻辑起点，在与市场机制的互动中展开对社会保护的研究，梳理出"再商品化"互构论和"去商品化"权利论两种理论维度。作者提出"再商品化"互构论体现社会保护的市场原则，"去商品化"权利论体现社会保护的权利原则，市场原则和权利原则的平衡是社会保护的理论诉求和实践要求。中国社会保护体系面临多重非均衡性问题，市场原则和权利原则尚未达到理想的均衡状态是根源所在。在此基础上，作者阐述了社会团结经济理论对中国社会保护体系的借鉴意义。

　　本书有三点给我留下了深刻印象。

一是理论探索的勇气。古今中外的社会保护思想十分丰富庞杂，但是能否被称为"社会保护理论"往往是存在争议的。作者从劳动力的"商品化""去商品化""再商品化"出发，区分了散在经济学理论中关于社会保护的各种论述与社会保护理论，认为前者是以市场机制为中心展开的，而后者是立足于劳动力"再商品化"、强调社会保护主体性的，并提出采取"互构"的视角来分析和梳理社会保护与市场机制的关系。作者在此过程中至少表现出了理论探索的勇气，在为社会保护理论的主体性发展而努力。

二是对本土化的态度。社会学与社会保障同为"舶来品"，中国社会学界和社会学者的社会学本土化努力从来没有中断过，包括社会学研究议题的本土化、理论与方法的本土化、研究范式的本土化以及中国社会学的社会实践、社会实验、社会干预。社会保障也面临类似的问题，作者提出要寻找社会保护实践中带有普遍意义的、有固定互动规律的因果关系，遵循社会科学研究的解释传统和多元化的普遍主义立场，通过比较研究的方法发现社会保护的理论线索、实践逻辑和基本规律，进而立足国情探索新时代中国社会保护的有效路径。这是值得肯定的、可行的本土化探索。

三是对社会团结经济的关注。自1985年在中国人民大学任教以来，在我从事社会学研究的几十年中，我的主要研究方向围绕社会分层和社会流动展开，其间长期关注正义、平等、公平等相关议题，关注过进城农民的"非正规就业"问题、"非竞争型的弱势化"问题，曾提出"人人参与、人人尽力、人人享有"的共建共享理念。这些研究与本书的一些观点有不谋而合之处，特别是作者关于社会团结经济理论的论述，这种以"集体福祉、合作互惠、共建共享"为核心的理论为我们描述了一幅与市场机制不同、兼具效率与团结的图景，这或许将成为人类文明的新形态。

中国从农业文明向工业文明转型、由传统社会走向现代社会的过程中，中国式现代化在世界现代化浪潮中鲜明地表现出特有的实践、经验和路径，也必将形成独特的学术创新思想和理论。本书的理论探索正是在建构中国式现代化理论体系的大背景下展开的，既是对中国实践的梳理总结，也是对基本逻辑的探讨，值得社会学与社会保障研究者品读评鉴。

2023 年 11 月 21 日夜于北京

前　言

在当代社会科学领域，社会保障是一个综合性的研究范畴，既包括如何使社会成员生活更幸福的哲学思辨，又包括作为"社会工程"的实用性解决方案，经验实证研究、政策理念探索、价值追求反思等多层次需求使社会保障方法论始终徘徊于实证主义与人文主义之间。纵观世界社会保障发展史，关键性的制度变革都是在理论思潮的引领下完成的。工业革命初期，自由市场的扩张造成了严重的社会分裂，在自由放任主义思潮的影响下，英国等早先发展的资本主义国家开始探索有限的社会救济制度以维持社会秩序；19世纪末，劳资冲突愈演愈烈，劳工阶层反抗性的社会保护运动风起云涌，新历史学派主张国家干预经济社会生活、担负起文明和福利的职责，以此来反对亚当·斯密的经济自由主义。俾斯麦政府接受了新历史学派的建议，在德国率先建立起以社会保险为核心的现代社会保障制度；20世纪三四十年代，在资本主义经济危机的影响下，庇古的福利经济学、凯恩斯的有效需求理论备受推崇，为二战后福利国家的蓬勃发展奠定了理论基础；20世纪70年代以来，伴随福利国家危机的出现，新自由主义思潮兴起，社会保障制度进入漫长的改革阶段。可以说，社会保障理论思潮支配着社会保障实践的价值取向和政策方向。

西方现代社会保障制度是伴随着自由市场的扩张，在劳工阶层与资本的对抗中逐步建立起来的。与之相比，新中国的社会保障制度并非起源于劳动者反抗性的社会保护运动，而是社会主义国家主动选择保护劳动者权益、关切国民福祉的结果。中西方社会保障实践的逻辑起点和目标宗旨不尽相同，这意味着西方社会保障理论并不能完全解释中国的社会保障实践，我们需要在尊重社会保障基本规律的基础上，重视中国社会保障实践的独特性，探索适合中国国情的社会保障理论。但中国社会保障学界的相关研究更多的是重实证轻理论，这大概与中国社会保障理论研究长期滞后于实践有关。1998年，教育部增设劳动与社会保障专业，当时正值中国社会保障社会化改革的关键时期，城镇职工基本养老保险、城镇职工基本医疗保险等制度已初见雏形，可以说中国社会保障学者是在向实践学习的过程中成长起来的。20多年来，我们的社会保障制度不断整合、优化，形成了世界上规模最大的多层次体系，其间各种发展变化扑面而来，有太多的具体问题和生动的社会实践需要社会保障学者观察和探讨，这中间也有很多学者引领的改革探索，如退休年龄改革、职工基本医疗保险个人账户改革等，但从整体上看，关于基本规律、动力机制、基本理论的研究仍然不足。正如前辈学人所说，一个专业没有理论的基础就注定得不到发展，① 中国社会保障实践中的困境往往根源于理论上的模糊与混乱。当前，社会保障基础理论研究正在受到空前的重视，理论指导实践的格局有望到来。

从社会保障理论本身出发，其所遭遇的研究困境似乎并不能完全归咎于相对于实践的滞后性，而是与"社会保障"本身有关。现代社会保障制度被认为是工业革命的产物，具有鲜明的工业社会特征，以维护劳动者权益的社会保险制度为核心，边界清晰但包容性不足。国际劳工组织将医疗服务、老年津贴、失业津贴等十个项目作为社会保障制度的内容，这意味着其他正式或非正式的保障方式被排除在外。而且价格昂贵的社会保险在实践中并不具备普适性，国际劳工组织在1952年发布了《社会保障最低标准公约》（第102号），但时至今日全球大部分人口仍未被公约所要求的保障计划所覆盖。西方相关理论大都围绕福利（welfare）或福祉（well-being）进行讨论，社会保障显然无法满足与之相关的理论期待和实践需求。在此背景下，"社会保护"（social protection）的包容

---

① 穆怀中教授在1999年武汉大学社会保障专业课程设置研讨会上的发言，参见李珍主编《社会保障理论（第四版）》，中国劳动社会保障出版社，2017，前言，第15页。

性、开放性和理论张力使其获得越来越多的青睐。这种变化并不是一个新概念的流行。事实上，对社会成员的各种保护措施古已有之。工业社会的系统性风险只是使保护性政策制度化、体系化的推动力量。从社会保障理论到社会保护理论，本书希望能够用更加包容的态度认识保护社会成员的各种国家干预政策和理论思潮，梳理出理论线索、基本规律，以期成为社会保障基础理论研究的参考，为中国现代社会保护理论体系的形成做一点基础性的工作。本书对社会保护的讨论建立在以下前提之下：一是社会保护是具有包容性的研究范畴，不再局限于对劳动力市场的依附，是对以劳动者为核心的社会保障思维的超越；二是社会保护具有鲜明的开放性，不是封闭的体系；三是社会保护的立足点是向所有社会成员提供普及化的社会支持，是包括但不局限于社会保障的概念范畴，包括社会保险、社会救助、社会福利及相关公共服务等内容。①

接下来，笔者简单介绍一下本书的核心内容和基本思路。本书要解决的第一个问题是从何种视角来认识和探讨社会保护。梳理社会保护的理论脉络是十分冒险的，因为很多论域都与社会保护相近甚至存在交叉、包含关系，比如社会保障、社会福利、社会政策、民生保障、基本公共服务等，而且社会保护本身也始终保持着较强的逻辑张力和意义指涉的多重性。尽管困难重重，但社会保护理论的特质是鲜明的，即社会保护理论研究始于其与市场机制的互动，并在与市场机制的互动中不断发展，因此，市场机制可以成为考察社会保护理论的一条线索。社会保护的逻辑起点和最初的运行逻辑就是围绕"自由市场的反向运动"展开的，通过保护在自由市场和劳资关系中处于弱势地位的劳动者，以及市场竞争的失败者，来对抗自由市场的扩张。本书在第一章介绍了社会保护的逻辑起点与动力机制、社会保护理论的中西方思想渊源，以及世界社会保护实践的发展历程，在第二章介绍了新中国成立以来中国社会保护的历史逻辑与实践逻辑。社会保护作为所有包含市场机制的现代国家不可忽

---

① 参见唐钧《从社会保障到社会保护：社会政策理念的演进》，《社会科学》2014 年第 10 期。

视的重要制度，既要满足制度本身的精算平衡和可持续发展，又要与经济社会发展环境相适应，中国和西方各国的社会保护实践反复证明，社会保护领域存在一定程度的规律性的因果关系，只是目前关于社会保护的理论反思和建构还不够充分。那么我们的目标就应当是寻找社会保护实践中带有普遍意义的、有固定互动规律的因果关系，遵循社会科学研究的解释传统①和多元化的普遍主义②立场，通过比较研究方法发现社会保护的理论线索、实践逻辑和基本规律，进而立足国情探索新时代中国社会保护的有效路径。

本书的第三章"再商品化"互构论与第四章"去商品化"权利论，梳理了社会保护的两种理论维度。从劳动力"商品化"理论来看，劳动者失去了生产资料，只能把自己的劳动力当作可供使用的商品来出售以换取货币，从而购买维持自我生存与发展的生活资料，这一过程就是马克思著名的劳动力"商品化"。③而社会保护允许人们不通过纯市场力量就可以享受一定水平的生活，这一过程是劳动力"去商品化"。④但"去商品化"通常只能满足基本生存所需，劳动者只有进入劳动力市场，才能获得更高的收入和更充分的社会保护，这就是劳动力的"再商品化"⑤，即政府通过积极劳动力市场、公共就业服务等政策，使劳动者适应劳动力市场需求，进而通过劳动力市场获得收入和社会保护。在社会保护领域，社会救助具备"去商品化"性质，而社会保险更具"再商品化"特征。从劳动力商品化视角来看，散在于经济学理论中关于社会保护的各

---

① 赵鼎新：《解释传统还是解读传统？：当代人文社会科学出路何在》，《社会观察》2004年第6期。

② "多元化的普遍主义"一方面承认特殊性作为人类社会共同体的差异性表征随处可见，如果一味追求揭示特殊性就不能实现社会科学的抽象化要求；另一方面也承认既然任何形式的普遍主义都带有历史偶然性，那就有必要重视或保留差异性，或者说应当允许有多种不同解释并存，即将特殊性纳入"多元化的普遍主义"中。

③ 参见《资本论》（第一卷），人民出版社，2018，第194~205页。

④ 哥斯塔·埃斯平-安德森：《福利资本主义的三个世界》，苗正民、滕玉英译，商务印书馆，2010，第31页。

⑤ 参见武川正吾《福利国家的社会学》，李莲花、李永晶、朱珉译，商务印书馆，2011，第234页。

种论述①与社会保护理论之间的本质区别在于，前者是以市场机制为中心展开的，而后者是立足于劳动力"再商品化"、强调社会保护主体性的。从社会保护的主体性出发，社会保护的逻辑起点是与市场机制的对抗，在发展中又出现了融合或排斥的倾向，为了突破简单的因果对应、"二元对立"或主观建构，本书采取"互构"的视角来分析和梳理社会保护与市场机制的关系。从互构角度探讨社会保护与市场机制的关系，代表性理论至少包括双向运动理论、社会成本理论、积累的社会结构理论。这三种理论不约而同地从自由市场的内在缺陷出发，论证了自由市场对劳动力、自然、生产组织乃至整个社会的破坏和损害，进而将社会保护作为一种工具性的手段或对抗，或调适，或矫正自由市场带来的灾难，从逻辑上讲，是先有自由市场的扩张，再有社会保护的反向运动；先有社会性损害，再有补偿性的社会保护。这些理论客观上推动了社会保护理论体系的发展，但没能在通往社会保护核心价值理念的道路上前进。

社会保护在与市场机制的互构中不断发展，"再商品化"互构论的基本立场是劳动者在与市场机制的互动中获得社会保护，但市场机制对于社会保护而言是外在的影响，无法解释国家为何要承担保障某些贫困者基本生存的责任，而这才是社会保护内生性的根本动力。事实上，社会保护的内在规定性不断由现代分配正义原则证明，并由与权利相联系的资源配置来界定。本书通过对分配正义理论、社会权利理论和人的基本需要理论的梳理和总结表明，分配正义原则经历了从自然法传统向权利基础论转变的过程，在分配正义与美德、慈善剥离开来的同时也使让社会成员过上不虞匮乏的生活成为国家义务，人的基本需要理论是完成转变的重要动力，社会保护开始获得主体性的发展。但现代分配正义原则所强调的是个人权利的优先性，个人权利又与人的基本需要相辅相成。权利理论在20世纪下半叶已经发展为社会权利理论，以个体人性论为基础的自然权利观被更为全面的经济、政治、社会权利观所替代，权利成为人类表达社会公正理想的有效方式。公民身份观念的确认对社会保护

---

① 如凯恩斯有效需求理论、社会市场经济理论等理论对社会保障的阐释。

思想产生了深远影响，使社会保护从人道主义的"施舍救济"提升为"人人普享"的社会权利。社会权利观的形成充分体现了正义的当代价值，也鲜明地彰显了社会保护的主体性地位。社会保护不是反抗市场机制或维护社会秩序的工具，而是良善社会的必要组成部分。现代分配正义原则、社会权利理论、人的基本需要理论与社会保护的发展过程相辅相成，共同回答了现代社会必须回答的问题：国家要为全体社会成员过上不虞匮乏的生活承担最终的责任。

通过梳理两条理论线索可以看出，"再商品化"互构论体现了社会保护的市场原则，"去商品化"权利论体现了社会保护的权利原则。市场原则围绕市场机制展开，市场机制对社会成员的损害需要社会保护作为一种工具性的手段进行对抗或矫正。社会保护在与自由市场的博弈中为社会成员提供基本的社会支持，客观上既缓和了社会冲突、促进了资本积累，又推动了社会保护的发展。但这种平衡一旦被打破，如果自由市场过度倾轧，就会引发社会不平等和矛盾积累；如果社会保护过于强势，则会引发发展成本上升。这两种情况都有可能导致经济、社会危机。相较市场原则，权利原则围绕社会成员对于社会资源的"应得"展开，分配正义理论追求的是以个人权利为基础的"得其应得"，人的基本需要理论和社会权利理论进一步彰显了"得其应得"的正当性。分配正义理论、社会权利理论和人的基本需要理论共同确认了社会保护的核心和宗旨：政府有责任使全体社会成员过上不虞匮乏的生活。权利原则为社会保护提供了内生性的合法性基础，并且规定了社会保护的实践逻辑。至此，市场原则的实践逻辑与权利原则的内在动力为社会保护提供了自足的规范性基础：政府承担必要的社会保护责任；社会保护在与市场机制的互动中不断发展；社会保护为社会成员提供有效可及且与激励机制相容的社会支持。

当社会保护不再局限于市场原则的唯一逻辑时，我们就有必要超越社会保护作为"自由市场反向运动"的逻辑起点，重新思考社会保护的基本范畴。学界对社会保护基本范畴的探讨大都从波兰尼的经典理论出发，通过社会保护与社会保障、社会福利、社会救助等范畴的比较来界定社会保护，或者从国际组织对社会保护的界定中认识社会保护，这些讨论奠定了重要的认识论基础。但鉴于社会保护、社会保障、社会福利、社会救助等概念在具体内容上存在不可避免的交叉性，本书倾向于放弃从比较中认识社会保护的路径，试图从社会保护本身的特点和内生动力角度来考察其基本范畴。延续市场原则与权利原则的逻辑进路，社会保护至少应当包括两个层次的内容：一是目标或状态，即社会保护所要达成的良好生活状态是什么；二是机制或模式，即通过怎样的制度安排能够达成社会保护所追求的目标。因此，社会保护可以被界定为，通过有效的供给模式，使社会成员实现不虞匮乏的良好生活状态的制度体系，涉及社会救助、养老保障、健康保护、劳动安全、就业保障、住房保障、教育福利、职业福利、特殊群体福利服务及其他公共服务等广泛的领域，既包括政府正式制度，也包括其他能够实现良好生活状态的非正式制度。良好生活状态是以生产方式为基础、动态发展的，涉及规范分析和事实判断的综合领域。从规范性角度来看，社会保护需要解决两个问题：一是社会保护的自足的规范性基础，这一点通过市场原则的实践逻辑和权利原则的内在动力得到了解决；二是要解决社会保护的有效性问题，确保有效可及的社会保护制度的可持续性。对社会保护有效性的检验就是要考察在不同的历史时期，国家为社会成员提供了怎样的保护制度，使其达到了何种生活状态。市场原则和权利原则的平衡是社会保护的理论诉求和实践要求。中国社会保护体系面临多重非均衡性问题，市场原则和权利原则尚未达到理想的均衡状态是根源所在。要解决多重非均衡性问题，在全球经济复苏过程中表现突出的社会团结经济值得关注。

社会团结经济作为正在发展中的、开放的理论与实践范畴，正在以不同于自由市场的方式实现增长和就业。社会团结经济中成员以协作劳动的形式使用共同占有的生产资料创造财富，共同体的全部财富归共同体成员共享，这种模式具备共同占有之下的个人所有制特征。本书的分析表明，社会团结经济以集体福祉、合作互惠、共建共享的逻辑代替生产性、市场化的逻辑，形成组织基础和整合力量，为全体社会成员提供较为充分且均衡的保护，通过多种合作形式将抽象的公共利益具象化为社会成员的具体利益,为解决中国社会保护体系的多重非均衡性问题提供了新的思路。在社会团结经济理念下,探索建立非常规就业者合作社、制定基本医疗保险家庭联保、确定覆盖全民的社会保障底线等制度,将去组织化的非常规就业者重新团结起来,使全体社会成员获得体面生活的基本保障,更好地发挥在发展中保障和改善民生的基础性作用。本书希望能够通过梳理理论线索发现基本规律,在理论指导下回应现实关切。

目　录

第一章

社会保护的逻辑起点与发展动态

社会保护最早由卡尔·波兰尼提出，作为"自由市场的反向运动"进入社会政策领域，并始终保持着较强的逻辑张力和意义指涉的多重性。社会保护理论有着深厚的思想渊源，中国社会保护思想主要形成于春秋战国时期，包括民本仁义、抚恤济贫等；西方社会保护思想从柏拉图的生存正义开始，包括乌托邦、空想社会主义等。在实践方面，现代社会保护体系经历了劳动者的生存保护阶段、劳动者的收入保护阶段、社会成员的权利保护阶段及其后的改革阶段。

第一节　社会保护的逻辑起点与动力机制

工业社会以来，伴随着自由市场的不断扩张，在圈地运动的土地商品化进程和工业革命的劳动力商品化进程中，社会保护以自由市场的反向运动为逻辑起点，获得了阶段性的发展。

一　社会保护的逻辑起点：自由市场的反向运动

圈地运动的土地商品化进程萌芽于中世纪，欧洲大陆 12 世纪就出现过圈占土地的现象，16 世纪末 17 世纪初，英国政府为支持工场手工业的发展，制定了大量法律法规来支持圈地，使圈地运动以合法形式大规模推进。直到 19 世纪中叶，英国的圈地运动才逐渐结束。圈地运动是一场富人对抗穷人的革命[①]，自由市场的扩张使穷人在公共利益中所占的份额被掠夺、房屋被拆毁、自我防护体系被破坏，进而引发了激烈的社会保护运动。1601 年的《济贫法》（the Poor Law）作为 1563 年《工匠法》（the Stature of Artificers）的补充，与 1975 年的《斯品汉姆兰法》（Speenhamland Law）共同构成了这一时期"社会保护运动"的基本框架。《工匠法》针对受雇佣者，规定了强迫劳动、学徒期和工资年度评估等基本内容，避免行会任意招收学徒作为廉价劳动力，同时确保了受雇佣者能够得到基于生活成本之上的工资，奠定了管制和家长制的劳动组织基调。《济贫法》针对的是未被雇佣者和无法被雇佣者，未被雇佣者是指有劳动能力的贫困者，教区有义务为其提供岗位，使其通过工作养活自己；无法被雇佣者包括孤儿、无人赡养的老人、残疾人等群体，教区要建立济贫所解决其救济或赡养问题。尽管由于教区济贫能力有限、对贫困的麻木和冷漠等因素在一定程度上削弱了《济贫法》的效用，但总体上，英国"近 16000 个济贫机构还是成功地使得乡村生活的组织架构免于破

[①]　卡尔·波兰尼：《大转型——我们时代的政治与经济起源》，冯钢、刘阳译，当代世界出版社，2020，第 35 页。

损和毁坏"。① 《斯品汉姆兰法》则规定工资之外的津贴应该通过与面包价格挂钩的方式予以确定，以便保证贫困者不论工资多少都能够得到最低限度的收入。对比《济贫法》和《斯品汉姆兰法》可以发现，在《济贫法》中，贫困者要么工作要么接受救济，这取决于其是否具备工作能力，并不存在作为工资补助的"津贴"；而《斯品汉姆兰法》则使人们可以在工作的同时得到救济。《斯品汉姆兰法》的出现不仅是对市场机制的反抗，而且几乎直接提出了"生存权"这一要求。但由于《斯品汉姆兰法》会使劳动者的工资提升至最低工资水平，雇主就用尽可能低的工资雇用劳动者，由此引发的后果就是只有依赖救济的人才有被雇用的机会，雇主是低工资的受益者却不必补偿低工资与贫困线之间的差额。从实施结果来看，试图保障劳动者生存权的《斯品汉姆兰法》却导致了贫困者的激增。在当时的历史背景下所形成的社会共识是：市场机制的工资体系与"生存权"是难以共存的，"生存权"的诉求不仅破坏了市场机制，而且伤害了其原本想要救助的人。

改革《斯品汉姆兰法》在当时已经成为社会共识。在此背景下，1834 年的《济贫法修正案》（the Poor Law Amendment Act）规定，只有进入作为耻辱标志的贫民习艺所才能得到救济。这意味着劳动成为获得保障的条件，市场经济在创造出巨大财富的同时也导致了空前规模的贫困问题。工人们"很少受过教育，几乎每个人都发育不良，瘦弱多病，居住在散发着恶臭的陋室……他们的一生始终伴随着贫困……大量的童工进入到了工厂，他们干着和成年人一样的工作，但却拿着低廉的工资，忍受着恶劣工作环境对自己身心的影响"②。自由市场的扩张再次引发了社会保护运动的兴起，在工人阶级的反抗、议会中改革派的斗争等多方努力下，1847 年英国议会通过了《十小时工作日法案》（Ten Hour Day Bill），并规范了对童工的使用；1890 年英国议会通过了《工人阶级居住

---

① 卡尔·波兰尼：《大转型——我们时代的政治与经济起源》，冯钢、刘阳译，当代世界出版社，2020，第 90 页。
② 李宏图：《"权利"的呐喊——19 世纪西欧的社会冲突与化解》，《探索与争鸣》2007 年第 6 期。

法》（Working Class Residence Law），要求地方政府拆毁不合卫生要求的房屋，并建造新房屋以满足工人阶级的基本居住需求。在19世纪末的几乎同一时间段，德国、法国、奥地利等国家，纷纷建立了工人抚恤金制度、疾病与健康保险制度、养老金制度，以及工厂安全制度、公共设施制度等社会保护措施。各种劳工立法的"国家化"降低了市场对劳工的伤害程度。

可以看出，作为自由市场反向运动的社会保护所对应的领域是宽泛的，既包括作为现代社会保护制度起点的《济贫法》，也包括奠定劳动组织基调的《工匠法》，还包括与生存权高度相关的《斯品汉姆兰法》，一系列的工厂法（factory law）、社会立法（social legislation），以及各种政治性和产业性的工人阶级运动。社会保护最初的对象以劳动者为核心，辅之以领取救济的贫困者，形成过程既有政府主导的保护性立法，也有迫于工人运动的被动行为，解决方案可以在个人主义与集体主义、自由放任与干预主义等不同立场之间切换。"从自由主义解决方案向'集体主义'解决方案的转变有时就发生在一夜之间"①，例如英国《工厂法》的立法工作是在保守党内阁和自由党内阁交替执政期间完成的；而德国的工厂安全检查制度是在罗马天主教和社会民主党共同推动下实现的。也就是说，不同的政党和阶层在差异很大的动机下采取了类似的社会保护措施，这表明市场机制的扩张威胁到了根本性的公共利益，对劳工的保护在当时是紧迫的现实需求。

因此，社会保护的逻辑起点和最初的运行逻辑就是围绕"自由市场的反向运动"展开的，通过保护在自由市场和劳资关系中处于弱势地位的劳动者，以及市场竞争的失败者，来对抗自由市场的扩张。在此后的几十年中，关于社会保护的议题主要围绕着"社会保护与市场机制互动"这一理论场域的反思与争论展开，与劳工保护、福利制度相关的研究让位于社会保护、福利国家、劳动关系等领域。

---

① 卡尔·波兰尼：《大转型——我们时代的政治与经济起源》，冯钢、刘阳译，当代世界出版社，2020，第154页。

二 社会保护的基本范畴：开放、包容、普及的福利政策

20世纪90年代以来，很多国际组织和学者开始热衷于使用"社会保护"这个概念，① "社会保护"的流行与"福利国家""社会保护"的发展动态密切相关。一方面，对于福利国家而言，自20世纪70年代末，西方福利国家在经济滞胀的影响下普遍陷入危机，里根政府和撒切尔政府的福利私有化改革奠定了20世纪末西方福利制度的基本走向，福利国家原本是治愈资本主义疾病的方法，但其自身却成为新的问题，甚至比原来的疾病更具危害性，这直接导致对"福利国家""社会福利"的讨论逐渐囿于改革议题。另一方面，对于社会保护而言，现代社会保护制度是工业革命的产物，具备工业社会所要求的标准化、专业化、集中化等特征，表现出以社会保险为核心的制度形态，这使社会保护边界明晰但包容性不足，医疗服务、疾病津贴、伤残津贴、老年津贴、遗属津贴、生育津贴、家庭津贴、失业津贴和社会救助等十个项目②构成了社会保护体系的基本内容。而且价格昂贵的社会保险在实践中并不具备普适性，2015年仅有29%的劳动适龄人口及其家庭享有全面的社保制度。③ 社会保障显然无法满足与福祉相关的理论期待和实践需求。

在此背景下，社会保护的包容性、开放性和理论张力使其获得越来越多的青睐，这种变化并不是一个新概念的流行，而是关于"福祉"的理论、实践出现了新的变化和需求。在关于社会保护的推广和运用中，国际劳工组织起到了至关重要的作用。国际劳工组织通常将社会保护作为可以与社会保障互换的概念来使用，但鉴于其以建立社会保护国际标准和规范性框架为己任，在相关论述中社会保护通常作为可以与社会保障互换的概念出现。在世界社会保障系列报告中，社会保护与社会保障的内涵基本一致，经常互换使用，特别是自2014年开始，《世界社会保障报告》

---

① 尚晓援：《中国社会保护体制改革研究》，中国劳动社会保障出版社，2007，第8页。
② 唐钧：《社会治理与社会保护》，北京大学出版社，2018，第194～195页。
③ 国际劳工组织：《世界社会保障报告：全民社会保护以实现可持续发展目标（2017—2019）》，华颖等译校，中国劳动社会保障出版社，2019，第10页。

(World Social Security Report) 更名为《世界社会保护报告》(World Social Protection Report)。在系列报告中，社会保护是一项人权，"是一整套旨在减少和预防整个生命周期中的贫困和脆弱性的政策和制度"，通过多种缴费型制度（社会保险）和"非缴费型的税收筹资福利（包括社会救助）的组合来提供上述政策领域的保障待遇"①。此外，国际劳工组织非常重视推进"社会保护底线"，在2012年通过的《关于国家社会保护底线的建议书》中，社会保护底线要求提供的福利是"确保所有需要者能够至少按各国确定的最低标准，终身享有必要的医疗服务及收入保证等基本社会保障"②。国际劳工组织试图通过建立社会保护底线以提供最基本的社会保护，社会保护在这里几乎呈现最狭义的意涵，仅仅针对最贫困、最弱势或被社会排斥的群体。国际劳工组织将《关于国家社会保护底线的建议书》视为指导各国社会保护政策的最新标准，积极推动各国以社会保护底线的形式向所有人提供基本水平的社会保障，社会保障底线作为最基本的社会保障的意涵产生了广泛的影响。通过上述分析可以看出，国际劳工组织事实上是将社会保护视为与社会保障同义的概念，而社会保护底线则是最基本的社会保障担当，包括最低收入保障和基本卫生与医疗服务，是当前国际劳工组织推动社会保护制度建设的优先任务。

除国际劳工组织外，很多有代表性和影响力的国际组织也对社会保护提出了各不相同的界定。欧洲委员会在欧洲统一的社会保护统计体系（ESSPROS）中规定了社会保护的八种功能，包括：疾病服务保护、医疗服务保护、残疾保护、老年保护、遗属保护、家庭保护、儿童保护、失业保护。③ 联合国政府职能分类（COFOG）将与福祉相关的内容分成了两个独立的部分——健康保障和社会保护，社会保护的功能又分成了9个类别，分别是疾病和伤残保护、老年保护、遗属保护、家庭和儿童保

---

① 华颖：《全球社会保障的最新动态与未来展望》，《社会保障评论》2018年第2期。
② 国际劳工局：《争取社会正义和公平：全球化的社会保护底线》，2011，国际劳工局出版处，第22页。
③ 国际劳工局：《争取社会正义和公平：全球化的社会保护底线》，2011，国际劳工局出版处，第22页。

护、失业保护、住房保护、其他未分类的社会排斥的保护、社会保护研究与开发、其他未分类的社会保护。① 亚洲开发银行将"社会保护"界定为"所有旨在帮助人们减少贫困与脆弱性的政策与项目",至少包含劳动力市场政策与项目、社会保险项目、社会救助与其他福利项目、小微金融与社区发展项目、儿童保护项目五个部分。② 世界银行把社会保护视为公共部门协助个人、家庭和社区更好管理风险并着重对贫困人群提供支持的各种公共干预措施。③

上述国际组织对社会保护的认识以社会保护为核心,但不局限于社会保护,劳动力市场项目、金融与社区发展项目等更为广泛的内容被纳入其中,并体现出"积极的社会政策"和"消极的社会政策"两种不同取向。以国际劳工组织为代表的"消极的社会政策"观点强调集体行动和国家义务,致力于在全球范围内倡导"社会保护底线",关注社会保护的风险防范作用。以世界银行为代表的"积极的社会政策"观点注重市场机制的作用,强调积极应对风险,致力于提升弱势群体风险管理工具的可及性。事实上,这两种观点的分歧在于对社会保护与市场机制之间关系认识的差别,"积极的社会政策"强调社会保护与市场的互动与融合,"消极的社会政策"强调社会保护的"去市场化"。为调和两者之间的矛盾,有社会政策学者提出诸如"适应性社会保护"(adaptive social protection)和"风险调整型社会保护地板"(risk-and-justed social protection floor)等中间概念,④ 本质上是用"积极的社会政策"理念来解读"消极的社会政策",强调提升贫困者对劳动力市场变化和社会风险的适应性。从实践角度来看,西方各国普遍将社会保护纳入"积极的社会政策"框架,推行各种"社会激活政策"(social activation policy),将社会

---

① 唐钧:《从社会保障到社会保护:社会政策理念的演进》,《社会科学》2014 年第 10 期。

② 参见顾昕《从社会安全网到社会风险管理:社会保护视野中社会救助的创新》,《社会科学研究》2015 年第 6 期。

③ 参见唐钧《从社会保障到社会保护:社会政策理念的演进》,《社会科学》2014 年第 10 期。

④ 参见顾昕《从社会安全网到社会风险管理:社会保护视野中社会救助的创新》,《社会科学研究》2015 年第 6 期。

保护项目的重心从风险防范转向能力建设。

综合上述观点，目前学界对社会保护概念范畴的认识至少可以在以下几个方面达成共识：一是社会保护是具有包容性的研究范畴，社会保护不再局限于对劳动力市场的依附，是对以劳动者为核心的社会保护思维的超越；二是社会保护具有鲜明的开放性，社会保护不是封闭的体系，几乎所有国际组织都将"其他未分类的社会排斥的保护"或"其他社会政策领域"作为社会保护的组成部分；三是社会保护的立足点是向所有社会成员提供普及化的基本社会支持。① 可以看出，经过半个多世纪的发展，社会保护研究仍然秉持着开放性的特征，从对抗自由市场扩张的理论范畴落实到具体的政策项目，取得了长足的进步。值得关注的是，学界对社会保护的认识已经不再局限于"自由市场的反向运动"，而是出现了"社会保护"与"市场机制"的融合，以及"去市场化"的倾向。这意味着学界对社会保护与市场的关系、社会保护的动力机制等问题的认识可能出现了分歧或变化。要厘清这种变化就需要从社会保护的理论基础出发，分析和反思社会保护的基本问题。

第二节　社会保护理论的中西方思想渊源

社会保护理论一般包括宏观的思想流派或理论基础和微观的应用性事务理论，本书主要探讨的是社会保护的宏观理论基础，在此基础上探讨社会保护的基本原理。现代社会保护体系的制度化建设始于工业革命时期，但政府与民间力量对社会成员的保护古已有之，如对鳏寡孤独者的救济等。因此，社会保护理论有着深厚的思想渊源，并持续影响着社会保护的理论与实践。

一　中国社会保护思想概述

中国历史上具有重要影响的社会保护思想主要形成于春秋战国时期，

---

① 唐钧：《从社会保障到社会保护：社会政策理念的演进》，《社会科学》2014 年第 10 期。

在秦汉、唐宋、明清时期有所发展，整体上与哲学思想和政治思想紧密结合，可以概括为民本思想、抚恤思想、济贫思想、互助思想和仁义思想，在"家国同构"的宗法社会中，形成了多层次的国家控制和宗族保障政策。

（一）春秋战国时期的社会保护思想：思想争鸣与以重礼贵仁为核心

春秋战国时期是中国历史上空前的变革时代。历史的轴心似乎被发现处于公元前500年左右，在公元前800年到公元前200年间发生的精神变革历程之中。正是在那一时期我们遇到了最深刻的历史分界线，我们今天所知道的"人"在那时形成了。我们可以把这个时期简称为"轴心时代"①。在铁器、牛耕等技术进步的推动下，春秋战国时期的生产力迅速发展，"封建领主制"开始被"封建地主制"所取代，并最终由封建割据走向大一统国家。这既是战乱频仍的时代，也是百家争鸣的时代，"士"的崛起使春秋战国时期学派林立、诸子并起，诸子百家的学术思想成为中华民族永恒的精神家园。这一时期，面对社会矛盾，儒家从血亲人伦出发、道家从自然无为出发、墨家从平等互爱出发、法家从自立自为出发，形成了各具特色的社会保护思想，整体上以儒家的重礼贵仁思想为核心。

孔子生活在春秋时期，自而立之年开始创办私学，讲经传道，著《春秋》，编撰审定《诗》《书》《礼》《乐》。孔子是儒家学派的重要代表人物，是中国古代伟大的思想家、教育家。儒家思想自先秦即为显学，孔子在当时被尊为"国老"，此后对中国思想界、学术界，乃至政治生态、公序良俗都具有重大影响，被奉为"圣人""至圣先师"。国学大师章太炎尝试对"儒"进行界定，将"儒"区分为三种。一是基于中国文明意义的"达"名之"儒"，这是最宽泛意义上的"儒"。二是中国传统制度意义上的"类"名之"儒"，这也是一种广义的儒家。凡"知礼、乐、射、御、书、数"者，可归入此类。三是作为先秦诸家之一的"私"名之"儒"，这是诸子百家中之一家的狭义之"儒"，特点是"祖述尧、

---

① 卡尔·雅斯贝斯：《历史的起源与目标》，李夏菲译，漓江出版社，2019，第8~9页。

舜，宪章文、武，宗师仲尼"①。孔子的社会保护思想源于其"仁学"思想体系，主要体现在"重礼"和"贵仁"两个方面。儒家的"礼"是一种社会行为规范，孔子试图通过"周礼"建立制度化的社会秩序，本质上包含着"反对残酷的剥削压榨，要求保持、恢复并突出地强调相对温和的远古氏族统治体制，又具有民主性和人民性"。② "贵仁"是孔子思想的核心，"仁者爱人"是"仁"的核心主张，要求人们用怜悯爱人之心来处理人与人之间的关系。"泛爱众"则超越了狭隘的亲缘关系，由爱亲推及爱人，设身处地地体谅、宽恕别人。"何事于仁！必也圣乎！尧、舜其犹病诸！夫仁者，己欲立而立人，己欲达而达人。能近取譬，可谓仁之方也已。"③ 在重礼贵仁思想的引领下，孔子提出了很多社会保护思想。一是关注社会阶层间分配情况的"均无贫"思想。"丘也闻有国有家者，不患贫而患不均，不患寡而患不安。盖均无贫，和无寡，安无倾。"④ 这表明孔子已经意识到经济不平等是引发社会矛盾的重要原因，阶层间财富分配的平等状况是统治者必须考虑的因素，"均无贫"思想成为平等主义的重要思想来源，成为社会保护思想的重要组成部分。二是主张轻徭薄税、藏富于民的"薄赋敛"思想。"哀公问于有若曰：'年饥，用不足，如之何？'有若对曰：'盍彻乎？'曰：'二，吾犹不足，如之何其彻也？'对曰：'百姓足，君孰与不足？百姓不足，君孰与足？'"⑤ "百姓足，君孰与不足"的思想成为中国历代帝王休养生息、轻税富民的重要依据。此外，还包括"博施于民而能济众"的济众助人思想、"安老怀少"的济弱思想、"富而后教"的社会教化思想等，都对后世的济贫救灾等社会保护思想和政策产生了重要影响。

孟子生活在战国中期，他进一步发展了孔子以"仁学"为核心的社会保护思想，从性善论出发，提出君轻民重思想，提出"仁政王道""扶

① 章太炎：《国故论衡·原儒》，岳麓书社，2013，第157~161页。
② 李泽厚：《中国古代思想史论》，人民出版社，1986，第15页。
③ 《论语·雍也》，张燕婴译注，中华书局，2007，第83~84页。
④ 《论语·季氏》，张燕婴译注，中华书局，2007，第250页。
⑤ 《论语·颜渊》，张燕婴译注，中华书局，2007，第176页。

幼养老""制民恒产"等社会保护主张。孟子的思想体系是建立在对人性分析的基础上的，认为"无恻隐之心，非人也；无羞恶之心，非人也；无辞让之心，非人也；无是非之心，非人也"①。并进一步论证，"恻隐之心，仁之端也；羞恶之心，义之端也；辞让之心，礼之端也；是非之心，智之端也"②。由性善论推导出的"仁政"是孟子社会保护思想的理论起点，具体包括以下几点。一是君轻民贵的重民思想。"民为贵，社稷次之，君为轻。""是故得乎丘民而为天子，得乎天子为诸侯，得乎诸侯为大夫。"③ 因此，君主为了家国天下、长治久安，必须爱民、重民、利民，满足百姓基本的物质生活需要，"老吾老，以及人之老；幼吾幼，以及人之幼"④，倡导建立一个百姓生活幸福安康的有序社会。二是提出"养生丧死无憾"的理想社会标准。"五亩之宅，树之以桑，五十者可以衣帛矣。鸡豚狗彘之畜，无失其时，七十者可以食肉矣。百亩之田，勿夺其时，数口之家可以无饥矣。谨庠序之教，申之以孝悌之义，颁白者不负戴于道路矣。七十者衣帛食肉，黎民不饥不寒，然而不王者，未之有也。"⑤ 孟子描述了男耕女织、丰衣足食的小康之家，并由小康之家构成小康社会，进而形成了理想社会关于劳动、分配、社会关系、养老的基本要素。此外，还包括："天下之穷民而无告者"的抚恤救济思想、"制民恒产"的生存权思想等。

荀子是战国末期的著名思想家，他在继承儒家学说的基础上吸收了道家、墨家、名家等学派之长，体现了"诸子合流"的倾向。与孟子的"性善论"不同，荀子思想的出发点是"性恶论"。荀子的性恶并不是指人的自然本性本身，自然本性会变恶是由于"欲恶同物"，欲望多会引发恶，"欲多而物寡"⑥，"从人之性，顺人之情，必出于争夺，合于犯

① 《孟子·公孙丑上》，万丽华、蓝旭译注，中华书局，2007，第69页。
② 《孟子·尽心下》，万丽华、蓝旭译注，中华书局，2007，第324页。
③ 《孟子·尽心下》，万丽华、蓝旭译注，中华书局，2007，第324页。
④ 《孟子·梁惠王上》，万丽华、蓝旭译注，中华书局，2007，第14页。
⑤ 《孟子·梁惠王上》，万丽华、蓝旭译注，中华书局，2007，第5页。
⑥ 《荀子·富国》，叶绍钧选注，崇文书局，2014，第41页。

[分] 文乱理而归于暴"①。荀子还强调礼仪道德是后天学习的结果，而不是人天生具有的。从性恶论出发，荀子主张君主应当满足百姓的合理欲求，否则将导致社会动乱，进而提出"以政裕民"的社会保护思想。"用国者，得百姓之力者富，得百姓之死者强，得百姓之誉者荣。三得者具而天下归之，三得者亡而天下去之。天下归之之谓王，天下去之之谓亡。汤、武者，修其道，行其义，兴天下同利，除天下同害，天下归之。故厚德音以先之，明礼义以道之，致忠信以爱之，赏贤使能以次之，爵服赏庆以申重之，时其事、轻其任以调齐之，潢然兼覆之，养长之，如保赤子。生民则致宽，使民则綦理，辩政令制度，所以接天下之人百姓，有非理者如豪末，则虽孤独鳏寡必不加焉。是故百姓贵之如帝，亲之如父母，为之出死断亡而不愉者，无它故焉，道德诚明，利泽诚厚也。乱世不然，污漫突盗以先之，权谋倾覆以示之，俳优、侏儒、妇女之请谒以悖之，使愚诏知，使不肖临贤，生民则致贫隘，使民则极劳苦。是故百姓贱之如尪，恶之如鬼，日欲司间而相与投藉之，去逐之。卒有寇难之事，又望百姓之为己死，不可得也，说无以取之焉。孔子曰：'审吾所以适人，适人之所以来我也。'此之谓也。"② 荀子将鳏寡孤独视为特殊的弱势群体进行扶助，把济贫扶弱作为维护政治稳定的必要措施。

老子是春秋时期道家的重要代表人物，崇尚道法自然、无为而治，提出"甘食美服"的社会保护理想。老子的核心思想是援"天道"以论"人道"，"天之道，损有余而补不足"③，老子认为"天道"均平而"人道"亦当均平，进而提出"小国寡民"的理想社会模式："小国寡民。使有什伯之器而不用，使民重死而不远徙。虽有舟舆，无所乘之；虽有甲兵，无所陈之。使民复结绳而用之。甘其食，美其服，安其居，乐其俗。邻国相望，鸡犬之声相闻，民至老死，不相往来。"④ "小国寡民"与《礼记》中的大同社会共同奠定了我国古代大同思想的基础，老子不主张

---

① 《荀子·性恶》，叶绍钧选注，崇文书局，2014，第133页。
② 《荀子精华》，王建玲译注，辽宁人民出版社，2018，第113～114页。
③ 《老子》，饶尚宽译注，中华书局，2007，第184页。
④ 《老子》，饶尚宽译注，中华书局，2007，第190页。

统治者积极从事救济救助，但并没有无视劳动人民的苦难，主张社会"均平"而民自富。

墨子是春秋末期战国初期墨家的代表人物，墨家思想以"兼爱"为核心，表达了小生产者阶层要求平等互爱的善良愿望，提出了"利民爱民""赈灾备荒"等社会保护思想。"若使天下兼相爱，爱人若爱其身，犹有不孝者乎？视父兄与君若其身，恶施不孝？犹有不慈者乎？视弟子与臣若其身，恶施不慈？故不孝不慈亡。犹有盗贼乎？故视人之室若其室，谁窃？视人身若其身，谁贼？故盗贼亡有。犹有大夫之相乱家、诸侯之相攻国者乎？视人家若其家，谁乱？视人国若其国，谁攻？故大夫之相乱家、诸侯之相攻国者亡有。若使天下兼相爱，国与国不相攻，家与家不相乱，盗贼无有，君臣父子皆能孝慈，若此，则天下治。"① 墨子认为只要人人都能做到兼相爱，人们就会和睦共处，社会就会安定有序。墨子把兼爱原则运用到社会保护领域，提出了"衣食生利"、轻徭薄赋、劳者得息、救济鳏寡孤独等很多保护百姓的思想。"老而无妻子者，有所侍养以终其寿；幼弱孤童之无父母者，有所放依以长其身。"② "人之所得于病者多方，有得之寒暑，有得之劳苦。"③ 墨子不仅察觉到劳动大众饥寒交迫的穷苦生活，而且把不得息与饥寒并列作为人民巨患之一。④ 在当时的历史条件下具有鲜明的进步意义。

韩非子是先秦法家的集大成者，从性恶论出发，提出了"势""法""术"相统一的社会控制论，肯定贫富分化的合理性，主张反济贫论，形成了独具特色的社会保护思想。韩非子是第一个正面提出性恶论的思想家，他从生理本能出发论证人性本恶且认为无法改造，只能通过严刑峻法加以约束。"人无毛羽，不衣则不犯寒；上不属天而下不著地，以肠胃为根本，不食则不能活；是以不免于欲利之心。"⑤ 韩非子认为人与人之

---

① 《墨子·兼爱》，吕昂译注，二十一世纪出版社集团，2015，第65页。
② 《墨子·兼爱》，吕昂译注，二十一世纪出版社集团，2015，第73页。
③ 《墨子·兼爱》，吕昂译注，二十一世纪出版社集团，2015，第213页。
④ 胡寄窗：《中国经济思想史简编》，中国社会科学出版社，1998，第78页。
⑤ 《韩非子·解老》，陈秉才译注，中华书局，2007，第104页。

间的本质关系是自利自为的交换关系。"医善吮人之伤，含人之血，非骨肉之亲也，利所加也。故舆人成舆，则欲人之富贵；匠人成棺，则欲人之夭死也。非舆人仁而匠人贼也，人不贵，则舆不售；人不死，则棺不买。情非憎人也，利在人之死也。"[1] 韩非子反对国家以"仁爱"作为治理方略，主张强调利害关系，认为在人多物少的情况下，人们互相争夺最终导致贫富分化是正常的，富有与勤俭相关，而贫穷可能是由于懒惰或奢侈。"今夫与人相若也，无丰年旁人之利而独以完给者，非力则俭也。与人相若也，无饥馑疾疚祸罪之殃独以贫穷者，非侈则堕也。侈而惰者贫，而力而俭者富。"[2] 在此基础上，韩非子认为百姓在丰衣足食后会产生奢侈懈怠，最终陷入贫困，以虚伪的仁爱治理社会，施舍贫困者，会鼓励奢侈懒惰、破坏法制，造成更多的社会问题。"夫施贫困者，此世之所谓仁义；哀怜百姓不忍诛罚者，此世之所谓惠爱也。夫有施与贫困，则无功者得赏；不忍诛罚，则暴乱者不止。国有无功得赏者，则民不外务当敌斩首，内不急力田疾作，皆欲行货财、事富贵、为私善、立名誉以取尊官厚俸。故奸私之臣愈众，而暴乱之徒愈胜。不亡何待？"[3] 法家的社会保护思想是从现实主义出发建构起来的，揭示了社会关系中的利害关系，但没有认识到造成贫富差距的社会原因，具有明显的历史局限性。

（二）秦汉至南北朝时期的社会保护思想：独尊儒术与积极的救济政策

自秦汉开始，中国进入了统一的中央集权封建帝国时期，思想界也从百家争鸣走向"罢黜百家，独尊儒术"。汉朝初年，统治者吸取秦王朝迅速覆灭的教训，实施了许多安老怀少、抚恤鳏寡的社会保护政策。

一是轻徭薄役、尊老恤鳏、赈灾优抚，提出"积粟备荒"。汉高祖刘邦废除秦朝沉重的税赋，改为十五税一，后又改为三十税一。汉朝儒

---

[1] 《韩非子·备内》，陈秉才译注，中华书局，2007，第79页。
[2] 《韩非子·显学》，秦惠彬校点，辽宁教育出版社，1997，第184页。
[3] 《韩非子·奸劫弑臣》，秦惠彬校点，辽宁教育出版社，1997，第35～36页。

学逐渐成为显学，开始形成尊老敬老的社会氛围，对鳏寡孤独者赐布、帛、絮等物资予以体恤。面对频发的自然灾害，汉朝采取赈济、放贷、迁徙流民等社会保护措施。发生灾荒时，政府将国家储备的粮食物资发放给灾民以维持其生计，政府也会把种子、牲畜、农具等生产用具通过放贷的形式发放给灾民，帮助其恢复生产。对于因灾荒而外出求生的流民，政府会组织迁徙以缓解灾区压力。贾谊和晁错提出了"积粟备荒"的思想，强调粮食储备对于备荒、备战的重要意义，认为应当重农抑商、驱民归农。"今殴民而归之农，皆著于本，使天下各食其力，末技游食之民转而缘南亩，则畜积足而人乐其所矣。可以为富安天下，而直为此廪廪也。"① 认为百姓全力从事农业生产，国家就会有丰富的储蓄。汉文帝采纳了晁错的建议，储备粮食并减免租赋，为"文景之治"奠定了基础。

二是提出贫者养生论。西汉中期的董仲舒是"罢黜百家，独尊儒术"的倡导者，建构了"天人合一"理论，为封建统治找到了合法性基础，同时提出了大一统封建帝国的统治纲领，对后世产生了深远影响。董仲舒认为土地兼并引发的贫富分化是封建统治的重要威胁。为维护西汉王朝的长治久安，董仲舒提出了"贫者养生论"。董仲舒认为人性是复杂的，"天道之大者在于阴阳"，"人之诚，有贪有仁。仁贪之气，两在于身。身之名取诸天，天两有阴阳之施，身亦两有贪仁之性。天有阴阳禁，身有情欲柜，与天道一也"②。因此，百姓为了生存而追求利益是合理的，要"治民者，先富之而后加教"③，统治者以利养民，最好是既不要出现"大富"，也不要出现"大贫"。"大富则骄，大贫则忧。忧则为盗，骄则为暴，此众人之情也。圣者则于众人之情，见乱之所从生，故其制人道而差上下也，使富者足以示贵而不至于骄，贫者足以养生而不至于忧。以此为度而调均之，是以财不匮而上下相安，故易治也。今世弃其度制而各从其欲，

① 黄绍筠：《中国第一部经济史——汉书食货志》，中国经济出版社，1991，第84页。
② 董仲舒：《春秋繁露·深察名号》，张祖伟点校，山东人民出版社，2018，第94页。
③ 田毅鹏等：《中国社会福利思想史（第二版）》，中国人民大学出版社，2017，第87页。

欲无所穷而俗得自恣，其势无极。大人病不足于上，而小民羸瘠于下，则富者愈贪利而不肯为义，贫者日犯禁而不可得止，是世之所以难治也。"① 董仲舒认为要限制"大富"，救济"大贫"，以利养民，使贫者足以养生。董仲舒的贫者养生论较为系统地探讨了贫困的成因及治理方案，在当时具有深刻的现实意义。

三是出现财产公有、社会平等思想。西汉末年到东汉期间成书的《太平经》是道教的重要代表性著作，体现了下层民众对人人平等、共有万物、人人劳动、人民和睦、互助友爱的美好向往。《太平经》认为所有社会成员都有平等生存的权利，追求男女平等，主张按照社会成员的能力来决定其所处的阶层和社会地位，并提出财产公有、以养万民。"此财物乃天地中和所有，以共养人也，此家但遇得其聚处，比若仓中之鼠，常独足食，此大仓之粟，本非独鼠有也；少内之钱财，本非独以给一人也，其有不足者，悉当从其取也。愚人无知，以为终古独当有之，不知乃万尸之委输，皆当得衣食于是也。爱之反常怒喜，不肯力以周穷救急，令使万家之绝，春无以种，秋无以收，其冤结悉仰呼天，天为之感，地为之动，不助君子周穷救急，为天地之间大不仁人。"② 《太平经》在平等、互助、济贫等方面的论述体现了中国古代重要的社会保护思想。

四是出现不同的理想社会论。《礼记》是孔子之后至汉朝初期儒家思想发展的重要代表，"大同之世"和"小康之世"是中国古代理想社会建构的典范。"大道之行也，天下为公，选贤与能，讲信修睦。故人不独亲其亲，不独子其子，使老有所终，壮有所用，幼有所长。矜寡孤独废疾者皆有所养。男有分，女有归。货，恶其弃于地也，不必藏于己；力，恶其不出于身也，不必为己。是故谋闭而不兴，盗窃乱贼而不作。故外户而不闭。是谓大同。"③ "今大道既隐，天下为家，各亲其亲，各子其子，货力为己。大人世及以为礼，城郭沟池以为固，礼义以为纪，以正

---

① 董仲舒：《春秋繁露·仁义法》，张祖伟点校，山东人民出版社，2018，第71页。
② 《太平经·六罪十治诀》，杨寄林译注，中华书局，2013，第849页。
③ 《尚书·礼记（精选）》，顾迁、吕友仁译注，四川文艺出版社，2021，第251页。

君臣，以笃父子，以睦兄弟，以和夫妇，以设制度，以立田里，以贤勇知，以功为己。故谋用是作，而兵由此起。禹、汤、文、武、成王、周公，由此其选也。此六君子者，未有不谨于礼者也，以著其义，以考其信，著有过，刑仁讲让，示民有常。如有不由此者，在执者去，众以为殃。是谓小康。"①《礼记》中的"大同""小康"思想是汉朝初期儒家学者构想的以"天下为公"为特征的理想社会图景，不论是男女老少，还是鳏寡孤独废疾者都可以享受到社会保护，过上安宁幸福的生活。其后，魏晋南北朝时期的阮籍、嵇康也提出了不同的理想社会构想，对社会保护相关措施起到了推动作用。

（三）隋唐宋元时期的社会保护思想：理学崛起与宗族保护模式兴起

唐宋时期是中国封建社会经济发展的鼎盛时期，在思想界出现了理学的新发展。理学论证了"尊高年""慈孤弱""恤残疾""济贫困"的合理性。"宗族保障模式""范氏义庄"等社会保护实践蓬勃发展。

一是君民相依的恤民养民思想。唐朝初年，统治者从隋朝的覆灭中吸取经验，继承儒家的重民思想，整体上实施与民休息、改善民生的社会保护政策。唐太宗李世民提出了君民相依的论断。"为君之道，必须先存百姓。若损百姓以奉其身，犹割股以啖腹，腹饱而身毙。若安天下，必须先正其身，未有身正而影曲，上治而下乱者。朕每思伤其身者不在外物，皆由嗜欲以成其祸。若耽嗜滋味，玩悦声色，所欲既多，所损亦大，既妨政事，又扰生民。且复出一非理而言，万姓为之解体，怨讟既作，离叛亦兴。"② 唐太宗信奉"君无为则人乐"的观点，认为无为而治是造福百姓的治理模式，由此实施了一系列与民休息的社会保护政策。在均田制和租庸调制中都对鳏寡孤独等弱势群体有特殊照顾政策："老男、废疾、妻妾、部曲、客女、奴婢，皆为不课户。"③ 这是社会救济性质的免税政策，政府还会给予年老者必要的实物救助："其孝义之家，赐

① 《尚书·礼记（精选）》，顾迁、吕友仁译注，四川文艺出版社，2021，第251页。
② 吴兢：《贞观政要·君道》，俞婉君译注，二十一世纪出版社集团，2018，第2页。
③ 杜佑撰《通典》，王文锦、王永兴、刘俊文、徐庭云、谢方校点，中华书局，1992，第155页。

粟五石；高年八十以上，赐粟两石；九十以上三石，百岁加绢二匹。"①
此外，唐太宗还颁布了一系列减免赋税徭役的政策，普遍设立义仓以储
备粮食防备饥荒。这些社会保护政策维护了社会稳定，推动了大唐盛世
的来临。

二是"生民论"与理想社会保护观。与唐朝相比，北宋时期，在社
会矛盾和政治危机的影响下，探讨国家富强之道的思潮兴起，出现了以
"礼论"为基础的"生民论"社会保护思想。北宋思想家李觏提出"礼"
应当保障百姓的生活，进而形成了"生民论"，"礼者，生民之大也"。
"礼者，庶人之所以保其生。"② 李觏在"生民论"的基础上对当时社会
的贫富不均现象进行了深刻剖析，认为土地占有不均是造成贫富分化、
生民饥寒的重要原因。"吾民之饥，不耕乎？曰：天下无废田。吾民之
寒，不蚕乎？曰：柔桑满野，女手尽之。然则如之何其饥且寒也？曰：
耕不免饥，蚕不得衣；不耕不蚕，其利自至。耕不免饥，土非其有也；
蚕不得衣，口腹夺之也。"③ 李觏明确指出，富人拥有大量土地可以不劳
而获，穷人没有或很少占有土地，以致辛苦劳作却依然饥寒交迫，也就
是说，对生产资料的占有决定了贫富程度，这种观点在当时是非常先进
的。在批判现实的同时，李觏提倡社会变革，构建了理想的社会图景，
包括"均田平地""薄徭役""建义仓"等，李觏认为均田平地是解决贫
富分化的根本之策。"百亩之田，不夺其时，而民不饥矣。五亩之宅，树
之以桑，而民不寒矣。"④ 李觏设计了一个养生丧死、安老怀少的宗法家
族保护制度。"有夫有妇，然后为家，上得以养父母，下得以育子孙。生
民之本，于是乎在。"⑤ 李觏提出了系统的民生保障政策，虽然在实践中
未能实现，但其思想在当时的历史时期具有重要的进步意义。

---

① 宋敏求：《唐大诏令集·赐孝义高年粟帛诏》，洪丕谟、张伯元、沈敖大点校，学林出
版社，1992，第416页。
② 参见田毅鹏等《中国社会福利思想史（第二版）》，中国人民大学出版社，2017，第
121页。
③ 田毅鹏等：《中国社会福利思想史（第二版）》，中国人民大学出版社，2017，第121页。
④ 田毅鹏等：《中国社会福利思想史（第二版）》，中国人民大学出版社，2017，第122页。
⑤ 田毅鹏等：《中国社会福利思想史（第二版）》，中国人民大学出版社，2017，第122页。

三是宗族社会保护模式与范氏义庄。在中国封建社会中后期出现了以宗族为基础的"族田",各宗族自行掌管族田的生产和分配,由此形成了以族田为主体的宗族共同体。义庄就是建立在宗族共同体基础上的赡养老人、救济贫困者的机构。范氏义庄是中国历史上影响最大、存续时间最长的义庄之一。范仲淹购买良田,首创义庄。"范文正公,苏人也。平生好施与,择其亲而贫,疏而贤者,咸施之。方贵显时,置负郭常稔之田千亩,号曰'义田',以养济群族之人。日有食,岁有衣,嫁娶凶葬皆有赡。"① 范氏义庄主要包括义田、义学、义宅三个方面的内容。范氏义庄的义田最初由范仲淹购买,其子孙不断扩大义田规模,为族人的衣食住行提供了物质保障。义学是为宗族内部提供福利性教育资源的组织,义宅是收养安置鳏寡孤独废疾者的场所。义学和义宅的经费都来源于义田的收入,义田、义学、义宅形成了以宗族为基础的社会保护体系。宋朝后期还出现了官办的慈善机构,如安济坊、漏泽园等,宋朝开始对弱势群体进行制度化的救济安置,是中国古代救济、养老制度发展的重要成果。

四是理学中的贫富论与赈灾互助论。张载、程颐、程颢是宋明理学的重要奠基人,论证了"尊高年""慈孤弱""恤残疾""济贫困"等社会保护思想的合理性,此后朱熹成为宋明理学的集大成者。"三纲五常""存天理、灭人欲"等成为中国封建社会后期的重要政治思想。朱熹提出了"民富则君不贫""足赈说""社仓说"等社会保护理念,一定程度上推动了中国古代社会保护思想的进步。在朱熹生活的时代,贫富分化严重、社会矛盾突出,朱熹认为吏治腐败是百姓穷苦的原因,但"人之禀气,富贵、贫贱、长短,皆有定数寓其中"②。这说明朱熹的思想仍然受到阶级和历史局限性的制约。南宋时期,灾荒频仍,为了缓解社会矛盾,朱熹认为政府必须足量赈济灾民,设立"社仓"来解决灾民的饥荒问题,请求政府拨款修筑堤防,使灾民采取"以工代赈"的方式解决粮食问题。

---

① 《古文观止》,吴楚材、吴调候编,俞日霞编译,二十一世纪出版社,2014,第268~269页。

② 田毅鹏等:《中国社会福利思想史(第二版)》,中国人民大学出版社,2017,第135页。

朱熹的社会保护思想以维护封建统治为出发点，有些政策客观上符合社会保护的时代需求，具有一定的社会意义。

（四）明清时期的社会保护思想：传统的养老济困与非传统的反对封建理学

明清时期中国封建社会开始走向衰落，政治上表现为中央集权制的强化，经济上出现了资本主义萌芽，社会保护思想也更趋于现代，百姓基本生活欲求的合理性被正视，统治者为维护封建统治采取了赈荒救灾、尊老养幼等社会保护政策。

一是安养生息的社会保护思想。明朝初期，朱元璋继承了儒家传统的重民思想。"夫经丧乱之民思治，如饥渴之望饮食，创残困苦之余，休养生息，犹恐未苏，若更殴以法令，譬以药疗疾而加以鸩，将欲救之乃反害之。"[1] 实行了一系列安养生息之策，承认农民自己开垦的土地归其所有，对灾民减免税赋、赐米赈济以使流民返乡安居。清朝康熙皇帝提出了爱民、利民、恤民、息民、安民的民本思想，将爱民作为君道的核心内容，告诫大臣不要大兴土木、劳民伤财。康熙皇帝还多次亲自指挥抗灾赈济，多次减免税赋以恤民养民。这些举措缓和了社会矛盾，减轻了百姓负担，在一定程度上保障了百姓的生存权。

二是养老济困的社会保护思想。明清时期尊老养老成为社会风尚，朱元璋先后下诏规定："民年七十之上者，许一丁待养，免杂泛差役"，"贫民年八十以上，月给米五斗，酒三斗，肉五斤；九十以上，岁加帛一匹、絮一斤；有田产者罢给米。应天、凤阳富民年八十以上赐爵社士，九十以上乡士；天下富民八十以上里士，九十以上社士。皆与县官均礼，复其家。"[2] 明清时期，除了以民间"义庄""善堂"等为代表的宗族养老服务体系，朝廷也承袭唐宋以来的养老院制度，历朝皇帝大都重视养老养老，并将其作为赢得民心的重要举措。清朝有一种收养、救济的特色机构，被称为"厂局"。其中，最为著名的是广安门外的普济粥

---

① 田毅鹏等：《中国社会福利思想史（第二版）》，中国人民大学出版社，20　　第146页。
② 张廷玉等撰《明史·太祖本纪》，中华书局，1974，第43页。

厂。按照明清宦官制度，年老体衰的太监必须出宫，政府设置专门的太监庙以供太监养老与安葬。

三是反封建理学的社会保护思想。理学将"人欲"视为需要压抑、克制的对象，希望通过否定人的欲望、追求的合理性以防止主体意识的觉醒，进而达到使百姓屈从权威、甘做顺民的目的。明朝后期，在经济发展、思想控制放松的背景下，出现了王艮、李贽等反对封建理学的思想家，提出了"百姓日用即道""穿衣吃饭即是人伦物理"等解放性的思想主张，使脱离日常生活实践的理学重回生活实践，肯定了百姓基本生活欲求的合理性。王艮认为天地、万物、人皆为自然，天人同体、天人感应、天人一理，因此"百姓日用即道""天地万物一体"。"圣人之道，无异于'百姓日用'。凡有异者，皆谓之'异端'。"① "此至善者，安身也。安身者，立天下之大本也。本治而末治，正己而物正也，大人之学也。是故身也者，天地万物之本也，天地万物末也。知身之为本，是以明明德而亲民也。身未安本不立也，本乱而末治者否矣。"② 李贽的观点比王艮更为激进，尖锐批判了"存天理，灭人欲"的禁欲主义思想，提出"童心说""穿衣吃饭即是人伦物理"。李贽所谓的"童心"是人最初一念之本心。"夫童心者，绝假纯真，最初一念之本心也。若失却童心，便失却真心；失却真心，便失却真人。人而非真，全不复有初矣。"③ 李贽肯定人的私心、私欲的合理性，认为人是受利己主义动机所驱动的，"穿衣吃饭，即是人伦物理，除却穿衣吃饭，无伦物矣。世间种种皆衣与饭类耳，故举衣与饭而世间种种自然在其中"④。李贽认为穿衣吃饭是人的合理欲求，政府为百姓提供穿衣吃饭所需就是"利民"，"利民""爱民"应当是君主最高的政治追求。

四是理想社会的设想与实践。明朝中期思想家何心隐倡导普遍平等的仁义社会，提出了一系列社会保护主张，并创办聚合堂实践理想社会。

① 王艮：《王心斋全集·语录》，陈祝生等校点，江苏教育出版社，2001，第10页。
② 朱承、刘佳：《江苏思想史》，江苏人民出版社，2020，第130页。
③ 李贽：《焚书·续焚书校释·童心说》，陈仁仁校释，岳麓书社，2011，第172页。
④ 李贽：《焚书·续焚书校释·答邓石阳》，陈仁仁校释，岳麓书社，2011，第21页。

何心隐认为儒家伦理道德规范的核心是"仁"和"义"，仁、义也成为何心隐所设想的理想社会中的基本行为规范。"仁无有不亲也，惟亲亲之为大，非徒父子之亲亲已也，亦惟亲其所可亲，以至凡有血气之莫不亲，则亲又莫大于斯。"① 他认为，人人都遵守仁义的道德规范最终会形成平等互利、相亲相爱的美好社会。何心隐在家乡江西创办聚合堂以实践理想社会构想，聚合堂是建立在宗族基础上"有教有养"的组织，把分散的小农户组织起来从事生产经营活动，将族内族外的儿童组织起来统一接受教育，"不分远近长幼，必欲总宿祠"，"不分远近贫富，必欲总送馔"，② 强调学生在学习和生活上都要平等，营造共有、共享、共学的友爱氛围。何心隐希望能够从教育入手进行集体教化，最终实现安老怀少，和谐互助，聚合堂被视为古代理想乡村建设的先驱和典范。明清之际的著名思想家顾炎武也提出了"亲民论"的社会理想。与"有公而无私"的儒家传统观念不同，顾炎武认为人在本性上是自私的。"天下为家，各亲其亲，各子其子，而人之有私，固情之所不能免矣，故先王弗为之禁。非惟弗禁，且从而恤之。建国亲候，胙土命氏，画井分田，合天下之私以成天下之公，此所以为王政也。"③ 顾炎武把自私之心视为人之常情和合理欲求，因此，统治者应最大限度地满足民生之需要。这是开风气之先的重要思想主张。

（五）近代的社会保护思想：贯通古今与汇聚中西

中国的近代通常是指 1840 年鸦片战争到 1919 年五四运动的历史时期，这是一个社会动乱、思想变革的时代，"洋务运动""戊戌变法""辛亥革命"等历史事件代表了不同的阶级利益和思想立场，西方社会保护政策开始被国人所关注，中国出现了制度化、近代化的社会保护萌芽。

一是贫富论与农宗论。龚自珍是晚清著名思想家，面对衰落中的封建王朝，龚自珍深刻揭露贫富分化所造成的社会矛盾。"自京师始，概乎

---

① 田毅鹏等：《中国社会福利思想史（第二版）》，中国人民大学出版社，2017，第 158 页。
② 田毅鹏等：《中国社会福利思想史（第二版）》，中国人民大学出版社，2017，第 160 页。
③ 顾炎武：《日知录校释（上）》，张京华校释，岳麓书社，2011，第 112 页。

四方。大抵富户变贫户，贫户变饿者，四民之首，奔走下贱，各省大局，岌岌乎皆不可以支月日，奚暇问年岁？"① 龚自珍认为严重的贫富分化是历代王朝衰亡的根本原因，而商人兼并和官员贪腐是贫富分化的原因，这种分析虽然片面，但在当时仍然具有进步意义。为解决贫富分化问题，龚自珍提出了"农宗方案"，将社会成员按照宗法关系分为大宗、小宗、群宗、闲民四个等级，按照不同等级分配土地。如大宗长子授田百亩，以后各代大宗的长子世为大宗；次子为小宗，另请授田25亩；三子、四子为群宗，也可授田25亩；五子或五子以下为闲民，不能授田。龚自珍希望建立一种以血缘为纽带的宗法关系，通过宗法关系分配土地、组织农业生产，一方面希望解决晚清严峻的流民问题，另一方面希望抑制土地兼并问题，形成以宗族为基础的社会保护制度。在西方正在进行工业革命和对外侵略及中国晚清政府衰落的历史背景下，龚自珍的观点显然具有历史局限性。

二是平等论与太平天国实践。在西方列强的侵略战争中，中国的农民革命和农民起义风起云涌，洪秀全领导的太平天国运动借用儒家大同思想和西方基督教平等思想，先后颁布《天朝田亩制度》《资政新篇》等纲领，试图建立"有田同耕，有饭同食，有衣同穿，有钱同使"的理想社会，建立老有所依、幼有所教、鳏寡孤独废疾者皆有所养的社会保护制度。洪秀全从基督教的教义中提取"上帝面前人人平等"的思想，指出人们应该相亲相爱，患难与共，所有的不平等都是不合理的。"天下凡间，分言之，则有万国，统言之，则实一家。"② 洪秀全建立的"圣库制度"体现了其平等论的基本主张，圣库制度的基本逻辑是，各地会众将自有财产上缴到圣库，会众的衣食开支都由圣库负责。"各军各营众兵将，各宜为公莫为私，总要一条草，对紧天父天兄及朕也。继自今，其令众兵将，凡一切杀妖取城所得金宝、绸帛、宝物等项，不得私藏，尽

---

① 龚自珍：《龚自珍全集》，上海人民出版社，1975，第106页。
② 洪秀全：《太平天国诗文选译·原道醒世训》，杨益茂、宋桂芝译注，巴蜀书社，1997，第4页。

缴归天朝圣库，逆者议罪。"① 圣库制度实质上遵循的是财物归公、平均分配的原则。洪秀全主张实行土地公有，并平均分配给农户耕种，"凡天下田，天下人同耕"②。《天朝田亩制度》还规定婚娶、弥月等百姓的生活福利均由圣库出资，鳏寡孤独废疾者也都由国库出资供养。与《天朝田亩制度》不同，洪秀全的族弟洪仁玕在《资政新篇》中提出要学习西方资本主义的制度文明和经济模式，通过实现资本主义现代化来富国强民。洪仁玕提议兴办社会保护事业，比如引进西医、兴建医院，兴建残疾人教育机构，兴建鳏寡孤独院等。这也在一定程度上使中国民众了解了西方社会保护事业的基本情况。

三是对欧美慈善事业、卫生事业的关注与借鉴。自 19 世纪中叶，中国兴起了"开眼看世界"的维新思潮，主张学习西方以救国图强。在社会保护方面，冯桂芬曾介绍过荷兰的社会保护政策。"荷兰国有养贫教贫二局。途有乞人。官若绅辄收之。老幼残疾。入养局，癃之而已。"③ 晚清出洋的公使或随从广泛记录了西方各国的慈善事业等社会保护项目，如养病院、育婴堂、养老院、童艺院等，普遍认为西方慈善事业的发展对社会稳定起到了重要作用。对比之下，维新派思想家开始批判、反思中国传统的宗族社会保护模式，并试图将西方的社会保护制度与中国传统的大同思想结合起来实现本土化，建构适合中国国情的社会保护制度，开辟了新的研究视野。

四是"大同世界"的社会保护构想。康有为是晚清著名思想家，他的"大同世界"构想是具有空想社会主义性质的理论。康有为把儒家传统"仁"的思想与西方的人道主义相结合，提出了"仁道主义"，认为人们相亲相爱才能达成"仁道"。康有为批判中国传统的宗族保护制度，鲜明地指出了"重宗族而轻国家"的狭隘性。"夫行仁者，小不如大，狭不如广；以是决之，则中国长于自殖其种，自亲其亲，然于行仁狭矣，不

---

① 田毅鹏等：《中国社会福利思想史（第二版）》，中国人民大学出版社，2017，第 181 页。
② 郭毅生：《太平天国经济史》，广西人民出版社，1991，第 129～130 页。
③ 冯桂芬：《校邠庐抗议·汇校》，熊明心校对，〔德〕冯凯整理，上海社会科学院出版社，2015，第 76 页。

如欧美之广大矣。仁道既因族制而狭，至于家制则亦然。"① 康有为认为只有将生老病死都归于公，使个人成为完全自主自由的人，才能达到理想的"大同世界"。大同世界中的社会保护制度主要包括公养、公教、公恤，最终达到幼有所长、壮有所用、老有所终。

五是"民生论"的社会保护构想。孙中山的"三民主义"是20世纪中国最有影响的理论，三民主义中的民生主义主张改善劳动人民的物质生活，使穷困者得到救济，鳏寡孤独废疾者得到照顾，社会成员之间不存在巨大的贫富差距。在孙中山看来："民生就是人民的生活——社会的生存、国民的生计、群众的生命便是。"② 孙中山认为民生是社会发展的核心和动力。"民生就是政治的中心，就是经济的中心和种种历史活动的中心。"③ 孙中山提出民生主义的关键在于均贫富，提倡平均地权、消灭贫富阶级，实现真正的自由、平等、博爱。孙中山非常推崇德国的社会保险政策，赞成用国家力量减轻工人的困苦。孙中山重视儿童的教育和福利，倡导老人福利制度化，把安老怀少作为理想社会的重要标准，倡导构建带有乌托邦色彩的社会保护制度。

二 西方社会保护思想概述

西方的社会保护思想从柏拉图的生存正义开始，后期出现了很多关于乌托邦和空想社会主义模式的讨论，体现了时代性、历史性和社会性，为现代社会保护体系的建立奠定了深厚的理论基础。

（一）柏拉图的社会保护思想：生存正义与公民权益

柏拉图深受苏格拉底和毕达哥拉斯的影响，形成了贤人政治观点，接受了万物按数的比例互相协调以达到和谐的观点，并将这种和谐观运用到国家治理中，形成各尽其职、各守本分、互不干扰的国家正义观。柏拉图的社会保护思想以建构理想国为核心，旨在实现公平、正义和人

---

① 康有为：《大同书》，陈得媛、李传印评注，华夏出版社，2002，第208页。
② 孙中山：《孙中山选集》，人民出版社，2011，第832页。
③ 孙中山：《孙中山选集》，人民出版社，2011，第856页。

的全面发展，理想国的实现需要通过哲学王的统治，对国家进行有序的规划和管理，实现公正、公平的治理以达到社会福利的最大化。理想国的公民分为三个阶层——统治者阶层、卫士阶层和生产者阶层。在这一制度下，国家的各个阶层都能发挥其最大的作用，从而实现国家的繁荣富强。为了达到这个目标，柏拉图提出了一个分层的教育的概念，即让国家的统治者从小就接受严格的哲学教育，以培养他们的智慧和道德品质。在柏拉图的社会保护思想中，国家的角色至关重要，认为只有通过国家的有序管理，才能实现公平、正义和人的全面发展。理想国的实现需要国家对公民的生活进行全面的干预和规划，从教育、职业到家庭生活，国家都应发挥积极的作用。此外，柏拉图还提倡实行财产分配制度，以消除贫富差距，实现社会公平。

柏拉图认为社会秩序的混乱是由财产私有造成的，因此，理想国的基本出发点是以公有制为基础形成人与人之间的平等关系，人们平等地进行社会交往、享受社会资源，国家平等地保障社会成员的利益，这是国家最大的善，也是防止国家纷争和混乱之根本。在《理想国》中，柏拉图承认物质的重要性，人要生存就必须解决衣、食、住等问题，个人是无法自足的，因而需要建立人们共同生活的城邦，城邦中的个人按照秉性进行分工，人们从事适合的工作，并通过交换产品和服务来满足生活所需。人人参与劳动，并通过劳动获得生活所需，这体现了柏拉图的正义观。柏拉图的正义观包括国家正义和个人正义两个层次，国家正义是指统治者阶层、卫士阶层和生产者阶层分别承担治理国家、保卫领土、生产经营的职能，从而保证国家的安全稳定。个人正义体现在每个人都从事最适合自己天性的职业，那么正义就存在于社会成员各司其职、各守本分的和谐关系中，节制欲望为心灵的正常活动奠定生理基础、用勇敢的意志保护心灵、用理智的智慧统帅心灵，进而使心灵安宁和谐，朝着善的方向发展。"朋友，你又忘了，我们的立法不是为城邦任何一个阶级的特殊幸福，而是为了造成全国作为一个整体的幸福。它运用说服或强制，使全体公民彼此协调和谐，使他们把各自能向集体提供的利益让大家分享。而它在城邦里造就这样的人，其目的就在于让他们不致各行其是，把他们团结成为一个不可分的城邦公民集体。"① 可见，追求正义的最终目的就是寻求社会的和谐与善，进而保障所有人的权益。各司其职、各守本分、平等受益、和谐有序，这是早期朴素的社会保护思想。

在《理想国》中，柏拉图从多个角度探讨了对公民权益的保护。柏拉图认为社会生活是由分工构成的，人类有许多不同的需求，人的禀赋天性也各不相同，因此，个人只能通过做力所能及的事情来做出贡献，依靠分工和交换满足自身需求。柏拉图认为每个人都有平等的就业权利和竞争机会，这是关于就业权益的朴素表达，也体现了通过就业得到社会保护的基本逻辑。柏拉图关注到社会中人数最多的就是一般的劳作者，他们凭借着自己的能力，从事农业、商贸、手工业等来保障自己的生活。柏拉图认识到就业对于普通劳动者的重要性，主张要解决这些失业人口的就业和生活问题，以减少失业给社会带来的不安定因素。柏拉图还关注到了孤儿等弱势群体。柏拉图认为国家治理应当重视孤儿等特殊群体，给予他们生活上的保障。柏拉图设计了一套理想的教育制度，他认为理想国的公民都要接受教育。在柏拉图看来，教育分为普通教育和高等教育两个层次，一般公民接受普通教育以培养道德意识；高等教育的对象则是一、二等级公民的子女，把他们培养成城邦的统治者和敬神孝亲爱友的护国者。"一个儿童从小受了好的教育，节奏与和谐侵入了他的心灵深处，在那里牢牢地生了根，他就会变得彬彬有礼；如果受了坏的教育，结果就会相反。"② 柏拉图希望通过等级化的教育提高公民素质，按照自己的能力参与城邦的各项工作，实现社会的和谐统一。

总之，在当时希腊政治生活分崩离析、贫富悬殊、两极分化的现实中，柏拉图的理想国试图从根本的政治制度、社会结构等方面寻求根本性的解决办法，认识到满足个人基本需求、社会和谐、人口质量等因素的重要性，提出了比较完整的以职业为基础的社会保护思想。

---

① 柏拉图：《理想国》，郭斌和、张竹明译，商务印书馆，1986，第279页。
② 张广利主编《社会保障理论教程》，华东理工大学出版社，2008，第28页。

（二）乌托邦式的社会保护思想：共同劳动与公平分配

托马斯·莫尔是西方文艺复兴时期的重要人文主义者，莫尔的《乌托邦》与康帕内拉的《太阳城》、培根的《新大西岛》都在描绘一种封闭、安定的社会图景，从另一种角度对文艺复兴时期所面临的问题进行解答。他们将乌托邦等视为理想社会的表达，通过最优的制度安排实现人类生活的最高价值和社会秩序的和谐稳定。

莫尔的《乌托邦》首先分析了当时英国社会的现实状况，揭露了资本原始积累过程中劳动者饱受剥削和压迫的悲惨生活，以及资产阶级、封建统治者的血腥罪恶，莫尔反对国家为应对战争而花费大量财富，"无论如何，我相信为了应付紧急战争而养一大批这样的人，是不利于社会造福的。英国应该重视和平，而非战争；只要不期望战争，就不会出现战争"①。莫尔指出私有制是社会问题的根源所在，私有制用财富作为唯一的衡量标准，这不仅仅导致人们见利忘义，更造成严重的贫富分化。"现在，几乎所有的国家、所有的人都在力图占有更多的财物。不管整个社会的物质多么充足，到头来还是会落到少数人手里，让大多数人忍饥挨饿。在生活中，那些勤劳、正直、为国家做出巨大贡献的穷人，倒应该取代那些贪婪而又一无是处的富人，享受一下应有的幸福。我相信，如不彻底废除私有制，实现公平分配，人们也就永远不可能得到共同的幸福。只要私有制还继续存在，人类当中最优秀、也是占绝大多数的部分，就会始终背负起沉重的贫困负担。"②

面对问题，莫尔主张彻底变革社会经济体系，尤其是要废除私有制，因为私有制是导致贫富分化，造成贫困的根本原因。"公平分配"才能从根本上解决贫困问题，甚至提出实施从富人向穷人的收入转移以调节贫富差距。"发布一些法令，规定任何人拥有的土地不得超过一定数量，收入不得多于法定限额，多余部分必须捐献出来。"③ 莫尔认为每个有劳动

---

① 托马斯·莫尔：《乌托邦》，吴磊编译，人民日报出版社，2005，第14页。

② 托马斯·莫尔：《乌托邦》，吴磊编译，人民日报出版社，2005，第30页。

③ 托马斯·莫尔：《乌托邦》，吴磊编译，人民日报出版社，2005，第30~31页。

能力的人都要参加生产活动，这样劳动产出就可以保障全体社会成员的生活所需，"在乌托邦，不管男人还是女人，也不管是住在城市还是乡村，总之每个有劳动能力的人都要参加劳动。"① 每个乌托邦公民都要学习一项适合的技能以此保障其工作能力。对于失业问题，莫尔提倡发展农业和工业，增加就业机会，"主教大人决定把流浪汉集中起来，给予工作"②。"在法律里加上：凡破坏耕地者必须亲自加以恢复，或将其转交给那些乐于从事农业的人；严格禁止有钱人囤积居奇和垄断市场；少养慵懒随从；振兴农业，恢复纺织业，使之成为光荣的职业，并为那些有能力但无事可做的人提供充足的就业机会——如今，这些人或是为生活所迫，已经沦为盗贼，或是四处流浪即将成为盗贼。"③ 这些政策具有减少犯罪、促进就业的双重效果。

莫尔在《乌托邦》中提出了理想社会的社会保护思想，涉及对年老者、疾病者、伤残者、失业者、妇女及婴幼儿等群体的保护性政策。莫尔强调保障每个人的平等权利以实现"共同幸福"的目标。乌托邦社会崇尚尊老爱幼，老人受尊重、儿童被关爱，有专人负责抚养弃婴，妇女权益也有保障，重视医疗卫生条件并实施免费医疗政策，"乌托邦的健康状况是好的，医药需要不多，但他们十分重视医学知识，重视有关这方面的著述"④。在莫尔探索的理想社会中，社会保护强调个人与社会的关系，将个人权利的实现作为社会保护的基本内容，同时将维护社会稳定作为实现个人权利的前提。莫尔在资本主义生产方式形成的初期就准确地指出了其弊端和矛盾，为后来空想社会主义理论的发展以及科学社会主义理论的产生起到了重要的作用。

托马斯·康帕内拉在《太阳城》中设计了一个理想的初级社会，提出了财产公有、平均主义、共同劳动、有组织的社会生活等原则。康帕内拉将太阳城设计成政教合一的集权国家，最高领导者"大阳"集世俗

---

① 托马斯·莫尔：《乌托邦》，吴磊编译，人民日报出版社，2005，第51页。
② 托马斯·莫尔：《乌托邦》，吴磊编译，人民日报出版社，2005，第28页。
③ 张广利主编《社会保障理论教程》，华东理工大学出版社，2008，第28页。
④ 张广利主编《社会保障理论教程》，华东理工大学出版社，2008，第30~31页。

和宗教权利于一身，拥有对一切事务的管理权。"太阳"有三个助手，分别是"威力"、"智慧"和"爱"，他们负责处理不同的具体事务。掌管食品、衣着、生殖和教育的"爱"就是太阳城中社会保护的负责人，居民"能从公社里得到所需要的东西；负责人员严密地监视着，不让任何人获取超过他所应得的东西，但也不会不给他所必需的东西"①。这是一种平均主义的国家社会保护政策。在太阳城里，劳动是每个公民应尽的义务，人人必须参加且乐于参加劳动。"每个人无论分配他做什么工作，都能把它看做（作）是最光荣的任务去完成。使用仆人的结果是使人养成腐化的习惯，他们那儿是没有仆人的。"② 同时，人们从小就要接受教育，到作坊去"学着当鞋匠、面包师、铁匠、木匠和画师，等等，以便了解每个人将来的志向"③，然后根据各自的才能在不同部门工作，康帕内拉认为太阳城中不存在失业现象。"在太阳城里，一切公职、艺术工作、劳动和工作，却是分配给大家来承担的，而且每人每天只做不超过四小时的工作；其余的时间都用来愉快地研究各种科学、开座谈会、阅读、讲故事、写信、散步以及从事发展脑力和体力的活动，而且大家都乐意从事这一切活动。"④ 康帕内拉倡导的是一种人的全面发展的劳动方式，而且劳动成果归社会所有，精神激励的重要性更加突出，"凡是精通技艺和手艺的人，凡是能很熟练地应用它们的人就会最受人重视和尊敬"⑤。

《太阳城》中描述了很多针对不同群体的社会保护政策。对于老年人群体，除了按需配给生活用品外，太阳城中"一切青年人要服侍四十岁以上的人"，老人会凭借其丰富的经验发挥指导作用，"有权惩罚或命令惩罚玩忽职守和不听话的人，也表扬和奖励那些履行义务比别人出色的男女青年"，⑥ 这表明太阳城提倡尊老敬老的文化，并通过代际转

---

① 康帕内拉：《太阳城》，陈大维、黎思复等译，商务印书馆，1997，第 11 页。
② 张广利主编《社会保障理论教程》，华东理工大学出版社，2008，第 34 页。
③ 康帕内拉：《太阳城》，陈大维、黎思复等译，商务印书馆，1980，第 12 页。
④ 康帕内拉：《太阳城》，陈大维、黎思复等译，商务印书馆，1980，第 24 页。
⑤ 康帕内拉：《太阳城》，陈大维、黎思复等译，商务印书馆，1980，第 12 页。
⑥ 张广利主编《社会保障理论教程》，华东理工大学出版社，2008，第 33～34 页。

移为老年人提供物资和服务。对于妇女群体，在康帕内拉看来，男女完全平等，都要参加劳动。"他们不分性别都从事抽象科学的研究工作和某种职业，所不同的只是，男性从事最辛苦的职业和郊外的工作，例如播种、耕耘、收获、打谷、采葡萄。而挤牛奶和制干酪的工作通常是派女性去做的；她们也在近郊区从事割草和园艺工作。"① 康帕内拉还意识到生育问题的重要性，提出"生育后代是一个关系到国家利益的问题，而不是个人利益的问题"②，"应该把整个主要的注意力集中地放在生育子女问题上，必须重视的是双亲的天赋品质"③。对于儿童群体，康帕内拉将儿童教育视为国家延续的关键，详尽规划了儿童成长的保护性政策。"断乳后，小孩便按性别交给男首长或女首长抚育。于是他们就和其他儿童在一起轻松地学习字母，看图，赛跑，游戏和角力；并根据画图认识历史和各种语言。他们穿着漂亮的花衣服。到了七岁就开始学习自然科学，然后学习其他的科学。接着，根据首长的鉴定，再学某一门手艺。"④对教育的重视和对儿童的关爱体现出康帕内拉思想的进步性。对于残疾人群体，康帕内拉认为残疾人同样也能做到人尽其才。"身体上有任何缺陷的人都不会无所事事……失去手臂和眼睛的人，可利用他们的声音和听觉等等来为国家服务。最后，如果是只有一只手或一只脚的人，那就利用他到乡下去工作。尽管他身体残疾，还是能获得很好的待遇，因为他们可以在乡下做监视工作，把所听到的一切向国家报告。"⑤ 康帕内拉在《太阳城》中提出的许多社会保护主张有利于公平正义和社会稳定。

（三）空想社会主义的社会保护思想：协作制度与劳动公社

18 世纪末法国政治革命和英国产业革命导致旧制度的崩溃，进而引发各种社会矛盾。法国大革命建立起的"理性社会"不仅没有缓解贫富

---

① 张广利主编《社会保障理论教程》，华东理工大学出版社，2008，第 33 页。
② 张广利主编《社会保障理论教程》，华东理工大学出版社，2008，第 32 ~ 33 页。
③ 康帕内拉：《太阳城》，陈大维、黎思复等译，商务印书馆，1980，第 20 ~ 21 页。
④ 康帕内拉：《太阳城》，陈大维、黎思复等译，商务印书馆，1980，第 20 页。
⑤ 康帕内拉：《太阳城》，陈大维、黎思复等译，商务印书馆，1980，第 25 ~ 26 页。

分化、社会对立问题，反而使原有的缓和社会矛盾的慈善等社会保护措施失效，资本家财富的增加与贫困群体数量的增加一样迅速，阶层间的对立和冲突更为严峻。在此背景下，19世纪初形成了保守主义、自由主义和空想社会主义三大社会思潮。其中，空想社会主义的社会保护思想对其后的社会保护理论与实践的影响尤为深远。

空想社会主义大体上经历了三个发展阶段。一是十六七世纪的空想社会主义，在当时工场手工业的生产方式下，设计以公有制、共同劳动、按需分配等为原则的理想社会制度，以前文所提到的莫尔等人为主要代表人物。二是18世纪的空想社会主义，大都以农村公社和手工工场为载体，在批判资本主义私有制、反思人类社会发展规律的基础上，提出了绝对平均主义、禁欲主义等原则以解决资本主义的现实问题，以法国大革命期间的巴贝夫为主要代表人物。三是19世纪初期的空想社会主义，以机器大工业为背景，深刻揭露生产资料私有制造成的剥削、压迫和贫富分化，设想了一种具有高度物质文明和精神文明的、人人平等幸福的新社会，以圣西门、傅立叶和欧文为主要代表人物。可以看出，空想社会主义思潮随着生产方式变迁不断发展演进，始终表达着对美好社会的向往。

圣西门是法国著名的思想家和空想社会主义者。面对法国大革命后的社会矛盾，圣西门认为人类历史是一种先验的人类理性的发展过程，在发展过程中会出现新旧社会的更替，每一次更替都意味着社会进步，最终实现理想的社会制度，而当时的资本主义制度也是从封建制度向理想制度发展的一个过渡阶段。1821年，圣西门在《论实业制度》中设想了一种理想化的"实业制度"，以提高生产计划性、成员平等参加劳动为核心，期望实现按才派工、按才分配。具体而言，圣西门将政治学视为生产的科学，进而将对人的统治转化为对物的管理和对生产过程的领导，由具备相应才能的公职人员来从事各方面的管理和领导工作，而公职人员都是通过选举产生的，比如学者和艺术家负责文化教育，企业家负责管理经济事务等。国家要以照顾贫困者生活、满足公民基本需要、促进公民幸福为己任。实业制度要求共同劳动，但圣西门并没有建议完全取消私有制，只是提出了计划经济、按劳分配等一系列政策主张。圣西门积极致力于在实践中推行实业制度，试图获得当时的统治阶级与资本家的支持，并亲自组建移民区以试行实业制度，但最终均未能成功。

傅立叶是法国著名的空想社会主义者、哲学家和经济学家。他于1793年参加里昂联邦派起义并被捕入狱。傅立叶在《四种运动论》《经济的和协作的新世界》《论商业》等著作中揭露了资本主义社会剥削、压迫所造成的社会问题，主张以"协作制度"来代替丑恶的资本主义制度，即"法郎吉"，由劳动者出力、资本家出资形成协作社，实行按劳、按资、按才能分配，将资本主义分散的、市场化的状态改造为集中的、有计划的协作生产。法郎吉是一种城乡结合、工农结合的生产生活共同体，成员共同劳动、共享成果，过着人人平等的集体生活。在法郎吉里，家庭将会消失，原本由家庭承担的抚育职能、经济职能、互助职能都由集体来承担，儿童接受从托儿所到学校的各种集体抚育，生活、教育费用由社会负担。儿童教育要与劳动实践紧密结合，同时注重因材施教，并培育协作精神，使其获得智力、体力的全面发展。在法郎吉，全民都要劳动。傅立叶认为热爱劳动是人的天性，关键在于要让成员能够按照兴趣爱好选择所从事的劳动，并通过恰当的引导方式使成员在劳动过程中享受乐趣，这样全民劳动就会同时满足人的物质需要和精神需要，实现人的全面发展。傅立叶关于法郎吉的阐释广受关注，其追随者还创办了报纸——《法郎吉》，并在美国建立了40个法郎吉，虽然这些实践均以失败告终，但推动了空想社会主义和社会保护理论的发展。

欧文是英国著名的空想社会主义者，主张进行劳动者合作社的实验，并完成《致拉纳克郡报告》《新道德世界书》《人类思想和实践中的革命》等著作。欧文对劳动人民的苦难感同身受，以建立没有剥削、没有压迫、人人劳动、财产公有的理想社会为信念。1799年，欧文开始在自己创办的新拉纳克工厂中实践空想社会主义的想法，如缩短工人的工作时间、提高工人工资、取消针对工人的罚款制度、改善工人劳动条件、禁止童工劳动。同时，举办工厂子弟托幼等学校，为青年工人提供学习深造的机会，建立养老金制度、互助储备金制度等社会保护制度。而且，新拉纳克工厂生产的产品售价低于当时的市场价。欧文的尝试取得了巨大的成功，企业利润增加，工人生活也大有改善。1812年，欧文在《关于新拉纳克工厂的报告》中阐述了自己的思想和改革成就，引起广泛关注。1820年，欧文在《致拉纳克郡报告》中进一步提出依据联合劳动、联合消费、联合保有财产和特权均等的原则建立合作社，形成所有社员共同使用生产资料和平等享有各种权利的理想社会，①1824年，欧文与数十名志同道合者来到美国印第安纳州建立"新和谐共产主义移民区"（New Harmony）公社，践行其合作社理想。新和谐共产主义移民区公社坚持主要生产资料公有制、个人日用品私有制的原则，公社实行民主管理，社员们拥有平等权利。社员按年龄从事有益的劳动或接受教育，得到同样的衣食等物资，社员们各司其职、各尽所能、和谐共处。但最终由于意见分歧和矛盾，"新和谐共产主义移民区"公社在成立四年后宣告破产。虽然以失败告终，但德国社会主义理论是建立在圣西门、傅立叶、欧文的空想社会主义思想基础上的。

第三节　世界社会保护实践的发展历程

现代意义的社会保护制度是与工业化、城市化相伴而生的，大致经历了劳动者的生存保护阶段、劳动者的收入保护阶段、社会成员的权利保护阶段及其后的改革阶段。

一　劳动者的生存保护阶段

工业革命早期，生产方式的转变要求"农民"转变为"工人"，劳动者必须适应资本主义的工作要求和经济风险，这就是资本原始积累的过程。在这一过程中，资本家剥夺了原本应属于工人的必要消费基金，将其转化为资本积累，以致工人阶级绝对贫困化，劳动者只能在极端恶劣

---

① 罗伯特·欧文：《欧文选集（第1卷）》，柯象峰、何光来、秦果显译，商务印书馆，1979，第327页。

的环境下生产。① 资本主义工业化的发展导致出现大量贫困者和失业者。18 世纪末，在英格兰和威尔士有 100 多万人被归类为乞丐，法国约有 40% 的人口生活在贫困中。② 但此时占主导地位的意识形态是新教伦理和资本主义精神，其认为自由竞争是实现社会福利的最佳方案，个人首先应该自助，社会对弱者的道德责任必须服从社会控制的要求和资本对劳动的剥削。因此，从中世纪后期到资本主义早期的社会保护制度，事实上是实现资本原始积累和反映资本对劳动力要求的工具。

在这种背景下，社会保护是施舍给受惠者的，兼有救济和教化的含义。只有当家庭、亲属、市场等全部失效时，社会保护才发挥补救作用。英国济贫法的救济对象有三种：一是有劳动能力的贫困者，通过向其提供低报酬的工作来维持其基本生存，拒绝工作将被送进监狱。二是没有劳动能力的老年人、残疾人等，他们通常会被送到济贫所，在那里得到基本的食物、衣物等。三是失孤儿童。这些儿童被送到有能力抚养他们的家庭，需要作为学徒或女佣为抚养自己的家庭服务。

综上，从工业革命时期到 18 世纪的社会保护，表现出以市场原则为主导、以维持劳动力再生产为目标、以实物或服务救济为主要内容的特征。在市场原则主导下，市场机制保护的是劳动作为商品所体现出来的"劳动力再生产能力"，社会保护事实上成为实现资本原始积累和反映资本对劳动力要求的工具。而权利原则则体现为以人道主义为基础的自然权利，通过举办慈善事业来帮助陷入困境中的穷人，对其实施有条件的救助，但也在客观上改善了劳工阶层的基本生活状况。

二　劳动者的收入保护阶段

工业化的发展，特别是制造业的聚集极大地促进了生产力的发展，物质财富迅速增加。但物质财富主要集中在少数资本家手中，并没有带

---

① 皮埃尔·米盖尔：《法国史》，蔡鸿滨、张冠尧、桂裕芳、王泰来、王文融、孙娴、郭华榕、周剑卿译，商务印书馆，1985，第 350~351 页。

② 姚介厚、李鹏程、杨深：《西欧文明》（下），中国社会科学出版社，2002，第 741 页。

来社会保护的"自动"增加，劳工阶层的境遇并没有得到有效改善。为争取社会保护权益，劳工阶层在与资产阶级的斗争中形成了工人阶级并实现了组织化。19 世纪是西方劳工阶层从自在阶级向自为阶级转变的重要时期。[①] 在 1831 年和 1834 年法国里昂纺织工人起义、1844 年德国西里西亚纺织工人起义、1834 年英国"宪章运动"等一系列工人运动中，工人阶级的主张从经济利益扩展到政治权利和社会权利，包括"支持或反对财产关系变革、要求更高的工资、选举权的拓展以及社会产品重新分配"[②] 等诸多内容。

19 世纪中叶，国际共产主义运动的兴起和马克思主义的传播进一步教育和团结了西方各国的无产阶级。在德国，马克思主义的传播催生了社会主义工人党的崛起，这使得德国新兴资产阶级和容克地主深感不安。在此背景下，德国铁血宰相俾斯麦采取了著名的"胡萝卜加大棒"策略，在通过非常法为镇压做好准备的同时，通过了《疾病保险法》（1883 年）、《意外伤害保险法》（1884 年）、《伤残和老年保险法》（1889 年）等三项社会保险法案，通过提高社会保护水平来缓和社会冲突。养老保险被俾斯麦视为消除革命的廉价投资：一个期待领取养老金的人，是最守本分的，也是容易顺从的。在相似的历史背景下，西方各国在这一时期先后建立了以劳动者收入保护为核心的社会保护制度，如英国 1875 年通过了《工厂法令》和《技术工人住宅法令》、1897 年通过了《工人赔偿条例》、1905 年颁布了《失业法》、1908 年出台了《养老金法令》、1911 年通过了《国家保险法案》。法国在 1889～1903 年实施了包括工厂法、教育法、社会救助措施等在内的 30 余项社会保护制度。

将保险引入社会管理为摆脱纯粹自由市场的困境提供了一条出路。自法国大革命以来，如何将团结原则与责任原则结合起来成为西方早期工业化国家面临的主要问题。团结原则表达的是政府对社会成员的义务，

---

① 钱运春：《西欧生产方式变迁与社会保护机制重建》，上海社会科学院出版社，2011，第51 页。

② 钱运春：《西欧生产方式变迁与社会保护机制重建》，上海社会科学院出版社，2011，第51 页。

以及社会成员之间的义务，而责任原则强调的是每个人对自己的责任。事实上，对公共援助权的限制最初是以在社会生活中能够明确界定个人责任的适用范围为前提的。但现实情况恰恰相反：工业经济的发展逐渐证明了完全由个人责任和契约原则支配的社会调节体系具有不可避免的局限性。在责任领域，越来越难以辨别哪些可以归咎于个人，哪些取决于其他因素。比如19世纪时，生产过程日益复杂，1804年拿破仑制定的《法国民法典》建立的法律类别显得越来越不充分。在一些情况下，不可能确定涉及个人直接责任的局部违规行为，从而难以确定谁必须对损害进行赔偿。因此，当1904年即《法国民法典》实施100周年时，法学家们列出了一长串在其框架内无法再适当处理的所有领域和对象的清单。

与此同时，贫困的持续存在打破了古典自由主义的愿景。1789年的法国革命者将援助权视为一项有限的权利。对他们来说，援助处于一般自动规则可以保障的权利的极限，并且具有范围有限、补充性和临时性的特征，而以分工的发展和财产的延伸为基础的文明进步恰好能印证上述特征。然而到了19世纪，这种"有限"权利的适用范围逐渐扩大。首先，如何区分有价值的穷人和无价值的失败者变得越来越困难，这是因为不幸的个体受害者和因懒惰、陋习而陷入困境者之间的界限变得模糊起来，责任标准也就无法明确。其次，援助问题被认为是有明确界限的，但实际上往往会融入更大的国家政策框架。工业贫困与旧的贫困观念之间的差异导致了观点的彻底改变，工业贫困以前所未有的方式提出了财产和工作权利的问题。就公共援助而言，济贫法时期的立法假定只有两类相关的成年人——无法工作的残疾人和找不到工作的健全人。这项立法并没有想到一个工人的收入水平会如此之低，以至于他几乎可以被视为乞丐。然而，这种现象在19世纪大规模地呈现出来，如果说18世纪的贫民是个人，那么19世纪的贫困就是工人阶级中普遍存在的社会事实，这代表了一种新型集体社会条件的出现，即无产阶级。这种社会状况不能用简单的援助来解决，因为无产阶级不仅质疑了社会组织的根本基础，而且威胁要打破财产权和援助权之间的旧凝聚力。因此，19世纪古典自由主义者的困惑，或许是一种"阶级"的困惑，也是一种哲学的困惑。

将保险应用于社会问题解决为这些困难的解决提供了一条出路。从主观行为和个人责任概念到客观的风险概念，保险不仅改变了人们对社会的看法，而且摆脱了社会权利适用上的困境。事实上，由于风险可以测算，那么从风险的角度处理社会问题的保险就侧重于风险的概率和统计维度，并将对个人的判断降级到次要水平。当从风险的角度看待情况时，个人错误和个人态度的问题就不那么重要了，1884年德国《意外伤害保险法》中的工伤赔偿内容体现得非常明显。此外，保险方法的优点是将许多不同的问题集中在一起，疾病、老年、失业和各种事故都归为一个类别。最后，保险使人们对司法实践有了新的理解。保险用纯粹的契约正义理念和补偿制度取代了古典的正义理念，被理解为符合自然或伦理或政治规范。与援助不同，社会保险不仅是一项授予的援助，还代表了涉及国家及其公民的合同的执行。社会保护是一种义务，而不是一种慷慨的行为。因此，无论是政府还是学者，在19世纪下半叶普遍表现出对保险原则的热情。1865年，法国伟大的"互惠主义"理论家埃米尔·洛朗在《单一专业或工会团体内的保险计划》中盛赞社会保险的意义："失业本身，以及工业的进步，被遗弃或毁坏的工业，简而言之，贫穷的方方面面都在战斗，谁知道哪一天结社和保险的天才可能达不到。保险！我们把它放在了相当高的位置，在社会补救措施的等级中处于应有的地位。火灾和恶劣天气、疾病和冰雹、沉船和洪水，物理世界的所有灾难都可以通过保险来缓解；工业危机也是如此，人类本身被认为是一种真正的生产资本，通过使用他的能力，注定有一天会因与他的意愿无关的灾难性事件而消失——死亡。保险无处不在；基于大数定律，它可以使储蓄到处产生利润，使成功的机会远远大于失败和损失的机会，它可以使秩序变为无序，它可以消除风险，调节不确定性，如果不完全取消它。以前从保护国的角度考虑减少不确定性，现在几乎可以通过保险机制在技术上实现。"[1]

---

[1] Pierre Rosanvallon, *The New Social Question Rethinking the Welfare State* (Princeton University Press, 2000), p. 15.

社会保险为现代社会保护制度开辟了一条不需要法律或道德理由的道路。社会保险的优势在于其一旦通过强制实施而实现普遍化，就获得了真正的社会层面，并扮演了道德和社会变革者的角色。社会保险就像一只看不见的手，在没有善意干预的情况下产生安全和团结。从结构上讲，社会保险涉及庞大的人口：通过使每个人成为整体的一部分，从而使个人相互依赖。正如埃瓦尔德所说："保险让每个人都能从整体的优势中受益，同时让他自由地作为个体生活。它似乎调和了两个对立的词——社会和个人自由。"① 从这个意义上说，社会保险已经成为社会契约的一部分，这就是国家和保险技术从 19 世纪中叶开始汇聚的原因。

19 世纪到 20 世纪初的社会保护表现出以劳动者为核心、以收入安全为目标的特征，并且开始出现剩余福利模式（the Residual Welfare Model）和婢女模式（Handmaiden Model）两种不同的制度类型。剩余福利模式认为私有市场和家庭是两个"自然的"（或社会赋予的）渠道，个人的需要可以通过它们获得适当的满足，只有当它崩溃的时候，社会福利设施才应该介入运作，并且应该是暂时的，在具体操作上广泛采用对公共援助申请者进行家庭资产调查的方法，具有显著的判断性特征和社会排斥效应。婢女模式将社会福利设施视为"经济的附属品"的角色，以关切激励、勤奋与报酬，阶级与群体归属的形成为基础，按照各人的优点、工作表现和生产力来满足其社会需要。② 在这一阶段，市场原则趋于成熟，在社会保护领域充分体现出运用市场方法解决社会保护问题的逻辑，也就是波兰尼所说的"市场的脱嵌"或市场社会的表征。权利原则在劳工阶层得到了一定程度的拓展，为缓和社会冲突，包括工作安全、社会救助、养老保险、医疗保险、工伤保险等社会保护措施在一定程度上得到了丰富和完善。

---

① Pierre Rosanvallon, *The New Social Question: Rethinking the Welfare State.* trans, by Barbara Harshav（Princeton: Princeton University Press, 2000），p. 63.

② 参见理查德·蒂特马斯《蒂特马斯社会政策十讲》，江绍康译，吉林出版集团，2011，第 14~15 页。

三　社会成员的权利保护阶段

在第二次世界大战的影响下，社会保护的"市场社会"逻辑开始转变，出现了"去市场化"的社会保护逻辑。二战期间，"充分就业和平等分配的经验影响到税收、配给和物价控制等领域，这导致大众对战后社会从失业和机会不平等中解脱出来的要求格外强烈"。[①]在此背景下，英国于1942年发表了解决战后问题的《贝弗里奇报告》，提出在普遍性原则、保障基本生活原则、统一原则、权利义务对等原则下，实行全面的保健方案、消除大众失业现象、建立家庭津贴等制度。其后英国政府先后发布了《家庭补助法》（1945年）、《社会保险法》（1946年）、《国民保险法》（1946年）、《国民健康服务法》（1946年）、《国民救济法》（1948年）等一系列社会保护制度，以及通过国家干预消除失业、加速住房建设、改革教育制度、发展保健服务等综合性的社会保护措施。在德国，艾哈德的"社会市场经济"理论被视为二战后社会重建的思想基础。社会市场经济是市场经济与总体调节、社会保护的结合，主张社会保护应当普遍实施，在保障个人经济地位的基础上保持企业和个人的活力，无工作能力者的经济负担应当由全社会来承担。

这一阶段的社会保护理念出现了一个重要的转变：经济发展作为市场经济的功能，应当服务于人们有尊严地生活这一根本性目标，这意味着社会保护和市场经济的关系发生了根本性的转变，社会保护摆脱了工具性属性而成为社会发展的目标。社会保护制度的对象从工资收入者拓展至全体社会成员，社会保护项目涵盖营养、卫生、教育、住房、养老等诸多方面，市场原则在一定程度上让渡于权利原则，社会权利的实现拓展至全体社会成员。二战后期至20世纪70年代初，是社会保护发展的黄金时期，经济发展服务于社会保护的倾向使人们看到了消除贫困、充分发挥人类潜能的希望。西方资本主义国家社会福利政策的成功扩展使

①　钱运春：《西欧生产方式变迁与社会保护机制重建》，上海社会科学院出版社，2011，第85页。

其以"福利国家"自居，福利国家政策"反映了国家、经济、市民社会和公共空间之间相对稳定的、无论是左派还是右派都接受的制度框架"①。在市场原则和权利原则的共同作用下，国家在市场经济条件下对总供给、总需求的宏观调控，对劳动力市场的管理，以及对初次分配不平等的调控，使得资本与劳动之间达成了妥协和共识。

四 社会保护改革阶段

二战后发展起来的福利国家制度依赖于经济的持续增长和充分就业政策的成功，20世纪70年代的"石油危机"及其后的经济滞胀，使发达国家经济体发生了深刻的转变：就业人员大规模从制造业转向服务业，导致生产力发展速度减缓；政府的承诺逐渐扩张、成熟，最后"达到极限"；人口老龄化；家庭结构及其与就业的关系发生转变。其中每一个转变都构成富裕民主国家福利制度压力的一个强大而又持久的影响因素。②在新的经济社会条件下，市场原则与权利原则的均衡状态被打破，与之相应的理论和政策共识也随之解体。

面对危机，以哈耶克和弗里德曼为代表的新自由主义率先做出回应，认为国家干预扭曲了市场机制，国家作为垄断性的福利提供者，导致生产领域税负过高，而消费领域选择权被剥夺，认为这是福利国家危机的重要根源，而且认为福利国家又制造了拒绝自我负责而依赖福利的"懒汉"。新自由主义关于自由竞争的市场经济观点，被政治新保守主义接受，新保守主义谴责国家福利对弱势群体的慷慨削弱了传统道德的约束，导致福利依赖、家庭解体等不利后果。因此，新保守主义右派主张从普遍性福利向选择性福利过渡，采取"补救"式的剩余福利模式，紧缩政府的社会福利开支、减少国家干预，解除最低工资、集体谈判等劳动力市场的限制性规则，让家庭、社区、非政府组织等主体在福利供给中发

---

① 参见尚晓援《中国社会保护体制改革研究》，中国劳动社会保障出版社，2007，第52页。
② 保罗·皮尔逊编《福利制度的新政治学》，汪淳波、苗正民译，商务印书馆，2004，第120页。

挥更大作用。在新自由主义和新保守主义关于限制国家干预、恢复市场机制等右派观点流行的背景下，吉登斯在《第三条道路》中系统地重新阐述了左派的观点。在福利制度改革方面，"第三条道路"理论提出"积极福利"的观点，认为"社会投资的国家"是福利国家的出路，建议通过教育培训、社区建设、资助和社会资本的积累等资源注入方式解决贫困问题，坚持认为让多数人受益的福利制度才能增进公民的普遍道德，反对把福利国家降低到"安全网"的水平。从吉登斯的观点来看，新左派已经批判性地吸纳了右派对福利国家制度的反对意见，进而使市场原则和权利原则在"积极福利"的范畴下达成了新的平衡。

从实践发展来看，新左派在市场原则和权利原则上达成的平衡尚未形成广泛的理论与政策共识。西方国家的福利改革走向出现了明显的分化。在美国和英国，市场原则在福利改革中占据一定的主导地位，政府系统地放弃了充分就业的目标，试图大规模削减福利支出，并放弃对预防和缓解贫困所承担的责任。但受限于选举等政治因素，虽然政府经常许诺大规模削减福利支出以降低税收和赤字，但实际上福利支出削弱幅度并不大。在瑞典和奥地利，权利原则主导的社会合作主义占上风，政府恪守对充分就业、普遍性社会服务、预防和缓解贫困等的社会保护的责任，福利国家没有受到明显削弱。而澳大利亚和加拿大等诸多国家，往往是在上述两种状态中左右摇摆。

小　结

社会保护的逻辑起点和最初的运行逻辑是围绕"自由市场的反向运动"展开的，通过保护在自由市场和劳资关系中处于弱势地位的劳动者，以及市场竞争的失败者来对抗自由市场的扩张。20 世纪 90 年代以来，"社会保护"的包容性、开放性和理论张力使其获得越来越多的青睐，社会保护不再局限于对劳动力市场的依附，致力于向所有社会成员提供普及化的基本社会支持。

社会保护理论有着深厚的思想渊源。在中国历史上有重要影响的社

会保护思想渊源主要形成于春秋战国时期，在秦汉、唐宋、明清时期有
所发展，整体上与哲学思想和政治思想紧密结合，可以概括为民本思想、
抚恤思想、济贫思想、互助思想和仁义思想，在"家国同构"的宗法社
会中，形成了多层次的国家控制和宗族保护政策。西方的社会保护思想
从柏拉图的生存正义开始，后期出现很多关于乌托邦和空想社会主义模
式的讨论，体现了时代性、历史性和社会性，为现代社会保护体系的建
立奠定了深厚的理论基础。

　　从实践上看，现代意义的社会保护制度是与工业化、城市化相伴而
生的。从工业革命到18世纪的社会保护，表现出以市场原则为主导、以
维持劳动力再生产为目标、以实物或服务救济为主要内容的特征。19世
纪到20世纪初的社会保护表现出以劳动者为核心、以收入安全为目标的
特征，并且开始出现剩余福利模式和婢女模式两种不同的制度类型。二
战后期至20世纪70年代初是社会保护发展的黄金时期，经济发展服务于
社会保护的倾向使人们看到了消除贫困、充分发挥人类潜能的希望。西
方资本主义国家社会保护政策的成功扩展使其以"福利国家"自居。福
利国家反映了国家、经济、市民社会和公共空间之间相对稳定的、无论
是左派还是右派都接受的制度框架。20世纪70年代后期，福利国家陷入
危机，西方国家进入了漫长的改革阶段，尚未形成共识性的实践模式。

第二章

中国社会保护体系的历史逻辑与实践逻辑[*]

---

[*] 本部分内容在笔者的博士学位论文《公民权利视角下社会保障制度"去身份化"问题研究》中有涉及，收入本书时进行了补充和修改。

中国社会保护体系的制度化发展历程始于新中国成立后，经历了与计划经济体制相适应的"国家－单位制"模式及其后的社会保障社会化改革过程，逐步形成了全球规模最大的多层次社会保护体系。跨越式的发展历程和复杂的改革诉求使我国社会保护体系成为经济社会整体变革中的一项伟大实践，并在不断发展变化过程中形成了具有不同时代特色的阶段性特征。这些特征的惯性演进不仅造就了我国社会保护体系的现状，也将在一定程度上影响未来社会保护体系的发展进程。

第一节 计划经济体制下的社会保护实践

中国的社会保护体系以社会保障制度为核心，包括社会保险、社会救助、社会福利及相关社会服务等内容，同时涵盖慈善事业等补充性保障制度，这些制度安排的基本框架大都形成于计划经济时期。新中国成立后，劳动者的社会保护权益得到高度重视，在当时生产力水平较低的条件下，我国建立了差别化的社会保护体系，在为社会成员提供基本保障的同时，也形成了最初的"福利身份化"。学界通常将我国的社会保护制度划分为计划经济体制下的社会保护制度和市场经济体制下的社会保护制度，或称为国家－单位保障制与国家－社会保障制。对于这两个阶段时间节点的划分有两个关键性的年份，第一个年份是1986年，主要有三个标志性事件。1986年4月12日，六届全国人大四次会议通过了《中华人民共和国国民经济和社会发展第七个五年计划》，在这份文件当中，社会保障的概念首次被正式提出，明确了社会保障改革要坚持社会化管理与单位管理相结合、以社会化管理为主的基本方向，社会保障社会化改革开始进入国家发展计划。1986年7月12日，国务院发布《国营企业实行劳动合同制暂行规定》，计划经济时代的"铁饭碗"被打破，并规定合同制工人的退休养老金实行社会统筹，由企业与个人共同分担缴纳保险费的义务；同日，国务院发布《国营企业职工待业保险暂行规定》，正式承认失业的存在并规定了相应的保障办法，冲破了"劳动"与"保险"相对应的制度框架。1986年11月10日，劳动人事部颁布《关于外商投资企业用人自主权和职工工资、保险福利费用的规定》，这标志着社会保障单位化的烙印被淡化，国家承认了经济结构多元化条件下对劳动者社会保障权益的维护。第二个年份是1993年，十四届三中全会通过《中共中央关于建立社会主义市场经济体制若干问题的决定》，第一次在党的文件中规定建立社会保障制度，并首次提出建立多层次的社会保障体系，肯定了社会保护制度对于深化企业和事业单位改革、顺利建立社会主义市场经济体制、保持社会稳定的重大意义，明确了社会保障体系包括社

会保险、社会救济、社会福利和优抚安置等几项基本内容，同时由社会
互助、个人储蓄积累保障进行补充，提出按照社会保障的不同类型确定
其资金来源和保障方式。从上述内容中可以看出，这两个年份都对我国
社会保障制度的改革发展起到了至关重要的作用，具体而言，1986 年可
以被视为有效突破了原有的社会保障制度框架，正式开启了有意义的社
会保护社会化改革之路①；1993 年进一步明确提出了建设与社会主义市场
经济体制相适应的社会保障制度，开启了社会保障制度规范化改革的序
幕。因此，中国以社会保障制度为核心的社会保护体系是从 1986 年开始
正式进行改革的，本书将 1986 年视为由计划经济体制下的社会保护制度
向市场经济体制下的社会保护制度过渡的年份。

一　城镇企业职工的社会保险体系

1949 年 9 月，中国人民政治协商会议第一届全体会议通过《中国人
民政治协商会议共同纲领》，在这部具有临时宪法意义的纲领中提出了
"逐步实行劳动保险制度"，为企业职工社会保险体系的建立奠定了法律
基础并提供了政策依据。在《中国人民政治协商会议共同纲领》的要求
下，政务院于 1951 年 2 月 26 日颁布实施了《中华人民共和国劳动保险条
例》，这是新中国第一部全国统一的社会保险法规，对我国城镇企业职工
劳动保险的实施范围、待遇标准、资金筹集与管理等方面进行了规范。
我国计划经济时期城镇企业职工社会保险的基本框架得以确立，此后，
经历了多次修订与调整，为当时的企业职工提供了基本的社会保护。

在实施范围方面，《中华人民共和国劳动保险条例》规定：有工人职
员一百人以上的国营、公私合营、私营及合作社经营的工厂、矿场及其
附属单位，铁路、航运、邮电的各企业单位与附属单位等实施劳动保险。
在待遇标准方面，规定：男工人（职员）年满 60 岁、工龄满 25 年、本
企业工龄满 5 年者，按月付给退职养老补助费，其数额为本人工资的
50% ~70%；女工人（职员）年满 50 岁、工龄满 20 年、本企业工龄满 5

---

① 　郑功成等：《中国社会保障制度变迁与评估》，中国人民大学出版社，2002，第 8 页。

年者，可退职养老，按月获得本人工资 35% ~ 60% 的退职养老补助费；工人与职员在遇到患病或非因工负伤的情况时，在所在企业医疗所、医院、特约医院或特约中西医师处医治时，其所需诊疗费、手术费、住院费及普通药费均由企业行政方面或资方负担；工人（职员）供养的直系亲属患病时，得在该企业医疗所、医院、特约医院或特约中西医师处免费诊治，手术费及普通药费，由企业行政方面或资方负担 1/2；工人（职员）因工负伤，应在该企业医疗所、医院或特约医院医治，费用由企业行政方面或资方负担，在因工负伤确定为残疾时，由劳动保险基金按月付给因工伤残抚恤费或因工伤残补助费；工人（职员）及其供养的直系亲属死亡时，需按规定由该企业行政方面或资方付给丧葬费（丧葬补助费）、抚恤费（救济费）。除养老、医疗、工伤、丧葬之外，《中华人民共和国劳动保险条例》还对生育待遇、养老服务、托儿服务等做出了规定。在资金筹集方面，规定劳动保险的各项费用全部由实行劳动保险的企业行政方面或资方负担，其中一部分由企业行政方面或资方直接支付，另一部分由企业行政方面或资方缴纳劳动保险金，交工会组织办理。凡根据《中华人民共和国劳动保险条例》实行劳动保险的企业，其行政方面或资方须按月缴纳相当于各该企业全部工人与职员工资总额的 3%，作为劳动保险金。此项劳动保险金，不得在工人与职员工资内扣除，并不得向工人与职员另行征收。在资金支配方面，规定劳动保险总基金由中华全国总工会用以举办集体劳动保险事业，由中华全国总工会委托指定代收劳动保险金的国家银行代理，结余部分作为劳动保险调剂金，用于各工会基层委员会劳动保险基金不足开支时的补助或举办集体劳动保险事业。在组织管理方面，各工会基层委员会为企业执行劳动保险业务的基层单位，全国总工会领导和统筹全国劳动保险事业的进行，监督所属各个地方工会、各产业工会组织有关劳动保险事业的执行，中央人民政府劳动部为全国劳动保险业务的最高监督机关。① 截至 1952 年 11 月底，全国实行《中华人民共和国劳动保险条例》的企业达到 2860 余个，职工

---

① 参见政务院《中华人民共和国劳动保险条例》，1951。

320 万人。① 暂不实行《中华人民共和国劳动保险条例》的企业职工采取了由企业行政或资方与工会协商、签订集体合同的方式，规定适当标准的保险待遇。

1953 年，政务院颁布了《中华人民共和国劳动保险条例实施细则（修正草案）》，将劳动保险的覆盖范围扩大至工、矿、交通事业的基本建设单位和国营建筑公司的工人（职员），养老金的工资替代率由 35%～60% 提高至 50%～70%。1956 年，劳动保险的覆盖范围再次扩大至商贸、粮食、金融、民航、国营农牧场等 13 个产业部门，至此，国营企业全体职工全部被纳入劳动保险的范围，城镇集体所有制企业职工参照国营企业执行。当时，正值社会主义改造基本完成，原有的私营工商企业都已被改造为国营企业或集体所有制企业，原有的个体手工业者也都已被组织进集体所有制企业。1957 年，卫生部下发《关于试行〈职业病范围和职业病患者处理办法的规定〉的通知》，将严重危害工人（职员）健康的职业性中毒、尘肺病等 14 种与职业伤害有关的疾病列入工伤保险保障范围之内，形成了新中国最初的职业病保障体系。至此，可以说全体城镇职工在政策上全部被纳入劳动保险体系，能够享受到基本的退休金、医疗保险、死亡和遗属保险、生育保险、工伤保险，以及疗养所、养老院、孤儿保育院、休养所等公共服务项目，形成了较为全面的社会保护体系。

1957 年，在党的八届三中全会"统筹兼顾、适当安排人民的生活"的要求下，国务院颁布了《关于工人、职员退休处理的暂行规定》，对劳动保险制度进行了微调：放宽了退休条件；增加了关于病退的条款；对工人（职员）因工致残、完全丧失劳动能力后的退休待遇做出了规定；提高了有特殊贡献人员的退休待遇；取消了在职养老金，保障了职工的退休权益。1966 年，第二轻工业部和全国手工业合作社颁布了《关于轻、手工业集体所有制企业职工、社员退休统筹暂行办法》《关于轻、手工业集体所有制企业职工、社员退职暂行办法》，探索建立集体所有制单位职工的退休统筹方案，规定职工、社员退职的时候，手工业合作厂、社应

---

① 《建国以来重要文献选编》第 5 册，中央文献出版社，1993，第 602 页。

该根据本企业的经济负担能力，以其工龄的长短按照下列标准，酌情发给退职补助费，连续工龄不满一年的，发给一个月的本人工资；连续工龄一年以上的，每满一年，发给一个月本人工资的50%～90%；但是，退职补助费的总额最多不得超过二十个月的本人工资。城镇企业职工之间形成了按照所有制区分退休制度的格局。

在"文革"期间，包括城镇企业职工社会保险在内的社会保护制度严重受挫。负责劳动保险事务的工会陷入瘫痪状态，劳动部门受到削弱。1969年，财政部印发的《关于国营企业财务工作中的几项制度的改革意见（草案）》中规定：国营企业一律停止提取劳动保险金，原在劳动保险金开支的劳动保险费用改在企业营业外列支。由此形成了待遇标准按照国家政策规定执行，所需费用由企业实报实销的"企业保险模式"。此后，劳动保险开始演变为企业保险，失去了统筹调剂的功能，职工的养老、医疗、工伤等待遇由所在企业的能力决定，社会保护的责任中心由国家转为单位，城镇企事业单位包办社会的现象迅速增加，社会保护逐步趋向封闭的"单位化"，职工养老金筹集与给付上的代际冲突、企业间负担不平等的现象十分突出。

从1978年到1986年，我国的城镇企业职工社会保护体系以恢复重建为重点，也为接下来的社会保护制度改革做了铺垫和准备。1978年3月5日，第五届全国人民代表大会第一次会议通过的经重新修改制定的《中华人民共和国宪法》中对劳动者的养老、疾病、丧失劳动能力的物质帮助做了规定，为社会保护制度的恢复重建奠定了法律基础。此后，国务院出台了《关于安置老弱病残干部的暂行办法》《关于工人退休、退职的暂行办法》等政策，对1958年颁布的退休办法进行全面修订，是"文革"结束后国家恢复重建退休制度的重要标志，正式确立了在城镇职工养老保险体系中国家、企业、个人三方共同筹资的原则，规定企业按劳动合同制工人工资总额的15%缴纳，劳动合同制工人按不超过本人标准工资的3%缴纳；适当提高了退休待遇标准和退休生活费标准；为解决过度医疗问题，对劳保医疗进行改革试点。1983年2月，劳动人事部下发了《关于积极试行劳动合同制的通知》，国家开始调整终身"铁饭碗"的就业制度，"保险"与"劳动"之间的对应关系开始动摇。1982年12月，第五届全国人民代表大会第五次会议通过了新的《中华人民共和国宪法》，其中规定"国家依照法律规定实行企业事业组织的职工和国家机关工作人员的退休制度。退休人员的生活受到国家和社会的保障"，"中华人民共和国公民在年老、疾病或者丧失劳动能力的情况下，有从国家和社会获得物质帮助的权利。国家发展为公民享受这些权利所需要的社会保险、社会救济和医疗卫生事业"，"国家和社会帮助安排盲、聋、哑和其他有残疾的公民的劳动、生活和教育"，从宪法的高度对公民的社会保护权益进行了广泛的规定。

二 国家机关工作人员的社会保险体系

新中国成立后，国家机关、事业单位工作人员的社会保险所遵循的是与城镇企业职工社会保险体系不同的政策框架，这也使城镇居民的社会保险因"身份"的差异而形成不同的体系。

1955年，国务院颁布了《关于国家机关工作人员退休暂行办法》《关于处理国家机关工作人员退职、退休时计算工作年限的暂行规定》。当时国家机关工作人员还不能和企业职工采取同样的办法计算工龄，国家机关和企业部门的工资标准也有差别，在国家机关工作人员中还不能立即实行《中华人民共和国劳动保险条例》，因此，制定了针对国家机关工作人员的退休管理办法，并规定各民主党派、各人民团体和国家机关所属的事业费开支的单位都可以参照所颁发的各项办法和规定执行。《关于国家机关工作人员退休暂行办法》规定，国家机关工作人员在以下四种情形下可按规定退休：男子年满六十岁，女子年满五十五岁，工作年限已满五年，加上参加工作以前主要依靠工资生活的劳动年限，男子共满二十五年、女子共满二十年的；男子年满六十岁，女子年满五十五岁，工作年限已满十五年的；工作年限已满十年，因劳致疾丧失工作能力的；因工致残丧失工作能力的。退休后按其工资的50%～80%发放退休金，退休经费完全来源于国家财政拨款。

在医疗保险方面，1952年政务院颁布《关于全国各级人民政府、党派、团体及所属事业单位的国家工作人员实行公费医疗预防的指示》，将全国各级人民政府、党派、工青妇等团体、各种工作队以及文化、教育、卫生、经济建设等事业单位的国家工作人员和革命伤残军人，纳入公费医疗范畴，规定"门诊、住院所需的诊疗费、手术费、住院费，门诊或住院中经医师处方的药费，均由医药费拨付"，医药费由"各级人民政府领导的所属卫生机构，按照各单位编制的人数比例分配，统筹统支"，并要求"中央、大行政区、省（市、行署）应建设一部分疗养病床，作为医院的辅助机构"。在公费医疗制度执行过程中，随着享受人数不断增加，公费医疗费用呈现较大幅度增长的趋势，为规范管理，卫生部、财政部制定了《关于改进公费医疗管理问题的通知》，规定"享受公费医疗待遇的人员治病的门诊挂号费和出诊费，改由个人缴纳，不得在公费医疗经费中报销"。另外，国家也相继出台了一系列对药品的限制规定。另外，公费医疗对于机关、事业单位工作人员供养的亲属也承担保障义务，既可组织职工缴费，也可从单位福利费中给予补贴。可以说，公费医疗制度是对国家机关和事业单位工作人员实行免费就医，并对其所供养的亲属进行补助的一种医疗保障制度。

三　城镇居民的社会救助与社会福利体系

计划经济体制下城镇居民的社会救助与社会福利体系针对特定群体展开。社会救助体系对陷入生存困境的社会成员给予一定的财物接济和生活扶助，是社会保护制度中不可或缺的重要方面。计划经济体制下城镇居民的社会救助主要以单位为依托，经费基本来源于统收统支制度下的中央财政，城镇在职职工及其家庭成员遭遇生活困境时，由其所在单位负责解决，单位保障客观上构成计划经济体制下社会救助的基础。1957年，国务院发出的《关于职工生活方面若干问题的指示》要求，由于特殊性事故而陷入生活困境的职工应当得到适当的补助，在企业当中，补助的经费由企业支付，企业应拨付相应款项作为困难补助经费，也可在奖励基金当中提取一部分作为经费来源，困难补助经费交由工会管理；在机关事业单位中，困难补助所需经费在福利费中开支，由人事部门和工会负责具体的管理工作；失业职工和零散工人的生活困难救济工作由当地民政部门负责，所需经费在社会救济费中开支；手工业工人的困难救济工作由手工业合作社和民政部门共同负责。

社会福利作为我国社会保护体系中的重要组成部分，包括老年人福利、残疾人福利、妇女福利、儿童福利、住房福利和教育福利等多个方面。在计划经济体制下，城镇居民享受的社会福利包括政府直接举办的福利项目和单位福利项目两大类，当然，机关、企事业单位举办的单位福利也主要依靠国家财政补助或列入成本预算。计划经济体制下，城镇居民享受的社会福利待遇主要包括以下几项。

一是国家财政价格补贴政策。这是一项与计划经济体制相配套的福利措施，通过国家财政专项拨款，对城镇居民进行粮棉油、肉食等价格补贴，一般采取降低物品价格的方式，而不是以现金支付的方式。这项政策在价格体系改革后逐渐退出历史舞台，但曾经对改善居民生活起到了重要作用。

二是社会收养政策。这是一项由政府建立社会福利院、老人公寓、敬老院、儿童福利院、精神病院等福利机构，用以收养孤老残幼和流浪乞讨人员的社会福利措施，是计划经济体制下社会福利体系的重要组成部分。社会收养由民政部门统一管理，经费来源于国家财政拨款和集体供款，属于传统的官办小型福利，在一定程度上解决了孤老残幼和流浪乞讨人员的生计问题。1982年，民政部颁布《城市社会福利事业单位管理工作试行办法》，对社会福利事业单位的社会收养工作进行了进一步规范，规定社会福利事业单位收养的人员是：城市中无家可归、无依无靠、无生活来源的孤老残幼、精神病人，强调对老人是以养为主，妥善安排其生活；对健全儿童是养、教并重；对残疾儿童等是养、治、教相结合；对精神病人是养、治结合，并且根据不同对象进行药物、文娱、劳动和教育的综合治疗。在残疾人保护方面，为使残疾人得到更多关爱，1979年2月1日，民政部发出关于恢复和建立盲人协会、聋哑人协会的通知，中国盲人协会、聋哑人协会恢复重建。1982年以后，国家通过一系列优惠政策、鼓励社会广开门路，安排残疾人就业。1983年民政部、劳动人事部发出通知，要求各地做好城镇待业残疾青年的就业安置工作。这些都为中国残疾人员得到社会的关心和帮助创造了条件。"1984 年，中国残疾人福利基金会成立，其任务是筹集、管理和使用残疾人福利基金，举办残疾人福利事业"，这应当是我国残疾人福利事业走向社会化的重要起点。[1] 从总体上看，20 世纪 80 年代中期，我国社会福利事业的发展思路开始发生重要转变，社会福利事业进入现代化发展阶段。

三是开办社会福利企业。社会福利企业是为安置残疾人员劳动就业而兴办的具有社会福利性质的特殊企业。社会福利企业所安置的残疾人员是具有一定劳动能力的视力残疾者、听力残疾者、语言残疾者、肢体残疾者和智力残疾者。社会福利企业的福利特征表现为安置残疾人的人数按政府规定占企业生产人员总数的一定比例，国家对这类经济组织酌情减免产品税、营业税、增值税等，所减免的税金全部作为企业发展基金和集体福利基金，企业的利润主要用于扩大再生产、职工的集体福利设施和奖金，有条件地提取少部分用于社会福利事业。社会福利企业对解决残疾人的就业问题、提高社会特殊困难成员的生活水平发挥了重要作用。"文革"期间，许多福利性生产单位被撤销或合并到有关工业部门，全国福利性生产单位大幅度减少，社会福利企业遭遇重创。"文革"结束后，国家重申了对社会福利企业的保护扶持政策和减免所得税政策，扩大社会福利企业规模，以便为残疾人创造更多的就业机会，并争取非政府组织的支持等，社会福利企业再次发挥重要作用。

四是职工福利。城镇职工福利是计划经济体制下社会福利的主体内容，面向在城镇国有单位和集体单位工作的劳动者及其家庭成员，在全民就业的政策下，职工福利能够覆盖城镇绝大部分人口，包括住房福利、集体生活福利、文化福利、生活补贴等各种福利项目，是我国计划经济时期"单位办社会"的具体表现形式。1950 年颁布的《中华人民共和国工会法》中规定工会有改善工人、职工物质生活和文化生活各项措施的责任。1957 年，国务院发布《关于职工生活方面若干问题的指示》，对职

---

① 郑功成：《中国社会保障 30 年》，人民出版社，2008，第 184 页。

工住宅问题、上下班交通问题、疾病医疗问题、生活必需品供应问题做出明确规定，要求采取有效措施逐步解决职工缺少住宅的问题，新建和扩建企业必须修建新增加职工所必需的住宅。"文革"结束后，国家完善了职工福利补贴制度，提高了职工生活困难补助的起点标准，"改革职工福利基金的提取方式，由从企业利润分成中提留的方式改为按工资总额在成本中提取，不足部分再在税后留利中列支"。[①] 从总体上看，城镇职工福利由政府制定统一政策，以企业或单位为主体进行组织、管理和实施，具有身份性、权利义务单向性、分配平均性、内容全面性和待遇高水平性等基本特点。"据统计，在 1988 年和 1992 年，中国仅国有企业在职职工的集体福利实施费、集体福利事业补助费、洗理卫生费、生活困难补助、文体宣传费、上下班交通补贴、计划生育补贴及其他福利费用开支就分别达到 115 亿元和 209 亿元。如果加上当年退休职工继续享受的各种福利待遇，国有企业职工的职业福利支出规模还要大得多。如果再加上机关、事业单位工作等的职工的职业福利待遇，城镇职工福利支出的总额将占到国民生产总值的 1.5% 左右。"[②]

四 农村社会保护体系

新中国成立后，农村社会的基层单位从初级合作社开始，最后发展到人民公社，集体经济始终是中国农村社会保护制度的经济基础。因此，计划经济体制下，农村社会保护是以农户家庭自我保障为主、集体经济给予适当扶助的集体保障制度。这种制度的组织基础是具有集体劳动、集体核算、统一分配特点的生产队或人民公社，经济基础是生产队或人民公社的集体收益，保障对象是生产队或人民公社所辖的农村居民，是一种自我组织、自我依靠、自我封闭的社会保护形式，[③] 主要包括以集体经济为依托的五保供养制度与合作医疗制度。除农村集体保障制度外，

① 童星：《社会转型与社会保障》，中国劳动社会保障出版社，2007，第 17 页。
② 郑功成：《论中国特色的社会保障道路》，武汉大学出版社，1997，第 286 页。
③ 郑功成：《论中国特色的社会保障道路》，武汉大学出版社，1997，第 92 页。

计划经济时期的农村社会保护体系中还有少部分的政府灾害预防与救助。

五保供养制度产生于计划经济体制下的农村合作化时期，在当时的中国农村发挥着重要的救助和保障作用。1956年，一届全国人大三次会议通过的《高级农业生产合作社示范章程》第53条规定："农业生产合作社对于缺乏劳动力或者完全丧失劳动力、生活没有依靠的老、弱、孤、寡、残疾的社员，在生产上和生活上给以适当的安排和照顾，保证他们的吃、穿和柴火的供应，保证年幼的受到教育和年老的死后安葬，使他们生养死葬都有依靠。"这就是农村五保供养制度的最初形态。同时，还规定农业生产合作社应该从每年的收入当中留出一定数量公益金，用来发展合作社的文化、福利事业。农业生产合作社应该随着合作社收入和社员个人收入的增加，提倡家庭分工、邻里互助、成立托儿组织，来解决女社员参加劳动的困难，保护儿童的安全。

1962年，党的八届十中全会通过的《农村人民公社工作条例修正草案》中进一步明确，生产队可以从可分配的总收入中，扣留一定数量的公益金，作为社会保险和集体福利事业的费用，不能超过可分配的总收入的2%到3%；生产队对于生活没有依靠的老、弱、孤、寡、残疾的社员，遭到不幸事故、生活发生困难的社员，经过社员大会讨论和同意，实行供给或者给以补助；对于生活有困难的烈士家属、军人家属和伤残军人，应该给予适当优待，对于家庭人口多劳动力少的社员，生产队应该根据他们的劳动能力，适当安排他们的工作，让他们能够增加收入；对于因公负伤的社员，以及因公死亡的社员的家庭的抚恤，也都从公益金内开支。

"文革"时期，农村五保供养制度同样遭遇重创。"文革"结束后，政府重新恢复农村五保供养制度，农村土地承包责任制的推行改变了当时的农村经济格局，"五保户"生活由生产队集体负责的模式难以为继。面对新形势、新问题，中共中央、国务院先后发出《关于进一步加强和完善农业生产责任制的几个问题的通知》、《全国农村工作会议纪要》和《中共中央、国务院关于制止向农民乱派款、乱收费的通知》等，要求对五保对象的生活进行统一安排，由乡村组织收取公共事业统筹费以保障农村五保对象的基本生活。1991年，国务院发布《农民承担费用和劳务管理条例》，明确规定"五保供养制度所需资金来源于村提留中的公益金"，为五保供养制度在这一阶段的持续发展奠定了基础。

农村合作医疗保障制度是在我国农村地区发展出的一种创造性的医疗保障制度，是为农民提供预防性的服务、基础医疗服务以及医疗费用发生后进行补偿而筹措资金和支付的系统。这种制度是在集体经济的扶持下，通过合作形式、民办公助、互助共济的方式，遵循自愿、互惠和适度原则建立起来的满足农民基本医疗保障要求的农村医疗保健制度，集体公益金和社会的供款构成制度的资金来源。[1] 1956年，《高级农业生产合作社示范章程》中提到，根据社员的需要开展公共卫生工作和社员家庭卫生保健工作，为促进农民在生产合作化过程中开展合作医疗奠定了基础。而事实上，在实践当中已经形成了合作医疗的雏形。1955年，山西省稷山县翟店公社的太阳村农业社自发性地创办了村保健室，最初由农业社出资30元，其后，于1959年开始实施较为规范的合作医疗制度。太阳村合作社的具体做法为：公社全体社员向村保健室缴纳保健费以享受免费治疗的待遇，缴费额为每人每年2元，不足部分由村集体经济中的公益金补充。稷山县的做法得到了中央部委的高度重视。1959年11月，卫生部在山西省稷山县召开全国农村卫生工作现场会议，对农村合作医疗形式给予充分肯定。当时存在于人民公社的医疗制度主要有两种形式，一种是由患者自行支付医疗费用，另一种是以公社为单位的集体保健医疗制度。在当时的生产力发展水平下，实行人民公社社员集体保健医疗制度是较为恰当的选择。在具体执行过程中，以当地生产力发展水平为依据制定社员每年缴纳保健费的标准，公社、生产队尽可能从公益金中提取一部分进行补助，在社员患病时减免其医疗费用。此后，卫生部根据现场会议情况，结合当时人民公社卫生工作所面临的问题，形成了《关于全国农村卫生工作山西稷山现场会议情况的报告》和《关于人民公社卫生工作几个问题的意见》，并上报中央。1960年初，中共中

---

① 李珍主编《社会保障理论（第四版）》，中国劳动社会保障出版社，2017，第38页。

央肯定了合作医疗制度，并转发了卫生部的两个文件，要求各地参照执行。自此，合作医疗制度在农村迅速发展起来。据估算，1958 年全国农业生产大队举办合作医疗的比重为 10%，1962 年上升到 46%，① 1980年，全国农村约有 90% 的行政村（生产大队）实行合作医疗。② 合作医疗制度覆盖了绝大多数的农村人口，使之享受到医疗服务和费用分担等方面的待遇，农村居民的基本医疗问题得到初步解决。农村合作医疗制度在当时发挥了重要作用，成为医疗卫生事业的重要组成部分。

在具体操作过程中，农村合作医疗因地制宜地形成了多种互助保险形式，包括：由农民和集体经济组织共同筹集基金，由村管机构决定覆盖范围、缴费标准和待遇水平的村办村管医疗保险制度；由农民和集体经济组织共同筹集基金，由村、乡管机构协商决定覆盖范围、缴费标准和待遇水平，医疗费由乡卫生院和乡合作医疗管理委员会统一管理，按村核算，超支部分的费用由各村自行承担的村办乡管合作医疗保险；由农民和集体经济组织共同筹集基金，由乡政府确定医疗保险的具体范围和标准，并提供一定的补贴，在核算问题上实现乡村两级分别核算的乡、村联办合作医疗保险；由农民、集体经济和乡政府组织共同筹集基金，通常由乡政府制定统一管理规则的乡办乡管合作医疗保险。③ 1979 年，卫生部、农业部、财政部、国家医药管理总局、全国供销合作总社联合发布了《农村合作医疗章程（试行草案）》，规定要根据当地实际情况和所具备的条件因地制宜地举办合作医疗，具体形式应在社员充分讨论的基础上予以确定。总的原则是以大队办为主，有条件的地区可以实行社、队联办或社办。自此，农村合作医疗进入相对规范的发展阶段。事实上，农村合作医疗是与当时农村特殊的医疗服务供给机制相适应的。新中国成立后，中国农村形成了县、乡、村三级医疗卫生网络，具体包括：由县医院、防疫站和妇幼保健院构成的县级医疗卫生机构；由公社卫生院

---

① 周寿祺：《探寻农民健康保障制度的发展轨迹》，《国际医药卫生导报》2002 年第 6 期。
② 蔡仁华主编《中国医疗保障制度改革实用全书》，中国人事出版社，1997，第 344 页。
③ 参见杨燕绥、阎中兴等《政府与社会保障——关于政府社会保障责任的思考》，中国劳动社会保障出版社，2007，第 379 页。

构成的乡级医疗卫生机构；由大队卫生室构成的村级医疗卫生机构。这三级医疗卫生机构分别由政府出资举办、社队提供经费、依靠集体经济维持。县、乡、村三级医疗卫生网络覆盖到全国大多数农村地区，为合作医疗的开展奠定了良好的基础。在此基础上，形成了独具中国特色的"赤脚医生"队伍，"赤脚医生"是经过集体讨论被选拔出的部分优秀社员，这些社员需要具备一定的文化程度，有积极的政治态度和良好的服务意识，县（市）卫生行政部门对其进行培训、考核并发给证书。作为农村基层卫生工作的主要载体，亦农亦医的他们采取走村串户的形式进行巡回医疗，有效推动了农村地区初级保健的普及。

农村合作医疗制度以农村集体经济为依托，在全球医疗成本不断上涨的背景下，在短期内几乎是用最低的成本消灭了很多流行疾病，大幅改善了农村居民的身体健康状况，人均寿命迅速延长，在世界范围内备受推崇，被世界卫生组织誉为"低收入发展中国家举世无双的成就"。台湾学者陈美霞认为：中国的卫生体制没有沿袭西方的传统模式，而是自我发展出一套与新中国成立初期经济社会发展条件相适应的创造性的体制，其所取得的伟大成就举世瞩目，1978年召开的著名的国际初级卫生保健会议上，世界卫生组织将中国的合作医疗制度作为基层卫生推动计划的典范在世界范围内推广。"中国独特的医疗卫生体系的创建，深刻地影响了其他国家的医疗改革，启发那些改革者们多多发展适合自己的医疗卫生制度，而不是盲目照搬其他国家的制度。"①

改革开放后，在改革财税体制和实施农村土地承包责任制的背景下，农村合作医疗制度迅速走向衰落。1980年，为配合农村土地承包责任制的推进，国务院颁布《关于实行"划分收支，分级包干"的财政管理体制的规定》，将财政收入划分为三类，分别是中央固定收入、地方固定收入和中央与地方调剂分成收入。在这一规定的要求下，各地纷纷建立乡级财政，乡级卫生院大都由县卫生局直接管理下放到乡镇政府管理，财政支持减少。与此同时，"国家财政给予县医院和乡级卫生院的补贴和投

---

① 转引自李珍主编《社会保护理论（第四版）》，中国劳动社会保障出版社，2017，第38页。

资也逐渐减少，农村卫生机构的正常运行与发展几乎全靠自身业务经费解决"①。最终导致大批农村卫生室由乡村医生承包经营，据统计，1988年，村或群众集体办的村医疗点占35.7%，个体办的村医疗点占45.8%，乡村医生或卫生员联合办的村医疗点占9.8%，其实质是55.6%属于非稳定型的个体经营的村医疗点。② 1989年，实行农村合作医疗的行政村只占全国行政村总数的4.8%。③ 合作医疗制度所能发挥的作用已经非常有限，绝大多数农村居民不得不面向市场化的医疗服务市场。

　　计划经济体制下农村的社会救济主要是对灾害的预防与救助，由内务部主管，主要负责灾害统计、防灾备荒、难民救助工作，农村社会救济的主要对象为因灾造成的困难户。新中国成立初期，由于我国生产力水平较低，加之农村地区自然灾害频发，社会救助以救灾救济为主。针对这种情况，政务院于1949年12月发布《关于生产救灾的指示》，要求灾区各级人民政府及人民团体要把生产救灾作为工作的中心，组织生产救灾委员会，帮助灾民订立计划，生产自救，提供一部分贷款和救济粮，扶助灾民战胜灾荒。1950年，第一次全国民政会议通过《关于人民民主建政工作报告》，首次提出"生产自救、节约度荒，群众互助，以工代赈，并辅之以必要的救济"的救灾工作方针，还通过发放救济物资、减免农业税等多种方式进行救济扶贫。

　　在"大跃进"和人民公社时期，中国经济面临严重困难，农村贫困人口激增，救灾救济形势严峻，国家在财政十分困难的情况下，仍然下发了大量救济款。1962年，内务部等部委联合发布《抚恤、救济事业费管理使用办法》，规定抚恤、救济事业费是国家用于解决烈属、军属、伤残军人、复员军人和灾区群众、社会困难户生活困难的专款，必须专款专用，不得挪用，对救灾救济工作的规范开展起到了重要作用。农村的社会救济工作步入了正规发展的轨道，为解决农村居民的生存困境起到

① 郑功成：《中国社会保障30年》，人民出版社，2008，第111页。
② 钱信忠：《中国卫生事业发展与决策》，中国医药科技出版社，1992，第98页。
③ 汪时东、叶宜德：《农村合作医疗制度的回顾与发展研究》，《中国初级卫生保健》2004年第4期。

了重要作用。"文革"期间，救灾救济工作处于停滞状态。

"文革"结束后，国家迅速恢复农村社会救济工作，1981年，国务院转发民政部《关于进一步加强生产救灾工作的报告》，报告中详细规定要妥善安排受灾地区人民群众的基本生活，采取多种方式积极开展生产自救，同时要求管理好、使用好救灾款物，对保证农村救灾救济工作的顺利开展起到了重要的作用。1985年5月，民政部召开以交流扶贫扶优经验为主题的会议，其间提出了一系列帮助优抚对象和贫困户脱离贫困的方针与措施。在这期间，社会救助的方法和手段出现了重要转变。从新中国成立到1979年，发放救灾款是社会救助的主要方式，而在1979年之后，特别是在1985年之后，农村贫困户的脱贫致富问题成为社会救济的重点，对"老少边穷"地区的扶持也受到重视，社会救济从单纯的资金救助转变为脱贫致富。在救济款使用方面，开始实行无偿使用和有偿使用相结合的方式，逐步缩小无偿使用的范围。这一阶段，农村社会救济的转变主要表现为：变单纯发放救灾款为实行救济、救灾同扶贫、扶优相结合。

五　社会优抚制度体系

社会优抚是面向军人的一项国家保障制度，是与职业军人制度相配套，以确保军人退役后能够顺利融入社会的制度安排，包括对死亡、伤残军人的抚恤，以及对退伍军人的安置保障等内容。

新中国成立后，国家高度重视军人保障工作。1950年，人民革命军事委员会和政务院发布《关于人民解放军1950年的复员工作的决定》，此后又相继出台了《复员建设军人安置暂行办法》、《国务院关于安置复员军人的决议》、《国务院关于处理义务兵退伍的暂行规定》、《关于现役军官退休处理的暂行规定》和《总政治部关于高级干部在军队离职休养的待遇和管理问题的规定》，将安置复员军人作为中央各部门和各级地方政府机关、人民团体以及各种企业、事业单位的一种不容推卸的责任，初步建立了军人安置保障体系。1950年，内务部颁布《革命烈士家属、革命军人家属优待暂行条例》和《革命军人牺牲、病故褒恤暂行条例》

等，对牺牲或伤残军人及其家属给予经济上、教育上、就业上的一系列保障，优抚工作全面推进。1957年，内务部、财政部、中国人民银行联合下发《关于城市烈属、军属和贫民生产单位的税收减免和贷款扶助问题的通知》，规定：由民政部门领导的烈属、军属和贫民生产单位一律免征工商业税；在生产和业务经营过程中，如果自有流动资金有困难，民政部门从优抚、救济费中给予解决，若仍有不足，银行可酌予贷款扶持；解决贫苦烈属、军属和贫民的生产生活困难。从1960年起，国家对部分老弱病残的优抚对象给予定期定量补助。据统计，在新中国成立后的最初10年当中，国家用于烈属、军属的生活补助费达4.2亿元，每年享受定期定量补助的烈属达75万人，享受临时补助的军、烈属年平均420万人之多。[①]

1978年，第五届全国人民代表大会常务委员会第三次会议批准通过《中国人民解放军干部服役条例》，对干部福利进行了具体规定，要求搞好集体福利，做好干部保健等工作。1980年，国务院颁布《革命烈士褒扬条例》，对于烈士的认定及其家属的抚恤进行了规定。1983年，国务院、中央军委颁布《中国人民解放军志愿兵退出现役安置暂行办法》，规定退出现役的志愿兵，原则上要回到原籍进行转业，由所在地人民政府负责为其安置工作，应尽量按专业技术对口分配，并对家属安置、住房待遇等方面进行具体安排。

计划经济体制下的军人保险制度是一种内容较为全面、待遇标准不断提高的政策体系，在保障国家对军人的抚恤和优待、加强军队建设等方面发挥了重要作用。但军人保险制度与普通国民社会保护制度之间的衔接问题在这一阶段并未得到重视。

通过对计划经济体制下社会保护制度发展历程的回顾可以看出，新中国成立后，社会保护是作为社会主义制度的有机组成部分而逐步发展起来的。在强调从"国家"利益到"单位"或"集体"利益，再到"个人"利益都高度一致的社会背景下，社会保护制度由国家制定规则并承

---

① 张东江、聂和兴主编《当代军人社会保障制度》，法律出版社，2001，第127页。

担责任，由"单位"或"集体"来具体实施，被分配到各个"单位"或"集体"的社会成员依附于所在单位，同时享受相应的社会保护待遇，是一种典型的"国家－单位保障制"模式①。计划经济时期我国形成了以"单位"或"集体"为基础的社会保护制度，从属于不同性质"单位"的社会成员按照差异化的制度规则享受不同的社会保护待遇。

计划经济体制下，社会保护的差异首先表现在城镇居民和农村居民之间的福利差别。城镇居民在"全民就业"的社会背景下被分配到各个具体的单位当中，享受与就业相关联的社会保险和社会福利，辅之以对贫困家庭的救济制度，包括退休金、医疗保险、生育保险、工伤保险、失业保险，以及托儿养老服务、住房福利、集体生活福利、价格补贴、社会收养、丧葬费、抚恤费、困难补助费等；农村居民则是在集体经济的基础上享受"互助"式的合作医疗制度和五保供养制度，辅之以灾害救济和贫困救济。可以看出，城镇居民和农村居民的社会保护呈现显著的"二元分化"特征，这种特征深刻地影响着社会保护制度的改革发展。

另外，城镇居民内部根据"身份"的不同产生进一步分化。城镇企业职工按照《中华人民共和国劳动保险条例》等系列规定享受劳动保险待遇，国家机关、事业单位工作人员则按照《国家机关工作人员退休处理暂行办法》《关于全国各级人民政府、党派、团体及所属事业单位的国家工作人员实行公费医疗预防的指示》等相关政策要求享受与职工不同的养老、医疗待遇，这就形成了城镇职工与国家工作人员之间的差别。在城镇职工内部也存在按照所有制区分退休制度的情况，《中华人民共和国劳动保险条例实施细则（修正草案）》（1953 年）将国营企业全体职工全部纳入劳动保险的范围，并要求城镇集体所有制企业职工参照国营企业执行，但在实际操作过程中，由于集体企业经济负担能力的差异，相关部门探索建立集体所有制单位职工的退休统筹方案，通过前文的介绍可以看出，这一方案与当时劳动保险条例的要求差距很大，这就形成了城镇企业职工内部的差别。

---

① 郑功成：《中国社会保障 30 年》，人民出版社，2008，第 5 页。

　　另外，值得关注的是，在最初建立的劳动保险框架下，通过企业提取劳动保险金的形式使得劳动保险具备一定的统筹调剂功能，虽然在计划经济和政府包办的背景下，这种统筹调剂功能所发挥的实际作用并不大，但对于社会保护制度维持待遇标准统一和收支平衡起到了重要作用。自20世纪60年代末开始，政策环境的转变使得面向城镇劳动者的劳动保险失去了统筹调剂的功能，城镇劳动者的社会保护由公共事务演变为单位的内部事务，劳动保险等社会保护制度变为各自分割、封闭运行的"企业保险"，并一直延续到改革开放时期。这种企业保险标志着"福利身份化"发展到极致，劳动者所能获得的社会保护待遇取决于其所在单位的待遇给付能力和意愿，导致各单位间福利水平差别很大。面向军人的社会优抚制度是一项特殊的社会保护制度，与城乡居民的社会保护制度有很大区别，而且从世界范围来看，包括美国、俄罗斯等国家，其军人保险制度都是相对独立的体系，因此，社会优抚制度的存在有其合理性，在这里暂不做详细探讨。

　　通过上述分析可以看出，计划经济体制下的社会保护制度从居民"身份"角度大致可以分为三个层次——城镇企业职工社会保护体系、国家机关工作人员社会保护体系、农村居民社会保护体系。这三个层次无论是保障项目、保障范围、待遇水平，还是运行逻辑、经费来源、管理办法，都存在显著的差异。在养老保障制度方面，城镇企业职工养老金的工资替代率为50%~70%，要求男职工年满60岁、工龄满25年，女职工年满50岁、工龄满20年；国家机关工作人员养老金的替代率为50%~80%，要求男员工年满60岁、工龄满25年，女员工年满55岁、工龄满20年；农村居民没有养老保障。可以看出，国家机关工作人员养老金待遇略高于城镇企业职工，而农村居民的养老问题则缺乏制度保障。在医疗保障制度方面，城镇职工享受劳保医疗待遇，其供养的直系亲属享受部分待遇；国家机关工作人员享受公费医疗待遇，其供养的直系亲属享受部分待遇；农村居民享受互助式的合作医疗待遇。从当时的具体实施情况来看，国家机关工作人员的医疗保险待遇要高于城镇企业职工，而农村居民能够享受到的医疗保险待遇则远远低于国家机关工作人员和城镇企业职工。在社会福利方面，国家为城镇居民提供财政价格补贴以改善生活，由政府出资建立各类社会福利院收养孤老残幼和流浪乞讨人员。更为重要的是，城镇居民能够享受与就业相关联的单位福利，小到生活用品，大到住房，职工及其家属生老病死所能涉及的各种福利全部由所在单位提供；农村居民，仅有一些以农业生产合作社为依托发展起来的邻里互助、托儿组织和相应的文化、福利事业，但由于当时生产力水平低下，农村居民的社会福利几乎处于空白状态。可以看出，计划经济体制下的城市在单位办社会的背景下，形成了一种低水平、广覆盖的"从摇篮到坟墓"的社会福利制度，而广大农民的社会福利却处于被忽视的状态。在社会救助方面，城镇居民以所在单位为依托，按照相关政策要求享受困难补助。农村居民的社会救助分为两类：一类是国家的救灾救济，为缓解当时农村的灾害和饥荒起到了重要作用；另一类是以集体经济为依托的五保供养制度，在生产上和生活上对缺乏劳动力或生活没有依靠的老、弱、孤、寡、残疾的社员，给予适当的安排和照顾。城乡居民在社会救助方面都是以"单位"或"集体"为依托的，农村居民因农业生产的特殊性而享受相应的国家救济。

第二节　市场经济体制下的社会保护实践

从总体上看，新中国成立初期迅速建立起以国家为主要责任主体，城乡单位（集体）共同负责的社会保护体系。这种社会保护制度在建构理念上并不符合当时所处时代的客观条件，是一种过于理想化的价值取向。从运行机制上看，其能够与计划经济相适应，但又存在不够规范、不够成熟稳定的问题，且不具可持续性。这一社会保护体系既对中国经济与社会的发展进步和国民素质的不断提高做出了不可替代、不可磨灭的贡献，也在后来对社会经济的发展造成了很大的负面影响，并成为新时期推进改革事业难以逾越的障碍。[①] 中国社会保护制度改革是与市场经

---

① 郑功成等：《中国社会保障制度变迁与评估》，中国人民大学出版社，2002，第22页。

济体制的确立相伴而生的，既是改革开放进程中的重要内容，也是维系改革发展和促进社会进步的基本制度保障。作为一项全面、深刻的制度改革，社会保护制度从计划经济时代的传统形态逐步转型为能够与市场经济体制和社会发展相适应的新型社会保护体系。

一　社会保护制度改革的历史背景

1978 年，党的十一届三中全会开启了改革开放的历史进程，20 世纪 80 年代后期，经济体制改革进程进入加速期。党的十二届□中全会通过了《中共中央关于经济体制改革的决定》，对行政体系和单位组织结构提出了明确的改革意见，使企业成为真正自主经营、自负盈亏的独立经济实体成为改革方向，同时还提出"进行计划体制、价格体系、国家机构管理经济的职能和劳动工资制度等方面的配套改革"。这些规定动摇了传统社会保护制度以计划经济为依托、以单位组织为载体的体制基础。随着经济体制改革的推进，"竞争"和"效率"等因素被引入经济领域，以国有企业改革为核心的经济体制改革倡导政企分开、自主经营、自负盈亏，不同企业间在收益分配与职工福利方面的差距逐渐显现，在国家、单位、个人利益不断分化的背景下，计划经济体制下社会保护制度的经济基础和组织基础逐步被打破，主要表现在以下几个方面。

第一，在计划经济的制度框架下，社会保护的运行处于封闭状态，年龄结构等因素使得老国企比新国企承担更多的职工养老和医疗费用，导致企业间的财务负担能力不同，而制度本身又缺乏风险分散功能，单位之间缺乏调剂，作为劳动保险费用主要来源的基层政府间转移支付力度也不大，从而导致企业间劳动保险待遇的差别，直接影响了社会保险的公平性和可持续性。

第二，劳动就业体制发生根本性变革，20 世纪 80 年代中期全国开始推行劳动合同制，就业从政府包办的"终身制"转变为受劳动合同约束的自主性行为，在极大地促进职工自主择业权利的同时，也使劳动者成为自由流动的"社会人"，这种转变要求社会保护制度必须进行社会化改革。

第三，传统的劳保医疗与公费医疗制度由于缺乏医疗机构和患者的费用共担机制，造成过度医疗现象广泛存在，医疗费用持续攀升，浪费现象难以得到有效遏制，单向度的责任机制亟待改变。同时，财税制度在改革开放之后发生重要变革，计划经济时期财政统收统支的格局被分级负责的财政和分税制所取代。因此，原本由国家负责的社会保护制度也必须考虑责任分担的问题。

综上，在改革开放的背景下，劳动力的自由流动、社会保护对公平和效率的要求，以及传统社会保护本身的制度缺陷，都要求对板块结构、封闭运行的社会保护制度进行改革。

二 社会保护制度社会化改革历程

我国社会保护制度改革大致经历了两个阶段：一是 1986～1997 年，社会保护制度作为市场经济体制改革配套工具的发展阶段，这一阶段社会保护制度的角色是市场经济体系的有机组成部分，完成了基本的改革进程；二是 1998 年以来的制度建构阶段，这一阶段社会保护制度获得了主体性地位，作为一项基本的社会制度进入全面建设阶段。

（一）配套工具阶段（1986～1997 年）

在这一时期，改革开放全面推进，进入了以整体配套、重点突破和全面攻坚为主要内容的社会主义现代化建设阶段。在这一阶段，社会保护社会化和个体责任的回归成为社会保护制度改革追求的主要目标，社会保护制度作为市场经济体系的重要支柱进入全面改革阶段，传统社会保护制度逐步向国家－社会保护制度过渡。

1986 年 4 月，六届全国人大四次会议通过的《中华人民共和国国民经济和社会发展第七个五年计划》中首次提出"社会保护"的概念，并阐明了社会保护工作要坚持以社会化管理为主的改革方向，至此，社会保护社会化改革进入国家发展计划。1986 年，国务院先后发布关于劳动合同制、待业保险等的相关规定。这一系列规定的颁布为社会保护的社会化改革奠定了必要的制度基础。1993 年，党的十四届三中全会通过《中共中央关于建立社会主义市场经济体制若干问题的决定》，将市场经济体制确立为中国经济改革的目标模式，并指出"建立多层次的社会保障体系，对于深化企业和事业单位改革，保持社会稳定，顺利建立社会主义市场经济体制具有重大意义"，提出"城镇职工养老和医疗保险金由单位和个人共同负担，实行社会统筹和个人账户相结合"。社会保护制度作为市场经济体系的重要支柱进入全面改革阶段。国家就养老保险、医疗保险、生育保险、社会救助、社会福利等社会保护制度的具体内容进行了探索和规范。

在具体的制度建构方面，不同群体的养老保险制度在这一时期都进行了一定的调整和规范。1986 年，国务院发布的《国营企业实行劳动合同制暂行规定》提出，在劳动合同制工人群体当中推行退休养老的社会保险制度，规定由工人和企业共同缴纳养老费用以形成退休养老基金，具体标准为企业缴纳劳动合同制工人工资总额的 15% 左右，工人的缴费额度不超过本人标准工资的 3% 。此项改革推动形成了用人单位与劳动者分担缴费的机制。此后，个人缴费制度被逐步推广到全部企业职工。20世纪 80 年代，由各个单位负责支付离退休费用的制度所引起的矛盾日益突出，对社会的安定团结、经济体制改革、离退休人员的正常生活都产生了不利影响，在此背景下，各地开始进行城镇企业职工养老保险社会统筹试点工作。此次试点主要是将退休费用进行社会统筹，具体是指由专门机构在一定范围内统一征集，形成退休基金，并进行统一管理，在基金使用方面要按照不同企业的实际需要进行拨付，进而形成具有一定调剂功能的管理制度。截至 1986 年底，全国共有 27 个省（自治区、直辖市）的 300 多个市县参加了试点，统筹层次为县（市）一级或地（市）一级。① 1991 年，在总结各地试点经验的基础上，国务院颁布了《关于企业职工养老保险制度改革的决定》，提出"逐步建立起基本养老保险与企业补充养老保险和职工个人储蓄性养老保险相结合的制度"，"改变养老保险完全由国家、企业包下来的办法，实行国家、企业、个人三方共同负担，职工个人也要缴纳一定的费用"，基本养老保险基金"按照以支

----

① 郑功成：《中国社会保障 30 年》，人民出版社，2008，第 58 页。

定收、略有结余、留有部分积累的原则统一筹集"。这成为改革开放以来养老保险改革的重要指导性文件，全国各地迅速开展了以社会统筹和国家－企业－个人多方分担为基本特征的养老保险制度改革。据统计，截至1991年底，全国共有98%的市（县）启动了企业养老保险统筹，还有1300多个市（县）将退休费用统筹的范围拓展到城镇集体企业。① 在进行社会统筹探索的同时，我国还尝试进行了行业统筹，20世纪80年代后期，国务院陆续批准了铁路、邮电、电力、水利、建筑5个部门实行养老保险行业统筹，其后又批准了交通、民航、银行、煤炭、石油、有色金属6个部门实行养老保险行业统筹。至此，企业基本养老保险通过社会统筹和行业统筹两种方式实现了统筹目标，但行业统筹的增多和社会统筹的低层次使养老保险陷于条块分割的局面。1995年，《国务院关于深化企业职工养老保险制度改革的通知》确立了社会统筹与个人账户相结合的养老保险制度模式，在"社会化"的基础上进一步加入了"个人账户"的成分，形成了统筹与积累相结合的运行逻辑，标志着企业职工养老保险制度从"单位保险"走向"统账结合"，成为我国养老保险制度改革的重要里程碑。《国务院关于深化企业职工养老保险制度改革的通知》在全国范围内推广的过程中提出了两种实施办法：一种是以基本养老保险个人账户的储存额为基准进行计算，每月支付基本养老金；另一种是将个人账户养老金和社会性养老金、缴费性养老金进行加总，以合计总额为基准支付养老金，在实践过程中允许各地根据实际情况进行选择和修正。这两种实施方案体现的是不同的运行逻辑，国家试图通过实践做出比较和选择，但由于这两种实施方案之间的差距很大，从客观上导致企业职工养老保险制度在各地的执行情况各不相同，陷入地区分割状态。为统一各地的实施方案，1997年，《国务院关于建立统一的企业职工基本养老保险制度的决定》规定，"基本养老金由基础养老金和个人账户养老金组成。退休时的基础养老金月标准为省、自治区、直辖市或地（市）上年度职工月平均工资的20%，个人账户养老金月标准为本人账户储存额除以

---

① 郑功成：《中国社会保障30年》，人民出版社，2008，第60页。

120"，"企业缴纳基本养老保险费（以下简称企业缴费）的比例，一般不得超过企业工资总额的 20%（包括划入个人账户的部分），具体比例由省、自治区、直辖市人民政府确定。少数省、自治区、直辖市因离退休人数较多、养老保险负担过重，确需超过企业工资总额 20% 的，应报劳动部、财政部审批。个人缴纳基本养老保险费（以下简称个人缴费）的比例，1997 年不得低于本人缴费工资的 4%，1998 年起每两年提高 1 个百分点，最终达到本人缴费工资的 8%"。自此，全国统一的社会统筹与个人账户相结合的企业职工基本养老保险模式基本确立。

在对企业职工退休养老制度进行改革的同时，国家对机关事业单位工作人员的养老保险制度也进行了一定程度的调整。1993 年，国务院颁布《国家公务员暂行条例》，规定"国家公务员退休后，享受国家规定的养老保险金和其他各项待遇"；1993 年，《机关工作人员工资制度改革实施办法》规定离退休人员按照相应规定享受本人原岗位工资的 80% ~ 100%，具体比例与工作年限相关联。1994 年开始，云南、江苏、福建等地先后发布机关、事业单位养老保险改革的有关文件，并开展试点工作，但各地试点的方案的适用范围和实施细节都存在较大差距。

自 20 世纪 80 年代中期开始，农村社会养老保险制度进入探索阶段。1986 年，"全国农村基层社会保障工作座谈会"召开，一些经济较发达的地区开始了农村社会养老保险制度的试点。[①] 1987 年，民政部印发《关于探索建立农村基层社会保障制度的报告》，提出"以'社区'为单位，以自我保障为主，充分重视家庭的保障作用"的构想，此后，一些经济较发达的地区开始了农村社会养老保险制度的试点。1992 年，民政部制定了《县级农村社会养老保险基本方案（试行）》，提出"坚持资金个人交纳为主，集体补助为辅，国家予以政策扶持；坚持自助为主、互济为辅；坚持社会养老保险与家庭养老相结合；坚持农村务农、务工、经商等各类人员社会养老保险制度一体化的方向"，试行个人账户储备积累

---

① 《决定解读：怎样建立新型农村社会养老保险制度》，https://www.gov.cn/govweb/jrzg/2009 - 01/08/content_1200018，最后访问日期：2023 年 12 月 5 日。

制，农民个人缴费和集体补助全部记入个人名下，农村社会养老保险基金以县域为基本核算单位，月缴费标准设从 2 元到 20 元十个档次，领取养老金从 60 周岁以后开始，根据交费的标准、年限，确定支付标准。自此，农村社会养老保险在全国各地陆续开展起来，参加养老保险的农村居民人数不断增加。随着农村养老保险推广范围的扩大，很多地区出现了给付困难、基金运行难度加大、农民存在观望情绪等问题，一些地区的农村社会养老保险工作甚至陷入停顿状态，在全国范围内普遍实行农村社会养老保险的条件受到质疑。

在这一阶段，城镇职工基本医疗保险制度实现了从劳保医疗、公费医疗向职工基本医疗保险的转变。20 世纪 80 年代末至 90 年代初，医疗机构的公益性受到挑战，公费医疗和劳保医疗的局限性逐步显现，于是开始尝试通过社会统筹的方式向社会医疗保险转轨。1990 年 11 月，劳动部召开全国部分省市劳保医疗制度改革座谈会，会议确定了医疗保险制度要实现国家、集体、个人三方共同担责、合理分担的原则，并要求逐步建立多种形式的医疗保险制度。此后，医疗保险制度改革进入试点阶段，当时较为普遍的做法是：参加社会保险的企业按规定缴纳一定数额的医疗保险费，再由官方指定机构对各企业缴纳的医疗保险费用进行统一管理，在经费使用方面主要用于参保企业离退休人员的就诊和体检，超出规定标准时需要个人负担部分费用。这一时期医疗保险制度试点的另外一个重要方面是对大病医疗费用进行社会统筹。北京市、辽宁省、吉林省等地于 20 世纪 80 年代末开始进行大病统筹试点，将医疗费用较高的部分病种纳入大病统筹范围，参保企业按工资总额的一定比例提取大病医疗费用统筹基金，基金主要用于职工个人医疗账户、企业调剂金和大病统筹三个部分，在参保职工发生大病时，按照相应比例进行报销。大病统筹在试点地区取得了较好的社会效益后逐步向全国推广。截至1994 年末，全国共有 20 个地区的 3.2 万家企业的 374.6 万名职工参加了职工大病医疗费用社会统筹。[①] 大病统筹试点开启了个人缴费和履行责任

---

① 郑功成等：《中国社会保障制度变迁与评估》，中国人民大学出版社，2002，第 136 页。

的进程，在一定程度上起到了控制医疗费用的作用。1994年4月，国家体改委等部门共同发布了《关于职工医疗制度改革的试点意见》，决定进一步在江苏省镇江市和江西省九江市进行医疗保险统账结合的改革试点。这一医疗保险制度建构过程中具有重要影响的试点工作通常被称为"两江"试点。"两江"试点是对原有大病统筹的完善，其重点是实现机制转换，建立"统账结合"的城镇职工医疗保险模式，试点取得了良好的社会反响，后推广至全国部分城市，对支付机制进行了改革探索。各地在试点过程中结合实际情况进行了不同的探索，形成了两种比较典型的医疗保险统账结合模式：一是"两江模式"，资金来源于单位和个人，形成个人账户和社会统筹账户两部分资金，在个人账户资金用完之后，由个人支付本人年工资额的5%，再由社会统筹部分进行支付，社会统筹部分也需要个人支付一定的比例。二是"深圳模式"，资金同样来源于单位和个人。将资金总额的一半左右计入个人账户，主要用于支付门诊所产生的费用；其余部分计入社会统筹账户，主要用于支付住院或大病医疗所产生的费用。这两种模式在激励作用、制约性和保障性方面各有利弊，其在具体实践中的应用为医疗保险最终模式的形成积累了必要的经验。

　　农村合作医疗制度在这一阶段也进行了一些新的探索。20世纪80年代末期，计划经济时期形成的合作医疗制度逐步瓦解，农民面临着一个完全市场化的医疗市场，导致农村地区"因病致贫""因病返贫"现象十分普遍，国家也开始尝试重建农村医疗保障制度。1990年3月，卫生部等部门发布《关于我国农村实现"2000年人人享有卫生保健"的规划目标（试行）》，提出要让我国农村全体居民享有最基本的、人人都能得到的、体现社会平等权利的、人民群众和政府都能负担得起的卫生保健服务，具体用年度卫生事业拨款占财政支出的比例、健康教育普及率、卫生室覆盖率、集资医疗保健覆盖率等指标进行约束，其中集资医疗保健是以全体农村居民为对象，通过不同的集资方式和管理办法，实行集体与个人共同筹集医疗保健专用基金和按一定比例补偿居民的医药、预防保健费用支出的各种形式的医疗保健制度，是农村合作医疗的重要探索和尝试，并提出在贫困和温饱地区集资医疗保健覆盖率最低应达到50%，在宽裕和小康地区集资医疗保健覆盖率最低应达到60%。1991年1月，国务院批转卫生部等部门《关于改革和加强农村医疗卫生工作请示的通知》，要求稳定推行"在集体经济支持下，以农民互助合作为基础，按照自愿、受益和适度的原则，筹集医疗预防保健费用的多种形式的"合作医疗保健制度，为实现"人人享有卫生保健"提供社会保护，并提出各地要在总结历史经验的基础上，根据本地区的实际情况，因地制宜地建立符合群众利益的合作医疗保健制度。1991年11月，党的十三届八中全会通过了《中共中央关于进一步加强农业和农村工作的决定》，要求积极发展农村保险事业，扩大险种范围，鼓励农民和集体投保。1992年9月，卫生部等部门发布《关于加强农村卫生工作若干意见的通知》，要求"按照自愿互利的原则，鼓励受益群众、全民、集体企事业单位和社会团体多方筹集资金，支持建设乡镇卫生院、村卫生室和举办农村合作医疗"。1993年11月，党的十四届三中全会通过《关于建立社会主义市场经济体制若干问题的决定》，提出"发展和完善农村合作医疗制度"。1997年1月，中共中央、国务院发布《关于卫生改革与发展的决定》，要求"积极稳妥地发展和完善合作医疗制度"，提出要坚持政府的组织和领导，以民办公助和自愿参加为原则，因地制宜地确定具体操作方式、筹资标准以及报销比例，争取到2000年在多数农村地区建立起多种形式的合作医疗制度。1997年5月，国务院批转卫生部等部门《关于发展和完善农村合作医疗若干意见的通知》，认为"实践证明，农村合作医疗制度是适合我国国情的农民医疗保障制度"，要在"民办公助、自愿量力、因地制宜"原则的指导下，"加强领导，积极稳妥地推动农村合作医疗的健康发展"。上述政策的实施表明，20世纪80年代末至90年代，国家就农村合作医疗做出了很多努力，但始终强调以农民自身投入为主的自愿原则，政府的投入和扶持力度不大，因此，在实践过程中，农村合作医疗的开展情况并不理想。国家出台的一系列促进农村合作医疗的政策并未取得实际效果。

在社会救助方面，20世纪80年代改革的重点在农村地区。家庭联产承包责任制的推行改变了农村集体经济格局，农村五保对象基本生活、救灾救济工作的经费来源失去保障。为解决这一问题，中共中央印发《关于进一步加强和完善农村生产责任制的几个问题的通知》，要求对"五保户"和其他困难户，要有妥善的照顾办法，通过统筹方式分担对五保户的供养责任。对于救灾问题，计划经济实行的全体村民分担集体损失的体制难以为继，面对这种情况，民政部将保险机制引入救灾领域，通过农民参保与政府补贴等多种途径努力解决受灾农民的生活困难。进入 20 世纪 90 年代之后，城镇居民社会救助制度开始有所突破，在单位制解体和市场经济体制逐步确立的背景下，城市贫困群体规模扩大，贫困问题日益得到重视。1993 年，上海市率先启动了城市社会救助制度改革，用城市居民最低生活保障制度取代了原有的社会救济方式，具体操作办法是：确定家庭人均收入的最低生活保障线，规定凡低于这一标准的家庭均可申请最低生活保障金。1994 年，民政部充分肯定了上海的试点，并决定在全国范围内推广上海试点的经验，为日后城市居民最低生活保障制度的确立奠定了基础。为进一步规范农村社会救助制度，1994 年 1月，国务院发布《农村五保供养工作条例》，规定无法定扶养义务人、无劳动能力、无生活来源的老年人、残疾人和未成年人，在吃、穿、住、医、葬等方面给予生活照顾和物质帮助，并要求五保供养所需经费和实物，应当从村提留或者乡统筹费中列支。自此，存在多年的农村五保供养制度步入了规范化发展的道路，为保障农村五保对象的正常生活、健全农村的社会保护制度提供了制度保障。

国有企业改制是这一阶段经济体制改革的重点内容，社会保护制度针对国有企业改革过程中出现的破产、待业等情况形成具体的解决方案，出台了《国有企业职工待业保险规定》《国有企业富余职工安置规定》，针对国有企业改革过程中出现的"依法宣告破产的企业的职工"、"濒临破产的企业在法定整顿期间被精简的职工"、"按照国家有关规定被撤销、解散企业的职工"、"按照国家有关规定停产整顿企业被精减的职工" 以及其他待业职工，按照相关规定享受待业救济待遇，并规定各级劳动行政主管部门和企业行政主管部门应当做好富余职工的社会安置和调剂工作，鼓励和帮助富余职工组织起来就业与自谋职业。

作为市场经济体系的有机组成部分的生育保险、最低生活保障等社会保护制度，国家也进行了相应的规范。《关于发布〈企业职工生育保险试行办法〉的通知》中规定生育保险根据"以支定收，收支基本平衡"的原则筹集资金，由企业按职工工资总额的一定比例缴纳生育保险费来建立生育保险基金，在女职工生育期间为其提供医疗保健和经济补偿，为维护企业女职工的合法权益、均衡企业间生育保险费用的负担起到了积极的促进作用。《关于实施最低工资保障制度的通知》中规定劳动者在法定工作时间或依法签订的劳动合同约定的工作时间内提供了正常劳动的前提下，用人单位依法应支付最低劳动报酬。可见，社会成员的各项社会保护权益开始得到重视。

可以看出，在此阶段，国家提出了社会保护社会化的改革原则，扭转了单位包办的局面，适度控制了国家责任，个人作为重要的责任主体开始承担缴费义务，这些改变意味着传统社会保护制度的终结，社会保护社会化正在逐步取代"单位化"。国家针对企业职工、机关事业单位工作人员、农村居民的社会保护都进行了有益的探索，但对于制度的整体把握和技术方案的具体选择在这一时期仍不成熟。值得关注的是，此阶段的社会保护制度改革的重点是对国企改革中出现的破产、待业等情况形成具体的解决方案，是直接为国有企业改革服务的，成为国有企业改革及相应社会改革的配套性制度。这种被动的配套改革取向使社会保护制度不可避免地走向片面化，滞后于经济社会发展的需要。

（二）制度建构阶段（1998年至今）

1998年是中国社会保护制度改革进程中具有重要意义的关键年份，在这一年不仅理顺了社会保护监管体制，而且明确了社会保护的公平取向，全面推动社会保险各项制度的改革。自此，社会保护不再是与市场经济相配套、为市场经济服务的制度安排，而是作为一项必要的基本制度进入全面建设阶段。

对比1998年之前，其后的社会保护制度建设主要体现出以下几个方面的转变。从管理体制上看，1998年3月，国务院机构改革方案中提出新组建"劳动和社会保障部"，全面负责社会保险工作，社会救助、社福利和优抚安置工作由民政部负责，基本理顺了社会保护的监管机制，结束了多元分散的管理体制，为社会保护制度的改革和发展奠定了良好的组织基础。从价值取向上看，这一阶段的社会保护制度建构更加注重社会公平。从 1998 年开始，确保离退休人员按时足额领取养老金、确保国有企业下岗职工基本生活，以及建立国有企业下岗职工基本生活保障、失业保险、城市居民最低生活保障制度三条保障线，成为各级政府的重要执政目标。养老保险的行业统筹被取消，行业间的差别待遇得到纠正。从具体制度安排上看，政府开始主动承担改革成本，下岗职工基本生活保障等制度开始推进，养老保险、医疗保险、社会救助等制度也进入全面改革阶段。

在养老保险方面，1998 年 8 月，国务院发出《关于实行企业职工基本养老保险省级统筹和行业统筹移交地方管理有关问题的通知》，要求"各省、自治区、直辖市（以下简称省、区、市）要实行企业职工基本养老保险省级统筹（以下简称省级统筹），建立基本养老保险基金省级调剂机制……到 2000 年，在省、区、市范围内，要基本实现统一企业缴纳基本养老保险费比例，统一管理和调度使用基本养老保险基金，对社会保险经办机构实行省级垂直管理"；对于养老保险费的征收和养老金的发放要求实现社会化，推进社会化管理进程；对于养老保险统筹试点过程中形成的铁道部、交通部等 12 个部门组织的养老保险行业统筹，要求移交地方管理。1999 年 1 月，国务院颁布《社会保险费征缴暂行条例》，对社会保险费的征缴和管理进行了具体的规定，为基本养老费的征缴工作提供了制度依据。2000 年 12 月，国务院印发《关于印发完善城镇社会保障体系试点方案的通知》，对城镇企业职工基本养老保险制度进行了调整和完善，提出"坚持社会统筹与个人账户相结合的基本养老保险制度，基本养老保险费由企业和职工共同负担"，企业按工资总额的 20% 左右缴纳基本养老保险费，并全部纳入社会统筹，进行省级调剂；职工按本人工资的 8% 缴纳基本养老保险费，并全部纳入个人账户；职工退休后领取的基本养老金由基础养老金和个人账户养老金组成，基础养老金由社会统筹基金支付，个人账户养老金由个人账户基金支付；有条件的企业可为职工建立企业年金，实行基金完全积累，采用个人账户方式进行管理，并实行市场化运营和管理。这一方案于 2001 年开始陆续在东三省以做实个人账户为重点进行试点，在实践过程中形成了辽宁的"补缺口"模式和黑龙江与吉林的"补账户"模式。"补缺口"模式是指根据收支两条线原则，将个人账户基金与社会统筹基金分离开，个人账户与个体严格对应，中央补助和地方自筹资金直接补充统筹账户的发放缺口。"补账户"模式是指将个人账户基金用于弥补当期统筹账户的发放缺口，中央补助和地方自筹资金作为储备独立存放，个人账户形式上仍为空账。对比两种模式，辽宁"补缺口"模式个人账户被做实，但统筹账户支付缺口需财政拨款，造成了个人账户与统筹账户的双重压力，黑龙江和吉林的"补账户"模式将个人账户资金用于统筹账户缺口，减轻了财政压力，但个人账户事实上并没有做实。在总结试点经验的基础上，2005 年 12 月，国务院发布《关于完善企业职工基本养老保险制度的决定》，将个体工商户和灵活就业人员纳入基本养老保险范围，扩大了覆盖范围；提出了逐步做实个人账户的目标要求；对基本养老金的计发办法进行改革，与做实个人账户相衔接，将个人缴费全部纳入个人账户、单位缴费全部纳入社会统筹，缴费年限要求为 15 年，基本养老金的待遇水平与缴费年限、缴费数额挂钩；要求加快提高统筹层次，尽快实现省级统筹；此外，还对基本养老保险基金的监管、基本养老金的调整机制、发展企业年金、完善退休人员社会化管理、提高社会保险管理服务水平等方面进行规范。《关于完善企业职工基本养老保险制度的决定》在城镇职工基本养老保险制度的改革进程中具有重要意义，明确了城镇职工养老保险的基本框架和具体操作路径，推动了养老保险制度的发展。2006 年 1 月，天津、上海等八省市开始进行养老保险个人账户改革试点，采取"动态做实、半动态补助"方案，即个人账户做实的数额随个人缴费额度的增长而增长，而财政对已做实部分的补助则不再调整，这事实上是沿用了黑龙江和吉林的"补账户"模式，给中央和地方财政造成很大压力。"以湖南省为例，据统计，截至 2003 年底，该省企业养老金保险个人账户累计记账余额为 318.25 亿元，也就是说，到 2003 年底职工个人账户需 318.25 亿元的基金（而不包括 2003 年末个人账户记账利息 11 亿多元），而实际上至 2003 年末企业基本养老保险基金累计结余只有 167.13 亿元。"由此可见，缺口超过 152 亿元，基金缺口由财政资金解决的难度较大。① 2006 年 12 月，黑龙江等 9 省市将做实个人账户中央补助部分的资金委托给全国社会保障基金理事会运营管理，中央补助之外的个人账户基金仍由省市按照国家规定投资运营。2007 年 1 月，《关于推进企业职工基本养老保险省级统筹有关问题的通知》要求，各省统一基本养老政策、缴费比例、待遇标准、基金使用方式。2008 年，新一轮机构改革将人事部、劳动和社会保障部合并组建人力资源和社会保障部，负责社会保障事业的整体规划与发展。至此，城镇基本养老保险的主体制度定型，基本实现了社会化管理和省级统筹，管理体制基本理顺。此后，养老保险进入了新的发展阶段，扩大覆盖范围、养老保险关系转移接续等问题成为此后的重点工作。自 2008 年起，国家和地方陆续出台政策，扎实推进边缘群体社会保护。2009 年 12 月，针对劳动力流动需求，为实现基本养老保险关系在全国的无缝隙转移接续，国务院办公厅转发《城镇企业职工基本养老保险关系转移接续暂行办法》的通知，规定包括农民工在内的所有参保人员跨省流动就业的，其基本养老保险关系应随同转移到新参保地，个人账户储存额累计计算。

机关事业单位的养老保险改革也进行了一些有益的探索和实践。2000 年 12 月，《国务院关于印发完善城镇社会保障体系试点方案的通知》要求，公务员（含参照公务员制度管理的事业单位工作人员）的现行养老保险制度仍维持不变。2001 年 9 月，劳动和社会保障部等部门发布了《关于职工在机关事业单位与企业之间流动时社会保险关系处理意见的通知》，规定"职工在机关事业单位和企业单位之间流动，要相应转移各项社会保险关系，并执行调入单位的社会保险制度"。2001 年，劳动和社会保障部发布《关于完善城镇职工基本养老保险政策有关问题的通知》，要

---

① 唐运舒、谈毅：《"做实做小"养老金个人账户改革的问题与对策》，《当代经济管理》 2009 年第 1 期。

求做好机关事业单位养老保险试点工作。这一阶段，全国各地不同程度地开展了机关事业单位养老保险改革试点。上海市的机关事业单位执行与企业职工基本养老保险基本一致的政策，但实施独立的缴费比例。广东省部分城市的机关事业单位与企业职工共同实施统一的养老保险统筹。有些地区采取了与企业不同的改革方案，或部分地针对事业单位进行试点改革。2006 年 1 月，《中华人民共和国公务员法》实施，规定"公务员退休后，享受国家规定的退休金和其他待遇"，公务员退休金应当列入财政预算，予以保障。2006 年 10 月，《中共中央关于建构社会主义和谐社会若干重大问题的决定》提出"加快机关事业单位养老保险制度改革"。2007 年 10 月，党的十七大报告再次提出"促进企业、机关、事业单位基本养老保险制度改革"。2008 年 2 月国务院印发《事业单位工作人员养老保险制度改革试点方案》，确定在山西、上海、浙江、广东和重庆五省市开展试点，但由于此次试点仅限于事业单位，不包括公务员，而且对于改革后的养老金水平没有明确，导致这一轮改革试点工作遭遇很大阻力，并没能真正开展起来，无实质性进展。2014 年 2 月，国务院颁布《事业单位人事管理条例》，规定"事业单位及其工作人员依法参加社会保险，工作人员依法享受社会保险待遇"。2014 年 12 月，国务院副总理代表国务院向全国人大常委会作《国务院关于统筹推进城乡社会保障体系建设工作情况的报告》，指出为解决机关事业单位与企业职工养老保险制度"双轨"运行造成的问题，拟推进机关事业单位养老保险制度改革，目标是建立与城镇职工相统一的养老保险制度。改革的基本思路是"一个统一"和"五个同步"。"一个统一"是指机关事业单位养老保险制度与企业职工基本养老保险制度相统一，同样需要个人缴费和单位缴费，从体制上解决"双轨制"问题。"五个同步"具体是指：改革在全国范围同步实施；党政机关工作人员养老制度改革与事业单位工作人员养老制度改革同步进行；机关事业单位工作人员职业年金制度与基本养老保险制度同步建立；机关事业单位工作人员工资制度改革与养老保险制度改革同步推进；机关事业单位工作人员待遇调整机制与养老金计发办法同步改革。机关事业单位养老制度改革进入实质性阶段。

在农村养老保险方面，2002 年 11 月，党的十六大报告提出"有条件的地方，探索建立农村养老、医疗保险和最低生活保障制度"，农村社会养老保险制度建设开始得到政府的高度重视。2003 年 7 月，劳动和社会保障部发布《关于做好当前农村养老保险工作的通知》，要求有条件的地方探索建立农村养老保险制度。同年 11 月，劳动和社会保障部发布《关于认真做好当前农村社会养老保险的通知》，要求积极稳妥地推进农村养老保险工作。2006 年，部分地区开始试点个人、集体和政府三方共同筹资的农村养老保险模式，公共财政在农村社会养老保险中的责任被明确，标志着我国农村社会养老保险工作进入新的发展阶段。2009 年，国家正式启动新型农村社会养老保险试点工作，《国务院关于开展新型农村社会养老保险试点的指导意见》提出以"保基本、广覆盖、有弹性、可持续"为原则，探索建立个人缴费、集体补助、政府补贴相结合的新农保制度；养老金包括两个部分——由各级财政支付的基础养老金以及个人账户养老金，养老金待遇支付终身；要求 2009 年试点覆盖面为全国 10% 的县（市、区、镇），其后通过不断扩大试点的方式在全国普遍实施。此后，新型农村社会养老保险在农村地区的试点范围逐步扩大。这一时期，城镇居民社会养老保险试点工作的推动成为养老保险制度改革和完善进程中的一项重要举措，2011 年，国务院印发《关于开展城镇居民社会养老保险试点的指导意见》，提出以"保基本、广覆盖、有弹性、可持续"为原则，建立个人缴费与政府补贴相结合的城镇居民养老保险制度，试点工作实施范围与新型农村社会养老保险试点基本一致，规定符合相应条件的城镇非从业居民可以在户籍地自愿参加城镇居民养老保险，养老金待遇由基础养老金和个人账户养老金构成，养老金支付终身。至此，我国的养老保险制度实现了制度层面的全覆盖，机关事业单位工作人员、城镇职工、农村居民、城镇居民都能够参加相应的养老保险制度。但四种不同的养老保险制度并行导致不同群体间的养老保险待遇存在很大差距。为解决这一问题，2014 年，国务院印发《关于建立统一的城乡居民基本养老保险制度的意见》，人力资源和社会保障部等部门印发《城乡养老保险制度衔接暂行办法》，将城乡居民的基本养老保障制度进行合并，为城镇职工养老保险参保人员和城乡居民养老保险参保人员之间相互转入转出提供了政策依据。

在医疗保险方面，1998年12月，国务院发布《关于建立城镇职工基本医疗保险制度的决定》，实现了医疗保险制度的广覆盖，要求城镇所有用人单位都要参加基本医疗保险；确立了统账结合的医疗保险制度模式，规定基本医疗保险费由用人单位和职工共同缴纳，个人账户基金由职工个人缴纳的全部费用和用人单位缴纳的部分费用共同组成，统筹基金来源于用人单位缴纳费用中去除划入个人账户的部分，统筹基金和个人账户要划定各自的支付范围，以以收定支、收支平衡为原则确定统筹基金的起付标准和最高支付限额；基本医疗保险的统筹单位原则上为地级以上行政区，也可以为县（市）。《关于建立城镇职工基本医疗保险制度的决定》确立了城镇职工基本医疗保险的制度框架，其后的改革主要围绕扩大覆盖面、完善制度体系展开。2003年4月，劳动和社会保障部办公厅发出《关于进一步做好扩大城镇职工基本医疗保险覆盖范围工作的通知》，要求在坚持权利和义务相对应原则的基础上，使基本医疗保险覆盖城镇符合参保条件的用人单位和职工。此后，劳动和社会保障部办公厅先后发布《关于城镇灵活就业人员参加基本医疗保险的指导意见》、《关于推进混合所有制企业和非公有制经济组织从业人员参加医疗保险的意见》和《关于开展农民工参加医疗保险专项扩面行动的通知》，努力推动各群体参加城镇基本医疗保险制度。此外，为解决职工医疗保险个人账户的互助共济属性受损、共济保障水平不高、疾病预防观念缺失、医疗资源利用效率低等突出问题，国务院办公厅于2021年印发了《关于建立健全职工基本医疗保险门诊共济保障机制的指导意见》，提出将门诊费用纳入职工医保统筹基金支付范围，改革职工医保个人账户，建立健全门诊共济保障机制。

这一阶段，新型农村合作医疗制度取得了突破性进展。2002年，中共中央、国务院颁布《关于进一步加强农村卫生工作的决定》，要求"各级政府要积极组织引导农民建立以大病统筹为主的新型农村合作医疗制度"，首次提出政府对农村合作医疗给予支持，要求"从2003年起，中央财政对中西部地区除市区以外的参加新型合作医疗的农民每年按人均10元安排合作医疗补助资金，地方财政对参加新型合作医疗的农民补助每年不低于人均10元，具体补助标准由省级人民政府确定"。自此，新型农村合作医疗形成了政府补助与个人缴费相结合的制度模式，农村地区的医疗保险制度不再仅限于农民间的互助共济，政府补助开始发挥重要作用；新型农村合作医疗以大病统筹为主，以县为统筹单位，由政府设置专门机构进行管理，进入了规范发展阶段。2003年1月，国务院办公厅转发卫生部等部门《关于建立新型农村合作医疗制度的意见》，确定浙江、湖北、吉林、云南进行试点，同时要求"各省（自治区、直辖市）至少要选择2—3个县（市）先行试点，取得经验后逐步推开"。2004年，国务院办公厅转发卫生部等部门《关于进一步做好新型农村合作医疗试点工作的指导意见》，要求坚持农民自愿参加原则、合理确定筹资标准、加强组织管理，为新型农村合作医疗的顺利开展提供了政策依据。此后，国家又连续发布多项通知，积极推动新型农村合作医疗的开展和扩面工作。2008年3月，卫生部等部门发布《关于做好2008年新型农村合作医疗工作的通知》，提出了实现农村新型合作医疗全覆盖的任务目标，自此，新型农村合作医疗进入了全面普及和提升待遇阶段。在新型农村合作医疗制度不断发展完善的同时，城镇非从业居民的医疗保险作为制度空白也开始受到关注，2007年7月，国务院印发《关于开展城镇居民基本医疗保险试点的指导意见》，规定符合相应条件的城镇非从业居民都可自愿参加城镇居民基本医疗保险，城镇重点保障参保居民的住院医疗和大病医疗支出；对试点城市的参保居民，政府每年按不低于人均40元给予补助。城镇居民基本医疗保险遵循了与新型农村合作医疗相同的运行逻辑，形成了政府补助与个人缴费相结合的模式。2016年1月，国务院发布《关于整合城乡居民基本医疗保险制度的意见》，提出整合城镇居民基本医疗保险和新型农村合作医疗两项制度，建立统一的城乡居民基本医疗保险制度。2023年城乡居民基本医疗保险筹资标准为1020元，其中人均财政补助标准达到每人每年不低于640元，个人缴费标准每人每年380元；在待遇保障方面，确保政策范围内的住院医疗费用报销比例稳定在 70% 左右，并稳步提升门诊保障水平。① 至此，城镇职工基本医疗保险和城乡居民基本医疗保险两项制度共同实现了针对就业群体和非就业群体的全覆盖。

在社会保险领域，除养老保险和医疗保险之外，以《失业保险条例》的颁布为标志，我国的失业保险制度正式确立。《工伤保险条例》《中华人民共和国职业病防治法》等法规的实施，标志着工伤保险在我国的基本定型，并在实践中起到了分散工伤风险、促进职业康复的作用。

在社会救助方面，1997 年，为妥善解决城市贫困人口的生活困难问题，在各地试点的基础上，国务院发出《关于在全国建立城市居民最低生活保障制度的通知》，规定无生活来源、无劳动能力、无法定赡养人或抚养人的居民，按最低生活保障标准全额发放；领取失业救济金期间或失业救济期满仍未能重新就业且家庭人均收入低于最低生活保障标准的居民，以及在职人员和下岗人员在领取工资或最低工资、基本生活费后以及退休人员领取退休金后其家庭人均收入仍低于最低生活保障标准的居民，按其家庭人均收入与最低生活保障标准的差额发放。城市居民最低生活保障标准由各地人民政府按照当地基本生活必需品费用和财政承受能力自行确定。自此，最低生活保障制度在全国范围内广泛实施。1999 年 9 月，国务院颁布《城市居民最低生活保障条例》，规定"持有非农业户口的城市居民，凡共同生活的家庭成员人均收入低于当地城市居民最低生活保障标准的，均有从当地人民政府获得基本生活物质帮助的权利"，保障范围比 1997 年有所扩大，并且将城市居民最低生活保障制度纳入地方政府负责的范畴，所需资金纳入地方财政预算，并进行专项支出。《城市居民最低生活保障条例》的颁布标志着城市居民最低生活保障制度步入了法制化发展轨道，有力地推动了城市居民最低生活保障在全国各地的开展。2001 年 11 月，国务院办公厅《关于进一步加强城市

---

① 《国家医保局 财政部 国家税务总局关于做好 2023 年城乡居民基本医疗保障工作的通知》（医保发〔2023〕24 号），http://www.nhsa.gov.cn/art/2023/7/28/art_104_11108.html，最后访问日期：2023 年 11 月 29 日。

居民最低生活保障工作的通知》进一步要求尽快把符合条件的所有城市贫困居民全部纳入最低生活保障范围，切实解决城市低保覆盖面不足的问题，实现"应保尽保"。2003 年 6 月，国务院颁布《城市生活无着的流浪乞讨人员救助管理办法》，要求对流浪乞讨人员实行救助，保障其基本生活权益，标志着国家对流浪乞讨人员的政策从管制转变为救助。在农村，2006 年 1 月，国务院颁布新的《农村五保供养工作条例》，与1994 年的条例相比，最为重要的转变就是农村五保供养的责任主体变为政府，要求在地方人民政府财政预算中安排农村五保供养资金。除五保供养制度之外，农村地区还积极推进了最低生活保障制度，2007 年 7月，国务院发出《关于在全国建立农村最低生活保障制度的通知》，要求县级以上地方人民政府为家庭年人均纯收入低于当地最低生活保障标准的农村居民提供满足基本生活所必需的费用。自此，全国各地开始积极推进农村最低生活保障制度，中央和地方各级财政都提供相应的财政支持。此外，各地还普遍实施了医疗救助、教育救助、住房救助等专项救助政策和临时救助措施，社会救助体系不断发展完善。

在社会福利方面，我国的社会福利仍属于传统的补救式社会福利制度，由国家或社会为因年老、疾病、生理或心理缺陷而丧失劳动能力、出现生活困难的群体提供的服务和措施，主要是以经济收入水平低和生活无人照顾的老年人、残疾人和孤儿等特殊社会群体为对象，为他们提供生活供养、疾病康复和文化教育等福利。在这一阶段，老年人权益、妇女权益、未成年人保护等方面的立法，均通过修订以及制定相应的法规而进一步完善。"社会福利资源得到了开拓，政府对福利事业的投入有了增长，福利彩票的发行额持续大幅度上升，由此筹集到的福利基金为老年人福利事业、残疾人福利事业的发展提供了相应的经费保障。"①

截至 2022 年底，全国共有约 10.53 亿人参加基本养老保险，其中参加城镇职工基本养老保险人数约为 5.04 亿人，城乡居民基本养老保险参保人数约为 5.50 亿人。全国参加城镇基本医疗保险人数约为 13.50 亿人，

---

① 郑功成：《中国社会保障 30 年》，人民出版社，2008，第 185 ~ 186 页。

其中，参加城镇职工基本医疗保险人数约为3.62亿人，参加城乡居民基本医疗保险人数约为9.83亿人（参保率达95%）。全国参加失业保险人数为23807万人，参加失业保险的农民工人数为4897万人。年末全国领取失业保险金人数为297万人，共为66万名符合要求的农民工支付了一次性生活补助。年末全国参加工伤保险人数为29117万人，全年认定（视同）工伤126.4万人，享受工伤保险待遇人数为204万人。年末全国参加生育保险人数为24621万人，全年共有1769万人次享受了生育保险待遇。在社会救助方面，截至2022年底，全国城市低保平均标准为每人每月540.6元，共有城市低保对象741.5万户1261.0万人，全年各级财政共支出城市低保资金640.5亿元，救济城市"三无"人员7.6万人。全国农村低保平均标准为4300.7元/（人·年），共有农村低保对象2249.3万户4045.2万人，全年各级财政共支出农村低保资金1051.8亿元。全国有农村五保供养529.1万人，各级财政共支出农村五保供养资金189.8亿元，农村五保集中供养174.3万人，集中供养平均标准为5371元/（人·年），农村五保分散供养354.8万人，分散供养平均标准为4006元/（人·年）（比上年增长14.5%）。在社会福利方面，包括老年人福利、儿童福利等在内的社会福利都取得了长足进步，全国各类养老服务机构15.5万个，拥有床位744.8万张（其中社区留宿和日间照料床位338.5万张），每千名老年人拥有养老床位30.9张，年末收留抚养老年人318.4万人；全国民政部门管理的社会福利医院（精神病院）144个，床位数5.5万张，年末收养各类人员4.7万人；全国共有儿童收养救助服务机构663个，拥有床位10.3万张，年末收养各类人员5.9万人。[①]

综上可见，这一阶段社会保护制度建设取得了突破性进展，进入了全面发展、自觉变革、综合推进的阶段，包括社会保险、社会救助、社会福利在内的社会保护制度在管理规范化、服务社会化上都取得了积极的成果，基本实现了制度层面的全覆盖，保障功能大幅提升。

---

① 相关数据参见《2022年度人力资源和社会保障事业发展统计公报》《2022年民政事业发展统计公报》《2022年社会服务发展统计公报》。

第三节　中国社会保护实践的突出问题

通过前文的梳理可以看出，改革开放以来的社会保护制度改革取得了显著的成就，在"试点先行、单项推进、双轨并存、以新替旧"①的改革策略的指导下，社会保护制度改革在经历了市场经济体系有机组成部分阶段和基本社会保护制度建构阶段之后，完成了从国家-单位制向国家-社会制的转变过程，与市场经济体制相适应的社会保护制度逐步确立，包括社会救助、社会保险、社会福利等内容的社会保护体系基本实现了制度层面的全覆盖，与传统社会保护制度相比，在覆盖范围、保障水平、制度完备性等方面都取得了突破性进展，社会保护改革取得了巨大成就。在肯定成绩的同时，我们应该看到，社会保护制度改革过程中采取的城乡分割与分区操作的推进方式并没有破解"福利身份化"问题，职工群体与居民群体之间仍存在明显的福利差距。

在养老保险方面，职工群体参加企业职工基本养老保险制度，缴费年限要求为 15 年，职工按本人工资的 8% 左右缴纳基本养老保险费，全部新增退休人员养老金平均替代率约为 42%②（全部退休人员养老金平均替代率约为 65%③，制度设计的目标替代率约为 59.2%④）。城镇居民和农村居民参加城乡居民社会养老保险，缴费年限要求为 15 年，养老金待遇由基础养老金和个人账户养老金组成。中央确定的基础养老金标准

---

① 郑功成：《中国社会保障 30 年》，人民出版社，2008，第 25 页。

② 养老金平均替代率指当年全部新增退休人员平均养老金与上年职工平均工资的比例，它衡量当年新增退休人员与在职人员收入差异，反映养老金计发办法的实际保障水平。

③ 全部退休人员养老金平均替代率是指当年全部退休人员养老金与工资的比例，它衡量退休人员与在职人员收入水平总体差异。目前，人均养老金占上年城镇企业参保人员平均缴费工资的 65%。

④ 制度设计的目标替代率是指连续参保缴费的代表性个体职工退休时养老金相对于上年职工平均工资的比例，代表性个体职工是指在劳动年龄阶段就业、连续参保缴费，工资与同期职工平均工资一致的职工。目标替代率反映制度设计，特别是基本养老金计发办法的目标保障水平。目前，我国城镇企业职工基本养老保险制度设计的目标替代率约为59.2%，是指以职工平均工资连续缴费 35 年（含视同缴费年限）的参保人员，60 岁退休时养老金约为上年职工平均工资的 59.2%。

为每人每月 55 元，全部由财政支付；地方政府可以根据实际情况提高基础养老金标准，提高部分的资金由地方政府支出；个人缴费标准设为每年 100 元、200 元、300 元、400 元、500 元等多个档次，地方可以根据实际情况增设缴费档次，参保人自主选择档次缴费，多缴多得。2022 年，参加职工基本养老保险的离退休人员养老保险金人均年领取额约为 4.29 万元，而城乡居民基本养老保险人均年领取额约为 0.32 万元，① 居民基本养老保险待遇远远低于同期职工基本养老保险待遇。在医疗保险方面，企业、机关、事业单位、社会团体、民办非企业单位及其职工参加城镇职工基本医疗保险制度，职工缴费率一般为本人工资收入的 2%，在职职工住院能够报销基本医疗保险诊疗范围内项目的 70% ~ 95%；统筹基金对职工个人每年的支付限额为统筹区上年度人均缴费基数的 4 倍。城乡居民参加城乡居民基本医疗保险制度。2023 年，各级财政对新农合人均补助标准每人每年 640 元，个人缴费标准为每人每年 380 元；报销范围包括门诊补偿、住院补偿和大病补偿三个部分。在工伤保险方面，企业、事业单位、社会团体、民办非企业单位、基金会、律师事务所、会计师事务所等组织和有雇工的个体工商户的全部职工或雇工依据《工伤保险条例》被认定为工伤或视同工伤的，按规定享受治疗工伤所需费用报销、伙食补助费、生活补助费、伤残补助金等待遇。公务员（参照《中华人民共和国公务员法》管理的国家机关工作人员）依据《伤残抚恤管理办法》，视同工伤或因战因公负伤的，按规定享受治疗所需费用报销、伙食补助费、生活补助费、伤残补助金、伤残抚恤等待遇。在生育保险方面，城镇企业职工、公务员和事业单位工作人员参加生育保险，由企业按照其工资总额的一定比例向社会保险经办机构缴纳生育保险费，享受生育医疗费和生育津贴等待遇。在失业保险方面，城镇企业事业单位职工参加失业保险，单位按工资总额的 2% 缴纳失业保险费，职工按照本人工资的 1% 缴纳失业保险费，参加失业保险的职工失业后可按规定领取失业保险金。在社会救助方面，城市居民凡共同生活的家庭成员人均收入低于

---

① 相关数据来源于《2022 年度人力资源和社会保障事业发展统计公报》，2023 年 6 月 20 日。

当地城市居民最低生活保障标准的,享受城镇最低生活保障补助待遇。农村符合相关条件的居民享受农村五保供养待遇,在吃、穿、住、医、葬方面给予生活照顾和物质帮助,在地方人民政府财政预算中安排农村五保供养资金。对于家庭年人均纯收入低于当地最低生活保障标准的农村居民,由县级以上地方人民政府提供能够维持基本生活所必需的费用。在社会福利方面,主要为经济收入水平低和生活无人照顾的老年人、残疾人和孤儿等特殊社会群体提供生活供养、疾病康复和文化教育等福利。

通过对比可以看出,在社会救助和社会福利领域,"福利身份化"特征并不显著,计划经济时期形成的"单位福利"和"职工救助"等具有"身份化"色彩的保障项目逐步淡化,原来以单位为依托的福利和救助手段被社会化方式所代替。而在社会保险领域,"福利身份化"特征仍然十分明显,就业群体比城乡居民在养老、医疗等方面享有更充分的保障待遇。更加值得关注的是,对于日益增加的非常规就业者群体而言,虽然他们与常规就业者面临同样甚至更为严峻的工伤风险、失业风险,却无法被纳入职工工伤保险和职工失业保险范畴。"职工－居民"二元社会保险制度的非均衡性是我国社会保护体系难以突破的非均衡性矛盾,主要表现在以下几个方面。

一是政府主导的多元合作格局不成熟导致供给主体的非均衡性。多层次社会保障体系的根本出发点是要根据社会经济发展的需要,通过结构调整等来合理调适政府、市场、社会组织等主体在社会保障项目中的责任分担机制,满足现实中不同层次群体的多层次社会保障需求。我国自20世纪90年代开始确立构建多层次社会保障体系,但目前仍然是政府负责或主导法定基本保障制度。这种局面既不利于调动市场主体与社会力量参与的积极性,也导致政府责任与财政压力不断增大,进而影响到社会保障制度的可持续发展,政府与市场的责任边界和功能定位尚不清晰,供给主体的非均衡性问题突出。

二是统筹层次偏低导致社会保护的区域非均衡性。我国社会保险、社会福利、社会救助的统筹层次大体包括省级统筹、市(地)级统筹和县级统筹:基本养老保险目前是省级统筹与中央调剂金政策相结合,基本医疗保险正在推进市（地）级统筹，工伤保险逐步实施统筹，失业保险以市（地）级统筹为主，社会救助和社会福利以县级统筹为主。统筹层次直接关系到各社会保障项目的缴费与待遇水平。这使得我国区域间各社会保障项目待遇差距显著，而且当社会成员跨省（区域）流动时还涉及养老保险转接接续、医疗保险异地报销等问题，区域非均衡性是社会保障制度良性运行的关键制约因素。

三是"福利身份化"导致职工社会保险与居民社会保险的非均衡性。我国计划经济时期的"国家－单位"保障制及其后的社会化改革造成了"福利身份化"问题，导致我国福利分化现象突出，逐步形成了"职工－居民"二元社会保险体系。职工群体是由雇主和职工共同缴纳社会保险费形成社会保险基金，职工享受相应的养老保险、医疗保险、工伤保险、失业保险、生育保险等社会保险待遇；居民是由个人缴费和政府补贴形成社会保险基金，居民享受相应的养老保险和医疗保险，其养老保险待遇低于同期最低生活保障水平、医疗保险待遇水平也显著低于职工。① 职工社会保险和居民社会保险在基本逻辑、保障内容、待遇水平等方面存在显著的非均衡性。

四是生产方式变迁引发新就业群体参与社会保险的非均衡性。信息技术的快速发展使互联网平台经济成为生产力新的组织方式，新业态对以典型劳动关系为基础的"职工－居民"二元社会保险制度产生巨大冲击，为数众多的新业态劳动者参加的是居民社会保险。新业态劳动者等新就业群体普遍无法与平台企业确定劳动关系，不能以职工身份参加职工社会保险，只能以灵活就业人员身份参加职工养老保险和医疗保险，或者参加居民养老保险和医疗保险，但无论哪种形式，都无法参加工伤保险、失业保险和生育保险；如果出现就业地与户籍地分离的情况，则可能出现不能以灵活就业人员身份参加职工养老保险和医疗保险，新业

---

① 2022年，城乡居民基本养老保险人均年领取额约为2456.3元，同期全国农村低保平均保障标准约为6589.2元／（人·年）、全国城市低保平均保障标准约为9027.6元／（人·年）（相关数据根据《2022年度人力资源和社会保障事业发展统计公报》《2022年民政事业发展统计公报》计算得出）。

态从业者参与社会保险的非均衡性问题十分突出。

五是人口老龄化背景下社会保险代际负担的非均衡性。我国人口老龄化进程的加快给基本养老保险、基本医疗保险等社会保险制度造成巨大压力。基本养老保险制度安排的复杂性增加了世代内及不同世代间成员利益调整的难度，导致制度的重大调整步履维艰，困难重重。对于基本医疗保险制度而言，由于老年人更需要医疗资源，人口老龄化必然会加大医疗开支，加速医保资金的消耗，而且随着职工退休比的持续下降，职工医保筹资压力逐渐增大，需要持续补充在职职工人数以减缓职工退休比下降速度。人口老龄化使社会保险代际负担的非均衡性更加凸显。

六是养老保险各支柱发展的非均衡性。我国养老保险包括第一支柱基本养老保险、第二支柱企业年金或职业年金、第三支柱个人养老金，以及商业养老保险等补充形式，初步形成了多支柱格局。但第一支柱基本养老保险未来支付压力巨大；第二支柱企业年金发展缓慢、职业年金起步较晚尚不完备；第三支柱个人养老金是政府政策支持、个人自愿参加、市场化运营、实现养老保险补充功能的制度，目前刚刚开始实施，实施效果尚有待检验；其他补充形式所起到的作用十分有限。养老保险第二支柱、第三支柱及补充形式发挥作用不足，尚未起到缓解第一支柱压力的作用，养老保险各支柱之间发展的非均衡性显著。

七是医疗保障各层次衔接的非均衡性。我国多层次医疗保障体系包括基本医疗保险、城乡居民大病医疗保险、医疗救助制度等，基本医疗保险又包括职工基本医疗保险和城乡居民基本医疗保险，多层次医疗保险格局初现。但医疗保险各层次尚未形成有效的衔接机制，基本医疗保险制度占据主导地位，其满足社会成员的基本医疗需求；城乡居民大病医疗保险和医疗救助制度主要针对低保对象、特困人员和返贫致贫人口，发挥补充保障和兜底保障作用。目前的多层次医疗保险体系按照"先保险后救助"的原则，对基本医保、大病保险等支付后个人医疗费用负担仍然较重的救助对象按规定实施救助，但三个层次之间的有效衔接尚未充分实现，而且对于灾难性卫生支出家庭而言无法形成合力防范因病致贫返贫风险，医疗保障各层次存在突出的非均衡性问题。

八是社会保护体系与人民美好生活需要的非均衡性。社会成员的美好生活向往和生活品质追求对社会保护体系提出了更高要求，这意味着社会保护体系除了解决上述非均衡性问题之外，还需要满足社会成员对于养老服务、长期护理保险、医养结合、更高水平的社会救助政策、更加多元和丰富的社会福利服务等的需求，社会保护体系与人民美好生活需要之间的非均衡性日益成为不可忽视的重要问题。

小　结

社会保护作为保护社会成员的各种国家干预政策，是与"民生保障"高度契合的学术研究领域，如何在释放市场力量的同时形成有效的社会保护体系是解析中国高质量发展道路的一条重要线索。中国社会保护体系的制度化发展历程始于新中国成立后，既从国情出发，又受到国际社会保护潮流的影响。与西方国家相比，新中国的社会保护体系并不是在与市场机制的对抗中产生的，而是社会主义国家的主动选择，经历了跨越式的发展，逐步形成了与工业化生产方式相适应的综合性社会保护体系。我国社会保护体系作为国家面向全体国民、依法实施的具有经济福利性的各项保障措施，是用经济手段解决社会问题进而实现特定政治目标的重大制度安排，是维护社会公平、增进人民福祉和实现国民共享发展成果的制度体系。

我国社会保护体系奠基于计划经济时期，当时正值西方福利国家兴起阶段，我国借鉴苏联的"国家保障"模式，形成了与计划经济体制相适应的国家负责、单位（集体）包办、板块结合、全面保障、封闭运行的国家－单位保障制模式。受生产力发展水平制约，计划经济时期的社会保护体系覆盖面不足，仅为城镇就业群体提供了比较全面的社会保护，国家和单位是社会保护的责任主体，个人并不承担缴费义务。其后的社会保障社会化改革阶段，我国也不可避免地受到当时福利国家市场化、私有化改革的影响，但与西方福利国家单纯的"做减法"不同，我国的社会保障社会化改革既有"做加法"的内容，如社会保护的覆盖面逐步由城镇职工扩展至全体社会成员，也有"做减法"的内容，如职工社会保护个人责任的回归和保障水平的调整。从整体上看，我国社会保护体系起到了维护社会稳定、促进改革顺利推进的重要作用，但也存在供给主体非均衡性、区域非均衡性、职工－居民二元非均衡性等多重非均衡性问题。

第三章

"再商品化"互构论：社会保护的实践逻辑

市场机制是考察社会保护理论的一条重要线索，从社会保护的主体性出发，现代社会保护体系的逻辑起点是与市场机制的对抗，在发展中又出现了融合或排斥的倾向。为了突破简单的因果对应、二元对立或主观建构，本章采取"互构"的视角来分析和梳理社会保护与市场机制的关系。互构是典型的社会学话语，是对参与互构主体间关系的本质刻画，是一种相互建塑与型构的关系。立足于劳动力"再商品化"，从互构角度探讨，社会保护的代表性理论至少包括双向运动理论、社会成本理论和积累的社会结构理论。

第一节 双向运动理论：社会保护运动 与市场机制的反抗

双向运动理论是从市场视角出发认识社会保护的经典理论，波兰尼在《大转型——我们时代的政治与经济起源》中以嵌入性思想的整体主义框架为基础详细阐释了双向运动理论的分析框架，嵌入性思想和双向运动理论共同成为重要的"市场中心"社会保护论。

波兰尼认为近代以来的西方社会经历了"自我调节市场"（self-regulated market）的形成过程。工业革命之前，经济体系是嵌入普遍的社会关系之中的，市场在经济生活中处于附属地位，市场需要与经济生活中的主导性原则相适应，市场与规制共同成长，自我调节的市场在前工业化时代是闻所未闻的。工业革命之后，自我调节的市场在国家的强力干预下开始形成，① 市场机制只有借助商品这个概念才能适应工业生活中的诸多要素，其中至关重要的是劳动力、土地和货币的商品化，特别是劳动力的商品化。英国 1832 年《改革法》和 1834 年《济贫法修正案》的颁布，意味着竞争性的劳动力市场在英国形成。自此，人以劳动力的形式进入市场，以"工资"为价格被使用，"被规制的市场"开始转变为自我调节的市场，经济体系由市场机制所控制，社会关系又被嵌入经济体系，这使得市场成为具有特殊地位的、脱嵌于社会的制度，最终的结果就是使社会的运转从属于市场，这正是人们熟知的那个论断的意涵：市场经济只有在市场社会中才能运转，支配社会运行的法则并非属人的法则，特别是劳动的"商品化"破坏了生存的有机形式，使个人成为市场中以自身利益最大化为目标的独立个体，"传统整合的基督教社会现在已

---

① 在波兰尼看来，自由市场不可能像古典经济学家所想象的那样自发形成，而只有在国家的强力干预下才有可能形成，这恰恰是波兰尼与古典经济学的分歧所在：波兰尼认为自我调节市场不可能自然形成，而且必然遭遇社会保护运动的抵抗，是不可能实现的乌托邦；而古典自由主义则认为自由市场是自然形成且能够自我调节的，所有问题都是由不耐心、贪欲和短视所造成的错误，若没有这些保护主义，市场将自行解决困难。

让位于一个富裕者阶级拒绝对其贫困邻人的生存条件担负责任的社会"①。

　　然而现代社会的种种风险并不是原子式的个体所能独立面对和承受的，现代社会在创造出前所未有的财富的同时，也制造了空前的贫困和灾难，"19世纪工业革命的核心就是生产工具近乎神奇的改善，但伴随着的是普通民众灾难性的流离失所"②。这些灾难正是原本从属于社会的市场试图反过来主导社会关系的后果，也必然引发反向的社会保护运动的抵抗。各种措施和政策所织成的网络与各种强有力的制度配合，目的是抑制与劳动、土地和货币相关的市场。旨在扩张市场体系的自由主义运动遭遇了一场旨在限制这种扩张的保护性的反向运动，在市场扩张与社会保护反向运动的共同作用下，"现代社会受到一种双向运动所支配，即市场的不断扩张以及它所遭遇的反向运动，后者在某些确定的方向上抑制着前者的扩张"③。在双向运动中体现出两种组织原则的行动，"一种是经济自由主义原则，目标是自我调节市场的确立……另一种是社会保护原则，目标是对人和自然以及生产组织的保护"④。

　　波兰尼认为社会保护是以摧毁自由市场机制为目标的。如果允许市场机制成为人的命运、人的自然环境，或者哪怕是他的购买力的数量和用途的唯一主宰，那么它就会导致社会的毁灭。因为"'劳动力'（labor power）这种所谓的商品不能被推来操去、不加区分地加以使用，乃至弃置不用，否则就会影响到作为这种特殊商品载体的人类的个体生活。市场体系在操控一个人的劳动力时，也同时在操控附在这个标签上的、具有生理、心理和道德上的整体性（entity）的人。如若被剥夺了文化制度所构建的保护层，人类个体将在与社会接触的后果中消亡；他们将死于

①　卡尔·波兰尼：《大转型——我们时代的政治与经济起源》，冯钢、刘阳译，当代世界出版社，2020，第104页。

②　卡尔·波兰尼：《大转型——我们时代的政治与经济起源》，冯钢、刘阳译，当代世界出版社，2020，第33页。

③　卡尔·波兰尼：《大转型——我们时代的政治与经济起源》，冯钢、刘阳译，当代世界出版社，2020，第137页。

④　卡尔·波兰尼：《大转型——我们时代的政治与经济起源》，冯钢、刘阳译，当代世界出版社，2020，第140页。

邪恶、堕落、犯罪和饥馑所造成的社会混乱（dislocation）"[1]。若争辩说社会立法、工厂法、失业保险，最重要的是工会等都没有影响到劳动力的流动和工资的涨落（就像人们有时认为的那样），那就意味着这些制度完全没有实现它们自身的目标，因为它们的目标就是要干预人类劳动的供求法则，并使其从市场轨道中脱离出去。[2]

可以看出，波兰尼的嵌入性思想是从经济的整体性嵌入观出发的，强调市场嵌入社会是人类社会的基本逻辑和本质所在，而且市场是作为社会建构的实体嵌入社会的。工业革命后，国家创造了市场经济，而市场试图反过来用市场原则统领社会运行，这使得市场和社会的关系发生变革，社会的附属地位使人的"社会性"被抹杀，进而引发社会保护运动和不可挽回的灾难性后果，最终导致"脱嵌的经济"和自我调节的市场是不可能实现的乌托邦。波兰尼的嵌入性思想是一种实体嵌入论，将市场作为社会整体的一部分，那么市场嵌入社会就是指在前工业社会中，市场处于社会的从属地位；市场的脱嵌就是市场在社会整体中的地位发生了变化，市场在社会中处于主导地位。在波兰尼看来，社会因此陷入被压制甚至被吞没的境地，必然遭遇社会保护的反抗。波兰尼没有给"自我调节市场"任何存在的空间，认为所谓的"自我调节市场"是虚假的、从未实现也不可能实现的。而在波兰尼之后的"嵌入性"思想更多的是一种"形式嵌入"，也就是认为市场并不完全是社会的有机组成部分，市场中存在按照其自身逻辑运行的核心部分，后人对波兰尼"嵌入性"思想的批判也大都采用"形式嵌入"的逻辑进路。

综上，"嵌入性"思想为双向运动理论奠定了思想基础，二者共同为社会保护的动力机制提供了一个经典范式：自由市场的脱嵌必然引发社会保护运动，社会保护机制是自由市场机制扩张过程中社会的一种自发的防御、抵抗行为，旨在保护劳动者，并使其摆脱"商品化"境地。在

---

① 卡尔·波兰尼：《大转型——我们时代的政治与经济起源》，冯钢、刘阳译，当代世界出版社，2020，第74页。
② 卡尔·波兰尼：《大转型——我们时代的政治与经济起源》，冯钢、刘阳译，当代世界出版社，2020，第183页。

波兰尼看来，社会保护运动坚持在生产、劳动和土地等要素方面抑制市场机制的作用，并以摧毁自由市场机制为目标，经济自由主义原则与社会保护措施之间的对立和冲突将导致资本主义社会的危机和毁灭。波兰尼的双向运动理论鲜明地体现出以市场为中心的倾向，其认为社会保护运动是对市场机制的反抗，是对抗市场扩张的被动结果。

　　波兰尼从"自我调节市场"出发，在双向运动的张力中认识和理解社会保护，形成了"市场中心"的社会保护基础理论和动力机制，深刻影响了社会保护理论与实践的发展。在波兰尼之后，很多学者从呼应或质疑的角度深化了"市场中心"的社会保护论，其中诺斯的观点颇具代表性。诺斯与波兰尼同样认为完全自发调节的市场经济是不可能存在的乌托邦，但他们的不同在于，诺斯认为社会的反向保护运动与市场体系是有机结合在一起的，而不是波兰尼所认为的对抗关系。诺斯从交易成本和组织制度出发解析工业革命，认为"正是较充分界定的产权（与自由放任不同）改善了我们在前章所述的要素和产品市场。其结果，市场规模的扩大导致了更高的专业化与劳动分工，从而增加了交易费用。组织的变迁旨在降低这些交易费用"①。在诺斯看来，是组织变迁降低了交易费用、带来了技术变革，而这正是支撑和扩展工业革命的关键因素。也就是说，社会保护运动可以通过正当的组织程序形成与市场机制之间的博弈与调适，进而达到防范市场给社会带来的风险的目标。诺斯和波兰尼的分歧源于他们对"市场""定价市场""自我调节市场"的理解不同。对于社会保护理论而言，我们需要关注的是他们关于市场机制和社会保护互动的观点碰撞。在波兰尼看来，劳动"商品化"是灾难性的，在道德层面把人的劳动当成完全由市场决定的物品是完全错误的，而且也将引发社会的反向保护运动，最终导致市场社会的崩溃。而在诺斯看来，劳动力市场所交换的是作为生产要素而不是实体意义的劳动，因此，劳动力市场的形成和市场经济的发展恰恰使劳动者获得了工伤、疾病、

---

① 道格拉斯·C. 诺思：《经济史中的结构与变迁》，陈郁、罗华平等译，上海三联书店、上海人民出版社，1994，第180页。

职业安全等方面的社会保护权利。这是一种通过组织制度的形式降低交易成本的过程，因此，社会保护运动与市场机制是自洽的。

对于社会保护运动与市场机制的关系，诺斯提出了与波兰尼截然相反的观点，但他们在本质上都是以"市场中心"作为逻辑起点的，社会保护与市场机制之间或对抗或调适，始终处于从属地位，市场机制所保护的是劳动作为商品条件下的劳动者的社会保护权利。

第二节　社会成本理论：社会性损害的治理

除双向运动理论之外，社会成本理论也是十分重要的以"市场中心"作为逻辑起点的社会保护理论。社会成本最初是一个经济学的概念，福利经济学的创始人庇古通过分析租赁契约外的"溢出效应"和第三方遭受的"外部效应"这两类"社会和私人产品差异"现象，率先打破了"自发市场主义完美"的信条。庇古发现社会净边际产品与私人净边际产品之间存在背离，从"外部效应"到"社会净产品"，勾勒了社会成本问题的边界。庇古认为："一个人 A 在向另一人 B 提供某种有偿服务时，会附带地也向其他人（并非同类服务的生产者）提供服务或给其他人造成损害，但却无法从受益方获取报酬，也无法对受害方给予补偿。"[1] 庇古认为，总会唯一存在一种资源安排，使边际社会净产值的行业分布相同而实现经济福利最大化，寻找最优资源安排成为选择的关键。庇古力图证明，政府活动总有可能的空间，如税收或补贴政策。因为政府行为有成本，对资源流动的影响也是有成本的，所以必须基于成本收益核算，确立政府干预的界限；同时，资源安排的方式不限于税收或补贴，立法、禁令、完善合同以实现"外部成本内部化"，以及"信息服务"等都可成为适宜的解决方式。

其后，制度经济学家科斯在庇古的基础上完成了对社会成本问题的主题承继和范式批判，抛弃了"理想主义"的经济哲学，以总量和制度

---

① A. C. 庇古：《福利经济学》，朱泱、张胜纪、吴良健译，商务印书馆，2011，第 428 页。

分析的全新范式，形成了与"完美自由经济学说"不同的路线，从而将社会成本问题的研究拓展开来。对比科斯和庇古的研究可以发现，庇古从"私人产值"与"社会产值"之间的背离出发，提出了施害方对受害者损失负责、对施害方征税，乃至驱逐施害方等解决方案。而科斯却认为社会成本正在处理的是一个具有相互性的问题，因为避免对 B 的损害就会给 A 带来损害。我们真正需要做出的决定是：到底是允许 A 损害 B 还是允许 B 损害 A，关键是要避免更严重的损害。在科斯看来，社会成本作为相互性问题的核心在于权衡两种收益，即消除有害影响所产生的收益和让其继续存在所产生的收益。而且科斯认为庇古定义的社会产值毫无社会意义①，因为应该强制造成有害影响的企业对那些受到损害的人进行补偿的观点，无疑是未比较不同社会安排下所能实现的总产值的结果。科斯主张采取"社会安排比较性选择"的新制度分析，提出：不要根据私人产值与社会产值之间的背离进行分析，而要根据机会成本方法进行分析，比较不同经济政策带来的总产值；不要对自由放任状态与理想世界进行比较，而要从实际出发，判断新情况从总体上来说是好于还是坏于之前的情况；不要把生产要素看作物质实体，而要把它们看作可以采取实际行动的权利。

　　庇古和科斯的分歧形成了社会成本理论的两个基础：庇古传统（Pigouvian）和科斯传统（Coasean）。庇古从"社会与私人产品一致"出发，追求施害方"外部成本内部化"；科斯则致力于寻找最有效的制度安排以解决市场失灵，用"社会安排比较性选择"的新制度分析，取代庇古"政府纠正市场"的新古典方法论。这里有必要说明的是，1960 年，在科斯发表《社会成本问题》② 这篇论文时，"社会成本"的内涵在经济

---

① 庇古的分析专注于单个企业，那么按照社会产值的定义，无论私人产值与社会产值背离与否，社会产值都全部为参与企业生产的生产要素所有，企业外部的社会不拥有任何社会产值。所以，私人产值与社会产值相等并不能保证整个社会的产值最大化。

② 1960 年，科斯应邀与弗里德曼、斯蒂格勒等经济学家，就产权原理和科斯对庇古的批判进行了一场著名的辩论，科斯被认为赢得了这场辩论，此后科斯对自己的观点进行了更充分的论证，形成了《社会成本问题》这篇论文。

学界尚未达成共识，无论是庇古还是科斯都没有解释社会成本的概念。直到 1946 年斯蒂格勒在《价格理论》一书中完成了对"社会成本"（social cost）的含义统一，斯蒂格勒认为"社会成本"一词来源于庇古，是指"每个厂商所付出的成本的总和"，与"社会成本"相对应的概念是"私人成本"（private cost），是指"个别厂商所付出的成本"，社会成本是私人成本与外部成本（external cost）① 之和。斯蒂格勒的定义与庇古、科斯对社会成本内涵的认识是一致的，当前经济学界对社会成本的定义基本延续了斯蒂格勒的判定。值得关注的是，虽然庇古和科斯对社会成本提出不同的研究范式，但他们的目标始终一致，那就是社会总福利最大化。至此，社会成本问题的根源被认为是产权不清导致的个体成本和社会成本出现差异，进而导致社会总福利水平下降。而社会成本问题的解决要按社会福利最大化的价值基准选择最优的资源配置方式或制度结构。

在庇古和科斯之后，社会成本问题在英国社会政策学奠基人蒂特马斯的引领下，经历了从经济学向社会政策的范式转换。蒂特马斯的研究延续了社会成本的基本范畴，即"生产者没有承担生产货品或提供服务的全部成本；而消费者亦没有承担享用产品或服务的全部代价"②。蒂特马斯关于社会成本的讨论主要集中在三个方面：社会成本是如何产生的，社会成本的后果以及社会成本的治理。蒂特马斯从社会变迁的角度考察社会成本，认为社会成本是现代工业社会里社会及经济变迁的结果之一。我们必须承认现代工业化社会里存在大量的社会成本元素。它们包括由第三者或公众所承受的一切因为私人的经济和社会活动所造成的直接和间接的损失。这些社会性"损害"可以反映在人类健康的损害上，可以表现为财产价值的破坏或衰退以及天然财富的提前耗竭，还可以表现为较不确定的价值损害。也就是说，在蒂特马斯看来，社会成本是工业社

---

① 外部成本是指个别厂商以外的其他厂商所付出的成本。
② 理查德·蒂特马斯：《蒂特马斯社会政策十讲》，江绍康译，吉林出版集团，2011，第39页。

会变迁的不言自明的必然结果。这些社会成本被容许无处不在地散播；各种损害和变迁的社会成本都落在整个人口之内并分布各处；这些成本常因人而有所差别。由于辨别肇事者和补偿受害者都十分困难，因此，分摊社会成本会扩大社会不平等，相对而言，最贫穷的住户更要负担多一些。受变迁过程影响的主要是贫困者——处于不利地位的人、健康及不够健康的人。①

在蒂特马斯看来，社会成本是社会变迁必然造成的社会性损害，而这种损害却更多地由处于社会不利地位的人承受。那么应该如何治理社会成本问题呢？蒂特马斯认为现代社会拒绝再将社会变迁的所有社会成本都落在受害人身上。变迁的社会代价虽然不容易按照物质的准则来衡量，但是也不应让它到处贻害无辜，让受屈甚至连生存机会也受损或惨遭毁灭的人来承受。蒂特马斯认为社会必须有所行动，而他的研究也从社会诊断转向社会行动，开始探讨社会政策问题。蒂特马斯认为工业革命以来，人类社会解决社会成本问题的办法主要有三种：诉诸法律、参加私人保险，以及向全部或部分人口提供个人化矫歧性社会服务和社会保护。蒂特马斯认为社会成本治理最关键的是要解决谁要对变迁的损害和社会成本负责问题。我们能否找出肇事者？找出谁应获得特别支付及赔偿？蒂特马斯由此提出了考察以上三种社会成本治理方案的三项准则——社会正义（social justice）、社会效能（social efficacy）和行政效率（administrative efficiency），通过对比分析英国 1897 年《劳工赔偿法》、1942 年《贝弗里奇报告》和 1946 年《国民保险法》，蒂特马斯论证了法律途径无法实现社会成本治理的三项准则。而对于私人保险和社会服务与社会保护这两种治理方式，蒂特马斯认为社会保护干涉了市场和政府原定的求偿模式，使社会中个人之间和群体之间在调配资源方面出现再分配情形。但是，我们又不能假定"再分配"就是"改善"或减少不平等。② 蒂特

---

① 参见理查德·蒂特马斯《蒂特马斯社会政策十讲》，江绍康译，吉林出版集团，2011，第 39~46 页。
② 参见理查德·蒂特马斯《蒂特马斯社会政策十讲》，江绍康译，吉林出版集团，2011，第 51~56 页。

马斯在对比 1970 年英国工党推出的《国民退休年金法案》和 1971 年英国保守党推出的《年金方略》及 1973 年推出的《社会保护法案》的基础上，深刻地揭示了在私营部门里，提供给劳动工人、妇女、寡妇的保障不充分，甚至根本不存在，因而将扩大男女之间、低薪者与中高薪者之间在老年时的不平等。蒂特马斯主张的是一个全民普及、强制性、供款式的国家制度以争取动态化的足用收入援助，在老年及其他经济依赖情境下的收入维持的整体结构里，国家必须占据支配性地位。蒂特马斯认为社会保护必须走向"团结的逻辑"，成为直接再分配的体系，而不是蒙在无知面纱下的一般保险计划。社会保险在 19 世纪末之后发展迅速。在 1910 年的欧洲，只有极少数的人口受益于社会保险制度，到 20 世纪末社会保险制度实现了全覆盖。每个社会保险制度都具有再分配性质，而且这种再分配通常是补偿性的，是以抵消社会性损害为目标而进行的横向再分配。经济阶层间的纵向再分配机制在社会保护体系中逐渐发展起来，社会保护起到了代际转移的重要作用。雇主和工会共同控制的原则使社会保护长期以来一直保持着凝聚力，共同控制有助于保险社会的团结和整合。

蒂特马斯鲜明地指出社会成本是一种社会变迁引发的"社会性损害"，主要由社会中处于不利地位的社会成员承担，需要政府主导的矫歧性社会服务和社会保护进行干预与治理。对比庇古传统和科斯传统，蒂特马斯将社会成本问题，从经济学范畴中的生产要素优化配置转向了社会性损害的补偿，完成了社会成本问题的社会政策转向。蒂特马斯认识到，社会成本问题由社会变迁而来，突出地表现在经济领域，但难以通过市场手段来解决，需要通过政府主导的社会治理来矫正社会成本带来的社会性损害。蒂特马斯的研究避免了社会成本被视为可具体化为生产要素的经济学概念，推动了社会成本理论的发展，但从本质上讲，无论是庇古的观点，还是科斯的观点，抑或是蒂特马斯的观点，都是一种"市场中心"的框架，蒂特马斯所主张的政府主导下的社会保护制度是应对自由市场所造成的社会性损害的一种手段，这种手段比经济手段更有助于保护个人权利、维护社会公平。

第三节　积累的社会结构理论：从反向运动到竞合共存

积累的社会结构理论（Social Structure of Accumulation，简称 SSA 理论）诞生于 20 世纪下半叶西方资本主义国家"经济滞胀"所引发的理论思潮。SSA 理论以宏观经济理论为基础，致力于解释经济的长期（每 50 年到 60 年）相对稳定与危机交替发生的原因，将马克思主义"生产力 – 生产关系"原理具体化为"积累过程 – 积累的社会结构"，建构了一个"中间层次"的分析范式。历史发展进程表明，资本主义并没有像古典经济学所期盼的那样"自我均衡"，也没有陷入永久的萧条停滞乃至崩溃，而是阶段性地在出现长期危机之后再次经历长期活跃的增长期。正是为了解释这种长期扩张与长期停滞交替出现的现象，20 世纪 70 年代末 80 年代初，大卫·戈登（David Gordon）、理查德·爱德华（Richard Edward）和迈克尔·里奇（Michael Reich）探讨了"资本主义长期增长 – 衰退周期"与"资本主义制度结构转变周期"之间的关联，为后凯恩斯时代解释资本主义发展提供了一种新的思路。

对于资本主义危机，马克思主义认为，资产阶级和工人阶级之间的矛盾是资本主义的固有矛盾，这种固有矛盾是引发危机的根源；凯恩斯主义认为投资决策的不稳定性，加之实体经济与金融之间的周期性失衡，会导致经济波动而使经济进入停滞和萧条阶段。SSA 理论没有挑战这些固有矛盾，而是提出可以通过制度建构缓和资产阶级与工人阶级的矛盾，同时稳定资本家的长期预期。SSA 理论认为资本主义所形成的每一个长期积累都包含着一个相对稳定的、综合性的结构。这种积累的社会结构在形成时，会带来一波长期的扩张和增长。扩张过程在前期会强化积累的社会结构，但持续的扩张会引发阶级矛盾尖锐化、市场竞争日益激烈乃至市场饱和、竞争中形成的生产力过剩等问题，这些问题最终会破坏积累过程，进而导致经济陷入长期停滞。在长期停滞的过程中，不同利益主体会做出不同的尝试以恢复积累的条件，最终会形成一套包括政治、经济、文化等综合性因素在内的制度创新。这种制度创新能够使各利益主体达成妥协，于是新的积累的社会结构就建立起来了，长期的快速积累过程再次到来。这就是 SSA 理论对资本主义经济长期波动的基本观点。SSA 理论认为 20 世纪早期，积累的社会结构的特点是：大规模生产、产业结构调整、现代管理方式；二战后的积累的社会结构以发展为核心，维持"资本－劳动协调"以实现平衡。当代积累的社会结构的特点尚存争议，但 SSA 理论对当代积累的社会结构的破坏力量形成了较为一致的观点，普遍认为 20 世纪 80 年代以来新自由主义所导致的劳资关系不平等的加剧、金融部门不受管制以及资产泡沫，是造成从扩张到危机的原因。综上，SSA 理论主要探讨社会结构是如何支持资本积累的，以及扩张阶段和危机阶段的转变是如何形成的。当然，SSA 理论作为正在发展中的新兴理论形态，对于积累的社会结构的基本要素、SSA 理论与调节理论的关系、扩张（或危机）的波长等问题还在探讨当中，但 SSA 理论确实为资本主义发展和危机的阶段性变动提供了一种解释方案。

SSA 理论致力于从积累的社会结构的衰退中寻找危机的根源，关注维持长期增长的机构设置，这里的机构既包括企业、银行、工会等狭义的组织，也包括集体协商乃至劳动关系系统等广义的范畴。劳资关系和劳动力市场不仅被认为是积累的社会结构必须考虑的要素，也是扩张与危机转变中至关重要的影响因素。这似乎与波兰尼的社会保护理论有着一定的关联，只不过在波兰尼的理论中，社会保护运动以摧毁自由市场机制为目标，而在 SSA 理论中，社会保护与自由市场是此消彼长、循环往复的关系。

从美国二战后和 20 世纪 80 年代以来的两种积累的社会结构中，我们可以看出社会保护与市场扩张的互动关系。二战后积累的社会结构中至关重要的两个方面是：以"劳资协议"为特征的集体谈判和劳动力市场的分割，这使得这一阶段劳资双方始终处于在冲突中合作、在合作中冲突的复杂关系。劳动力市场被分割为初级市场和次级市场，劳动者在初级市场能够获得较高水平的薪酬、工作环境，以及较多的社会保护和发展机会，而且劳动者通常能够受益于集体谈判；而次级市场的薪酬、环境、社会保护、发展机会等方面都远远不如初级市场，劳动者往往游离于工会组织之外而无法从集体谈判中获益。尽管集体谈判所带来的稳定性有助于资本积累，但资方从未停止过削弱工会力量的努力。SSA 理论认为市场扩张与社会保护的相互作用造成了扩张中的矛盾积累。20 世纪 70 年代的经济衰退意味着二战后积累的社会结构陷入危机，为提高生产效率和平均利润率，西方资本主义国家普遍将政策导向转向 "新自由主义"，颁布各项政策削弱工会力量、降低工资，通过加剧劳动力市场竞争、削弱社会保护以实现 "低成本之路"。这种策略被概括为 "应急性新自由主义框架"，其结果是资方普遍从劳动者在薪酬和福利方面的让步中获利、资方在劳资关系中占据主导地位、社会保护被大幅削弱。应急性新自由主义框架同时为未来的经济增长和不平等加剧埋下了伏笔，西方资本主义国家在 20 世纪 90 年代经历了较长时间的经济扩张，然而这一阶段的经济扩张事实上是处于弱势地位的劳动者被迫做出的贡献。相关研究表明，美国制造业工人和非管理层工人的小时平均工资从 1979 年开始就停止了实质性的增长，而同期的劳动生产率则在提高。[①] 此外，与 1979 年相比，2001 年美国私营部门工人整体上更难得到由雇主提供的健康福利和养老金。[②] "去工会化" 和 "去社会保护" 是 20 世纪 80 年代以来积累的社会结构中的基本要素，这一积累的社会结构的直接后果就是经济不平等的加剧，以及劳动者薪酬和福利增长的停滞。众多劳动者在薪酬增长停滞和社会保护减少的双重压力下，不得不通过过度贷款以维持生活。与此同时，财富日益集中到少数的高收入阶层手中，资本的逐利本性催生了次贷市场和证券市场的巨大泡沫，泡沫破裂直接导致了波及全球的金融危机，也标志着以美国为代表的西方资本主义国家进入了新一轮的危机阶段。在危机中，西方各国动用政府行动重构危机中的产业结构，纠正劳资双方力量的不平等，以期形成新的积累的社会结构。

---

① Dew-Becker, Ian and Robert, J. Gordon, "Where did the Productivity Growth Go? Inflation Dynamics and the Distribution of Income," Brooking Pages on Economic Activity (2005) 2 (2): 67.

② 特伦斯·麦克唐纳、迈克尔·里奇、大卫·科茨：《当代资本主义及其危机：21 世纪积累的社会结构理论》，中国社会科学出版社，2014，第 183 页。

可以看出，维护资本积累的制度致力于缓和阶级冲突以避免其对积累造成过度破坏，缓和阶级冲突的途径通常有两种：一种是某个阶级被彻底镇压而失去反抗能力；另一种是冲突双方达成妥协，能够共同从资本积累中获益。SSA 理论并没有在这两种途径中表达明确的立场，采取的是一种综合或偏向妥协的态度。因此，社会保护和自由市场在生产力与生产关系的框架中，处于既冲突又合作的"竞合共存"关系。在积累的社会结构视角下，社会保护是围绕资本积累展开的，社会保护在与自由市场的博弈中为社会成员提供基本的社会支持，同时维护资本积累的稳定性。这种平衡一旦被打破，如果自由市场过度倾轧社会保护，则会导致社会不平等和矛盾积累；如果社会保护过于强势，则会导致发展成本上升，这两种情况都有可能导致经济停滞和危机。

小　结

与社会保障、社会福利、社会政策等研究范畴相比，社会保护的独特性主要体现在，其诞生于与市场机制的互动中，而且社会保护的最新发展也围绕着其与市场机制的互动展开，因此，市场机制是考察社会保护论的一条重要线索。资本主义自由市场的扩张使劳动者失去了生产资料，只能把自己的劳动能力当作可供使用的商品来出售以换取货币，购买维持自我生存与发展的生活资料，这一过程是劳动力的"商品化"。而社会保护允许人们不通过纯市场力量就可以享有一定的生活，这一过程是劳动力的"去商品化"。但"去商品化"通常只能满足基本生存所需，劳动者只有进入劳动力市场，才能获得更高的收入和更充分的社会保护，这就是劳动力的"再商品化"，即政府通过积极劳动力市场、公共就业服务等政策，使劳动者适应劳动力市场需求，进而通过劳动力市场获得收入和社会保护。本章介绍了三种从劳动力"再商品化"出发的社会保护理论。

双向运动理论是从互构角度探讨社会保护的经典理论，波兰尼在《大转型——我们时代的政治与经济起源》中以嵌入性思想的整体主义框架为基础详细阐释了双向运动理论的分析框架，嵌入性思想和双向运动理论共同成为重要的"再商品化"社会保护论。波兰尼的嵌入性思想是一种实体嵌入论，将市场作为社会整体的一部分。波兰尼没有给自我调节市场任何存在的空间，认为所谓的自我调节市场是虚假的、从未实现也不可能实现的，社会保护运动是对市场机制的反抗，是对抗市场扩张的被动结果。在波兰尼之后，很多学者从呼应或质疑的角度深化了"市场中心"的社会保护论，其中诺斯的观点颇具代表性。诺斯认为劳动力市场所交换的是作为生产要素而不是实体意义的劳动力，因此，劳动力市场的形成和市场经济的发展恰恰使劳动者获得了工伤、疾病、职业安全等方面的社会保护权利。这是一种通过组织制度的形式降低交易成本的过程。因此，社会保护运动与市场机制是自洽的。

社会成本理论最初属于经济学范畴，后在蒂特马斯的引领下经历了向社会政策的范式转换。在蒂特马斯看来，社会成本是社会变迁必然造成的社会性损害，而这种损害更多地由处于社会不利地位的人们承受，需要政府主导的矫歧性社会服务和社会保护进行干预与治理，以保护个人权利、维护社会公平。

积累的社会结构理论以宏观经济理论为基础，致力于解释经济的长期相对稳定与危机交替发生的原因，将马克思主义"生产力—生产关系"原理具体化为"积累过程—积累的社会结构"，建构了一个"中间层次"的分析范式，认为社会保护和自由市场在生产力和生产关系的框架中，处于既冲突又合作的"竞合共存"关系。在积累的社会结构视角下，社会保护是围绕资本积累展开的，社会保护在与自由市场的博弈中为社会成员提供基本的社会支持，同时维护资本积累的稳定性。这种平衡一旦被打破，如果自由市场过度倾轧社会保护，就会引发社会不平等和矛盾积累；如果社会保护过于强势，就会引发发展成本上升。这两种情况都有可能导致经济停滞和危机。

上述三种理论不约而同地从自由市场的内在缺陷出发，论证了自由市场对劳动力、自然、生产组织乃至整个社会的破坏和损害，进而将社会保护作为一种工具性的手段或对抗，或调适，或矫正自由市场带来的灾难，这三种理论都属于"再商品化"互构论的社会保护理论。从逻辑上说，是先有自由市场的扩张，再有社会保护的反向运动；先有社会性损害，再有补偿性的社会保护。这些理论客观上推动了社会保护理论体系的发展，但没能在通往社会保护核心价值理念的道路上前进。

第四章

"去商品化"权利论：社会保护的内生动力

社会保护在与市场机制的互构中不断发展，"再商品化"互构论的基本立场是劳动者在与市场机制的互动中获得社会保护，但市场机制对于社会保护而言是外在的影响，无法解释国家为何要承担保障某些贫困者基本生存的责任，而这才是社会保护内生性的根本动力。事实上，社会保护的内在规定性不断由现代分配正义原则证明，并由与权利相联系的资源配置来界定，分配正义理论、社会权利理论和人的基本需要理论共同构成的"去商品化"权利论，为社会保护提供了内生动力：国家要为全体社会成员过上不虞匮乏的生活承担最终的责任。社会保护不只是矫正市场机制的工具，更是良善社会的必要组成部分。

第一节 分配正义理论：从自然法传统
到新自由主义权利论

"现代意义上的'分配正义'，要求国家保证财产在全社会分配，以便让每个人都得到一定程度的物质手段。"① 这意味着，每个社会成员基于基本需要都理应得到必要的物品，而且国家要确保其权利得以实现，这正是社会保护的基本立场和价值追求。现代分配正义原则具有追求平等的价值取向和保护弱者的基本立场，而在亚里士多德最初对分配正义的界定中，人们应得到地位或财富是因为他们具备某些优秀品质或在实践中表现出良好的行为。亚里士多德分配正义观点的影响至少持续到17世纪。因此，分配正义原则经历了从传统向现代的转变过程。这个转变过程事实上是通过解决四个关键性问题完成的：重新分配财产能否减少贫困或使贫困最小化，经济不平等是可以接受的还是非正义的，贫困者是否天生贫困或应该永远贫困，提供救济是否国家的义务。分配正义原则从传统向现代的转变不仅使分配正义与美德、慈善剥离开来，而且使社会保护的核心价值理念得以彰显，为社会保护提供了必不可少的理论支撑。

"分配正义"最早源自亚里士多德。《理想国》中将"正义"进行了两次区分：第一次将正义分为包括所有美德的"普遍正义"，以及从属于政治机构和司法裁决的"特殊正义"；第二次又将"特殊正义"分为"分配正义"和"矫正正义"。亚里士多德认为，分配正义就是根据美德按比例分配荣誉、政治职务或金钱；而矫正正义要求做错事者按造成的伤害程度给予受害者赔偿。在亚里士多德的正义理论体系中，分配正义与政治相对应，矫正正义与司法相对应；分配正义针对的主要是以美德为基础的政治参与领域的矫正正义。在亚里士多德之后相当长的一段时期内，分配正义始终处于与政治参与相对应的模糊地带，对财产的再分

---

① 塞缪尔·弗莱施哈克尔：《分配正义简史》，吴万伟译，译林出版社，2010，第5页。

配和对贫困者的救济保护等现代分配正义的内涵被归为无法强制的慈善范畴，而不是正义本身的一部分。西塞罗在《论义务》中将正义和慈善对立起来；托马斯·阿奎那在《神学大全》中再次强调分配正义是根据美德分配政治职务；雨果·格劳秀斯引入了"附加（expletive）正义"和"属性（attributive）正义"的概念，塞缪尔·普芬多夫提出了"不完美权利"（imperfect right），哈奇森区分了完美权利和不完美权利。他们都将向贫困者表现慷慨视为美德，属于"留给个人的体面和良心"来处理的范畴，"分配正义"与财富分配并无紧密关联。①

传统分配正义理念深受自然法传统的影响，认为"正义给任何人拥有靠诚实和勤奋获得财富及从祖先那里继承财产的权利……慈善给予任何一个权利来确保他免于极端的贫穷，在没有任何别的办法克服困难时，从别人多余的东西中得到一些救济"②。也就是说，贫困问题属于"慈善"和"美德"范畴，与分配正义无关。前现代对贫困的态度是从自然法传统出发，建立在财产权基础上的，强调财产权是增加"生活便利"的方式，最终依赖劳动改善贫困者的生活状况。贫困者如果诚实劳动就可以在这个世界上生活得更好，而任何建立完全平等的企图都将让整个社会陷入贫困、需要严格限制自由、破坏本来应该保证平等的政治结构。因此，对于包括遭受不平等的贫困者在内的全体社会成员而言，相对不受约束的私有财产原则是比平等分配财产更有利的。与前现代贫困理念相对应的是前现代的教堂救济，其同样是基于慈善的义务而非正义的要求，认为慈善行为是展示两个美德——给予者的慷慨和接受者的谦恭——的机会。

18 世纪是分配正义原则从传统向现代转变的关键。分配正义是否与贫困问题相关是重要的分水岭。卢梭、斯密和康德这三位同时代的伟大思想家从不同角度推动了这场变革。卢梭的贡献在于解决了分配正义原则从传统向现代转变的第一个关键性问题——重新分配财产是否能够减少贫困或使贫困最小化，这是实现现代分配正义原则的前提。卢梭在

---

① 塞缪尔·弗莱施哈克尔：《分配正义简史》，吴万伟译，译林出版社，2010，第 25～31 页。
② 塞缪尔·弗莱施哈克尔：《分配正义简史》，吴万伟译，译林出版社，2010，第 34～35 页。

《论人类不平等的起源和基础》和《社会契约论》等论著中对国家和社会本质的认识，前所未有地激发了为贫困者抗争的政治进程。卢梭对商业社会持怀疑态度，认为商业交换虽然能增加社会财富，但也会让贫困者的生活条件更悲惨，因此，私有财产观念是不公正的。人类应该直接为几乎所有的人类痛苦负责，而所有的社会罪恶都可以克服，首先是由政治实体来完成这个任务，通过法律让公民有权利解决自己的问题。值得关注的是，尽管卢梭认为财产权会产生不平等，但他从未否定或试图废止财产权。卢梭在的《论人类不平等的起源和基础》中明确指出财产的确立是贫穷、压迫和犯罪的根源，而在1755年的《论政治经济学》中仍然强调，财产权是公民所有权利中最神圣的权利，在有些方面甚至比自由本身更重要。怎样理解卢梭一边将罪恶归咎于财产权，一边又肯定财产权的神圣性呢？这就涉及分配正义理论从传统向现代转型的第二个关键性问题——经济不平等是可以接受的还是非正义的。卢梭的答案显然是前者，尽管他热切地关注不平等，并诊断出不平等是来自财产制度，但他更担心的是不平等和贫穷会影响政治，认为经济不平等是真正民主的障碍，"保护贫困者免受富人暴政"是所有政府最重要的责任。他认为，一旦出现非常富有的人和非常贫穷的人，再来做往往已经太晚了，最好的做法是从最开始就防止财富极端不平等的情况出现，管理社会的政治经济以保证没有特别贫穷的人。也就是说，在卢梭看来，包括贫困者在内的全体社会成员都是具有政治身份的公民，而非单独的一个人，正是这种身份使得消除贫困显得十分必要，至于贫困对于贫困者本身的伤害并不是卢梭的关注对象。

斯密率先揭示了贫困对贫困者生活造成的伤害，解决了分配正义理论从传统向现代转型的第三个关键性问题——贫困者是否天生贫困或应该永远贫困。斯密提出贫困者在智力、美德、上进心方面和别人是一样的，在权利、功劳和尊严上也应当与别人一样。斯密在《国富论》中强烈反对贫困者在任何方面都低富人一等的观点，认为贫困者和其他人一样有天赋。"哲学家和挑夫，这两个人性格差异非常明显，造成这种明显差异的，应该说是习惯、风俗和教育，而不是天性。他们在七八岁以前，天性极其相似，恐怕就连他们的双亲和朋友也不能看出他们有任何显著的差别。大约从七八岁或年龄更大一些之后，他们就开始从事极不相同的职业，渐渐地，他们才能的差异才开始看得出来并逐渐增大，最后，受虚荣心驱使的哲学家，简直不承认自己与挑夫有任何相似的地方。"①这种观点对现代分配正义原则的出现非常重要，如果人们相信贫困者不是天生应该贫困，也不是因懒惰和邪恶而贫困，那么让每个人都得到免于贫困的保护就显得十分合理。斯密使"贫困问题"从应对下层阶级的罪恶转向如何帮助穷人，他在《国富论》中进一步提出财富可以重新分配的三种方式：财产从富人直接转移给穷人；对富人征收比穷人更高的税；运用从富人和穷人那里征收的税提供主要为穷人带来利益的公共资源。但对于分配正义理论从传统向现代转型的第二个关键性问题——经济不平等是可以接受的还是非正义的，斯密的答案和卢梭一样，仍然认为这种不平等是合理的，认为虽然法国的穷人和乞丐因为财富分配不均而在绝对数量上远远多于北美洲，但是法国的财富却比北美洲多得多。②

康德是首位明确提出救济贫困者是国家义务而不是个人义务的思想家，解决了分配正义理论从传统向现代转型的第四个关键性问题——提供救济是否国家的义务。康德试图采用《纯粹理性批判》中的认识论三分法模式，将"保护性正义"、"交换正义"和"分配正义"对应于法律的"可能性"、"现实性"和"必要性"。据此，"分配正义"就是法律的实施，康德的认识与亚里士多德的传统明显不处于同一话语体系中，也没有关注财产权与再分配的冲突。但我们没有必要纠缠于此，因为康德对现代分配正义理论最重要的贡献在于强调国家义务的必要性。康德认为平等是每个人都有的"绝对价值"，所有社会成员基于平等价值都配得上美好的生活，而在保护美好生活方面，国家管理比私人慈善更具道德优势。因为康德认为施舍行为一方面抬高了施舍者，另一方面贬低了接受者。政府通过税收的方式为贫困者提供救济，就可以使救济成为权利而非恩惠，因此，康

---

① 亚当·斯密：《国富论》，谢宗林、李华夏译，中央编译出版社，2010，第6页。
② 亚当·斯密：《国富论》，谢宗林、李华夏译，中央编译出版社，2010，第245页。

德提出政府"'强制富人为无法得到最基本生产需要的人提供生存条件'，是建立国家的社会契约的一部分"①。

卢梭、斯密和康德解决了分配正义理论从传统向现代转型面临的四个关键性问题中的三个：重新分配财产能否减少贫困或使贫困最小化，贫困者是否天生贫困或应该永远贫困，提供救济是否国家的义务。但直到18世纪末，仍然有一个问题悬而未决——经济不平等是可以接受的还是非正义的。这个问题在法国大革命中被正视和突破。1796年，法国大革命的运动领袖巴贝夫明确提出正义要求国家重新分配财富给贫困者。巴贝夫认为只有政治平等而没有社会和经济平等是荒谬的，在法律上享受平等但在生活中被剥夺是不可接受的非正义，每个社会成员都有天然的权利获得"地球上的成果"的平等份额，并将平等财富的自然权利直接与社会平均财富要求相对应。② 尽管巴贝夫的革命倾向和对严格平等的呼吁并不能得到其后很多分配正义论者的认同，但巴贝夫明确提出经济不平等是非正义的，贫困是应该被矫正的伤害，现代分配正义原则终于诞生了。

现代分配正义原则形成后，人们逐渐认同了这样的观念：贫困者有合法的权利改善自己的经济条件，济贫不仅是道德要求，更是正义的要求。19世纪初，挪威赋予穷人得到救济的法定权利；1881年，德皇威廉一世在《皇帝告谕》中要求：当工人由于年老、患病、事故、伤残等陷入困境时，理应得到救济保障；20世纪初，挪威、瑞典、芬兰都将对穷人最低限度的救济作为"必需的救助"，分配正义的观念在20世纪中期被牢固地树立起来了。但极端保守主义者、实证主义者、功利主义者都出于各种立场或反对或弱化分配正义原则，直到1971年罗尔斯的《正义论》问世，才推动现代分配正义理论走向成熟。

"经济伦理对正义的理解与现代社会（对）伦理的正义理解是一致的，其基本原则便是权利与义务的对等分配。"③ 对于权利和义务的态度

---

① 塞缪尔·弗莱施哈克尔：《分配正义简史》，吴万伟译，译林出版社，2010，第102页。
② 塞缪尔·弗莱施哈克尔：《分配正义简史》，吴万伟译，译林出版社，2010，第108页。
③ 万俊人主讲、张彭松整理《义利之间——现代经济伦理十一讲》，团结出版社，2003，第77页。

是分配正义理论的原则规范，怎样的社会分配方案既能够满足正义的要求，又能够符合经济理性，是分配正义理论必须回答的问题。在当代分配正义领域，罗尔斯的"公平正义论"与诺齐克的"权利正义论"，是观点鲜明的、对立的两种理论，成为分配正义原则和福利价值主张的代表性理论。

罗尔斯在对传统功利主义进行批评的基础上，从社会契约论传统出发，试图建构一个不仅具有道德合理性，而且具有实践可行性的社会正义原则，以决定权利和义务如何合理分配，进而形成社会结构的基本规范，为社会提供一个原则，试图为社会经济和政治制度的合理安排提供指导原则，并为现实制度的评价提供一个标准。[1] 罗尔斯持有一种建立在平等基础上的自由主义政治理想，并希望通过这种政治理想的表达实现这样一种关于正义的基本原则：社会是一个公平的合作体系，在这个体系里，平等的自由优先于效率，作为公平的正义优先于经济利益；所有社会的和经济的利益的分配，都应该在公平的机会平等的前提下向所有人开放而不仅仅是向有才能的人开放，并且这种利益的分配应该有利于社会中最不利成员的最大利益。[2]

在罗尔斯关于正义的理论体系当中，社会结构是负责划分由社会合作产生的利益和负担、分配公民的权利和义务的主要制度，因此，社会的基本结构被视为正义的对象。在罗尔斯看来，人们在生活境遇和未来前景上的差异不仅受到所处经济社会条件的制约和影响，也受到自然禀赋和社会地位不平等所带来的深刻而持久的影响，这是人们必须面对并且无法进行选择的。这种最初的不平等就成为正义原则的对象。正义原则需要通过对社会制度的调节，将自然的、社会的、历史的偶然任意因素对人们未来的影响尽量摒除。为通过理论建构达到这一目标，罗尔斯将以洛克、卢梭、康德为代表的社会契约论进行概括，进而在更高的抽

---

① 汪行福：《分配正义与社会保障》，上海财政大学出版社，2003，第66页。
② 参见罗尔斯《作为公平的正义——正义新论》，姚大志译，上海三联书店，2011，第70～71页。

象层次上提出了"公平的正义"理论。在罗尔斯的理论体系当中，社会契约的目标是确立一种根本道德原则，这种道德原则能够对社会基本结构的设计进行指导，这种原则就是正义原则。罗尔斯的契约论并没有以社会历史为背景展开，而是提出了一种思辨的假设状态——"原初状态"。罗尔斯认为，可以通过对原初状态进行条件设置和模拟推理来实现对正义原则的选择，进而引出不同结论的解释。在这种情况下，博弈理论当中的"最大最小值规则"是适用的，也就是说，每个人都会选择这样一种方案，这种方案能够产生的最坏的结果会优于其他方案的最坏结果。在这种规则下，功利主义为获得最大利益而允许对部分人的平等自由造成侵犯的选择，就会被排除掉。罗尔斯认为，各方最终做出的选择形成了关于正义的两个原则：第一个是平等自由原则；第二个原则包括两个部分，即机会的公正平等原则和差别原则。这些原则之间是存在"词典式序列"的，第一个原则要优先于第二个原则，也就是说，平等自由原则要优于机会的公正平等原则和差别原则。而在第二个原则当中，机会的公正平等原则又要优先于差别原则。机会的公正平等原则和差别原则最根本的目标是要将各种基本权利和义务进行平等分配，虽然并不是完全否认差别，但是要尽可能地将社会合作所产生的利益和负担进行平等的分配，各种社会职务和地位要尽量平等地向所有人开放，只有一种不平等分配是被允许的，那就是能够给最少受惠者带来补偿的不平等分配。因此，"公平的正义"意味着在公平的条件下所达成的社会契约产生的结果也将是公平的。也就是说，正义原则是在原初状态下被一致同意的能够产生公平结果的原则，这是一种在基本自由的框架之内主张平等主义的倾向。

概括起来，罗尔斯的正义观就是：包括自由、机会、收入、财富、尊严等在内的所有的社会基本价值都要平等地分配，而这种正义的实现需要通过前文所提到的"两个正义原则"。第一个正义原则，也就是平等自由原则，其指的是每个人对与最广泛平等的基本自由体系相容的类似自由体系都应有一种平等的权利，这一原则主要关注的是公民的政治权利。第二个正义原则包括机会的公正平等原则和差别原则。机会的公正平等原则是指在机会公正平等的条件下职务和地位向所有人开放，这一原则关注的是社会利益和经济利益；差别原则是指在与正义的储存原则一致的情况下适合于最少受惠者的最大利益。可以看出，罗尔斯的正义观与以每个个体利益为出发点的传统正义观的区别在于，罗尔斯是将最少受惠者作为出发点来衡量不平等的。也就是，当最少受惠者能够通过补偿或再分配的手段而处于平等地位时，才意味着社会正义的实现。与"两个正义原则"相对应的是"两个优先规则"。第一个优先原则是自由的优先原则，自由只能为了自由的缘故而被限制；第二个优先原则是正义对效率和福利的优先，是指正义原则优先于效率原则和最大限度地追求利益总额的原则，公平机会又优先于差别原则。这两种优先原则事实上还隐含着第三个优先原则，即"正当"对"善"的优先。正当与善是伦理学的两个基本概念，西方伦理思想史以这两个概念为出发点分化为目的论和义务论，目的论认为善是独立且优先于正当的，正当则是依赖于善的。依据对善的不同解释，形成了功利主义、快乐主义、自我实现论、完善论等目的论理论流派。义务论则认为正当是独立且优先于善的。罗尔斯的"公平的正义"理论属于义务论范畴，强调正当对善的独立性与优先性，而正义则是从属于正当范畴的。按照罗尔斯的观点，伦理学必须包括正义论，而正义总是意味着一种平等，也就是说，正义的社会制度就是要最大限度地实现平等。因此，罗尔斯的"两个正义原则"具有鲜明的平等取向，差别原则就是通过给先天禀赋较低的社会成员以某种补偿，以缩小甚至拉平他们与禀赋较高的社会成员之间在起点上的差距。在罗尔斯看来，天赋不是道德上的应得，应当把个人的天赋看成一种社会的共同资产，虽然自然资质的分布只是一个中性的事实，但社会制度怎样对待和处理它们却表现出正义与否的性质。罗尔斯认为在这两个原则的指导下不会出现差别很大的社会，而且不仅能够保证形式上的平等，甚至能够实现接近于事实上的平等。

罗尔斯的"公平正义论"在学术界产生了广泛影响，成为民主自由主义的主流观点，然而也遭到了以诺齐克为代表的自由至上主义的批判。诺齐克反对罗尔斯正义论的平等取向，认为个人权利应当成为正义的优先价值，社会权利的正义分配问题应该是对个人权利的自由保障，以此为出发点，诺齐克形成了其"权利正义论"的观点。

诺齐克以个人权利至上性作为逻辑起点对分配正义的基本原则展开论述，形成了持有正义理论（justice in holdings）的三个基本命题。一是关于持有的最初获得，具体是指无主物为何会变为被持有物、无主物是怎样变为被持有物的、无主物是在何种范围变为被持有物的等方面。这事实上是在讨论"获得的正义原则"（the principle of justice in acquisition）。诺齐克对待这些问题的基本观点是：只要对无主物的占有没有使其他社会成员的处境变得更坏，那么这种占有就是正义的。二是关于持有物的转让，具体是指个体怎样将自己的持有物转让给其他人，而其他人怎样将持有者的持有物占有，其中既包括交换、馈赠等方式，也包括欺诈、拐骗等方式。这事实上是在讨论"转让的正义原则"。在诺齐克看来，转让正义是受社会法律约束的范畴，在合法范围内的转让就是正义的，而违反法律的转让就是非正义。三是对持有中产生的不正义进行矫正。由于各种历史的、现实的、主观的、客观的因素，实际的持有并不能意味着正义。也就是说，如果用获得的正义原则和转让的正义原则来考察持有现象，现实生活当中存在非正义的情况，那么应该如何看待这种非正义呢？诺齐克认为应该进行矫正，特别是应该矫正由于历史原因所造成的非正义的持有，这事实上是在讨论"矫正的正义原则"。与持有正义理论的三个基本命题相对应，诺齐克提出了持有正义理论的三个原则："1. 一个符合获取的正义原则获得一个持有的人，对那个持有是有权利的。2. 一个符合转让的正义原则，从别的对持有拥有权利的人那里获得一个持有的人，对那个持有是有权利的。3. 除非是通过上述 1 与 2 的（重复）应用，无人对一个持有拥有权利。"① 也就是说，如果社会成员按照持有的正义原则或转让的正义原则，拥有对于持有物的权利，或者按照矫正的正义原则对于持有物是有权利的，那么这种持有就应该是

---

① 罗伯特·诺齐克：《无政府、国家与乌托邦》，何怀宏等译，中国社会科学出版社，1991，第157页。

正义的。如果每个社会成员的持有都是正义的，那么社会分配就是正义的。在持有正义理论的基础上，诺齐克进一步提出了关于财富分配的正义问题，认为"如果一种分配是通过合法手段来自另一个公正的分配，那么它也就是公正的。从一种分配转到另一种分配的合法手段是由转让的正义原则规定的。合法的最初'运动'则是由获取的正义原则规定的。无论什么，只要它是从一个公正的状态中以公正的步骤产生的，它本身就是公正的。由转让的正义原则规定的改变手段保持着正义"①。也就是说，如果财富的分配符合持有正义的原则，那么这种分配就是正义的。

诺齐克将个人权利视为正义的基础，以权利的实现为依据判断个人持有、财产分配的正义性，并且认为分配正义的实现是在自由情况下实现的占有或交换的结果，而且个人对其拥有不可侵犯的权利。为了保障个人的权利不受侵犯，诺齐克提出了"边际约束"的概念，将个人权利作为道德的"边际约束"来看待。"边际约束"是指任何侵犯个人权利的行为都是非正义的，是必须禁止的，而且这种行为禁止的范围是宽泛的，无论这种行为的初衷或目的如何，只要这种行为对个人权利构成侵犯就是非正义的。这就排除了通过目的正当性来损害个人权利的可能性，也就是，为了部分人的利益而牺牲其他人利益被视为非正义的。同样，为了整体利益而牺牲个人权利也是非正义的。具体到分配正义领域，国家进行再分配的前提是其具备独立于个人意志的分配权利，这在诺齐克的理论体系当中显然是不成立的。因此，可以说诺齐克的权利正义论动摇了一切社会再分配理论的基础。在诺齐克看来，理想的国家就是古典自由主义的"守夜人"式的国家，国家的功能仅仅是保护其公民的基本安全，个人权利在这里可以得到最有力的保障。这种最弱意义上的国家抛弃了契约论传统，因为诺齐克认为任何超出这一范围的国家都会对个人权利造成侵害。从这一角度出发，诺齐克对罗尔斯正义理论的差别原则进行了批判，认为差别原则所体现的分配正义扩大了国家的功能，必然

---

① 罗伯特·诺齐克：《无政府、国家与乌托邦》，何怀宏等译，中国社会科学出版社，1991，第157页。

会干涉个人权利。

诺齐克的权利正义论以个人权利为核心，赋予个人权利至高无上的地位，任何与持有正义原则相悖的力量都被视为非正义的。这也意味着任何再分配方式都因为对个人权利的侵害而被视为非正义的。因此，在诺齐克的理论体系当中，个人的自由和权利要比平等与福利具有更为重要的意义。

对于分配正义理论的不同观点是罗尔斯与诺齐克的理论分歧所在。罗尔斯从平等的意义上认识政府的再分配政策，重视收入分配的公平性。而诺齐克则用"持有"代替"分配"，认为自由就是公正，过程公正就意味着结果公正。因此，诺齐克认为政府对于通过正当手段获得的财产没有干涉的必要，政府应该关注的是机会平等，而不应该限制结果不平等。①

具体地说，罗尔斯认为正义的首要价值在于平等，而不平等主要源于禀赋和社会因素，因此，应该通过再分配的方式来消除这些不平等。罗尔斯主张政府干预财富分配的过程和结果，进而获得一种具有平等取向的分配结果。诺齐克则强调个人权利具有至高无上的地位，认为不平等虽然是一种不幸，但并不意味着不公正，而对于不平等的纠正不能被证明是合理的，因此，不平等是不能而且没有必要得到解决的。诺齐克主张用权利来对抗平等，也就是谁创造的财富就应该由谁来占有。罗尔斯认为自由只能因为自由的原因才能够被限制，但这种自由主要局限于政治领域。诺齐克则将个人的自由权利拓展到经济社会领域，认为社会成员对个人财产的占有和能力的使用同样具有不可侵犯的自由权利。

从正义原则的角度来看，罗尔斯与诺齐克在价值取向上是截然对立的，其中既有社会平等与个人自由的对立，也有分配公平与经济效率的对立，还有整体秩序与个体发展之间的对立。从本质上讲，二者之间的分歧在于是对自由的追求还是对平等的维护。罗尔斯论证了国家通过收入再分配帮助弱者使其获得起点平等的合理性，主张通过福利手段降低

---

① 王一：《关于实现社会保障资源平衡配置的思考》，《经济纵横》2012年第11期，第21页。

经济不平等。诺齐克则认为市场竞争应当成为社会分配的主要机制，主张通过自由竞争维护公民的自由和权利。这两种正义原则的分歧和争论推动人们在实践当中对社会保护制度的价值基础进行不断反思。

罗尔斯放弃了当时占统治地位的功利主义传统，重新从契约论和康德式的自由主义哲学出发，同时吸纳了功利主义的合理内核，接受了马克思主义者和实证主义者对传统道德理论的批判，提出了作为公平的正义原则和差异原则，核心思想就是认为所有社会基本价值或基本利益都必须平等分配，无论是自由、机会、财富，还是保证个人尊严和个性发展的客观条件都要平等分配，除非对这些价值的不公平分配有利于每个社会成员的利益。罗尔斯的理论体系连贯地探讨了应该分配什么、满足什么需要、为什么需要比贡献更重要，以及正义和自由之间如何平衡等问题。罗尔斯所探讨的正义主要是对利益的分配，是一种分配正义。从政治哲学角度看，罗尔斯所代表的新自由主义观点主张正义和个人权利的优先地位，分配正义不是为达到某种目的的手段，而是目的本身。罗尔斯的《正义论》引发了政治哲学领域的一场革命，功利主义的统治地位被动摇，基于个人权利的新康德主义研究兴盛起来，探讨分配的范围、需要的限度等，但都没有超出罗尔斯的研究框架。

综上，从亚里士多德的"按美德得到利益"到"每个人都应该过上物质不虞匮乏的生活"，"分配正义"理论经历了从传统向现代的转变。这种转变的根本动力在于，现代社会迫切需要回答这样一个问题：如果富人通过合法手段获取财富，那么他们是否对贫困者负有责任。社会保护事实上也在回答这个问题，分配正义的现代概念隐含于社会保护的形成过程，分配正义原则从传统向现代转变过程中所解决的四个关键性问题为社会保护提供了必不可少的理论支撑。值得关注的是，现代分配正义原则的发展延伸到 20 世纪 70 年代之后，新自由主义在分配正义领域占据主导地位。新自由主义者以个人权利为出发点，强调个人权利的优先性，因此，以罗尔斯为代表的新自由主义也被称作"权利优先论"（the primacy-of-right theory）或"权利基础论"（rights-based theory）。以罗尔斯和德沃金为代表的"平等的自由主义者"倡导福祉权，支持将公民自由与一定的社会经济权利相联系的福利国家。以诺奇克为代表的"绝对自由主义者"支持将公民自由与严格的私有财产权相联系，反对再分配和福祉权。他们都强调权利，认为个人权利不依赖于个人的道德价值或人的本能。也就是说，新自由主义政治哲学家们在关于什么权利是根本性的、什么样的政治安排是理想的中立框架所需要的等问题上的观点并不一致，但他们都寻求一种能实现作为自由的道德人的能力的权利框架。从亚里士多德到罗尔斯，乃至罗尔斯之后，分配正义始终是基于个人权利的"应得"。尽管罗尔斯注意到基于个人权利的应得可能产生不平等，并提出通过差别原则进行矫正，但他也没有否定分配正义的权利基础。因此，我们有必要进一步分析社会保护的权利理论基础。

第二节　福利权理论：从自然权利到社会权利

20 世纪中叶，福利国家迅速发展起来，"福利权"随之成为重要的学术概念。自 20 世纪 70 年代福利国家危机以来，福利国家进入漫长的改革阶段，各国的社会保护实践经常出现政策上的摇摆，这种摇摆本质上是"个人为自己而活"的自然权利与"个人能力作为社会资产"的社会权利之间的争论。自然权利的逻辑造成了福利权在道德上的困境，这种困境事实上是权利话语内部的冲突。因此，我们有必要系统回顾权利理论的发展演变，并探讨福利权的基础，与前文的分配正义理论相呼应。

一　福利权的一般理论性分析

当我们在探讨福利权时，我们探讨的既不是幸福生活状态本身，也不是幸福生活状态的构成要素，而是幸福生活状态的外在条件或手段，具体包括满足基本生存的衣食住行、健康、教育等资源或服务。这使福利权回归到社会政策领域，并与分配正义理论密切相关，比如罗尔斯的基本善（primary goods）思想、德沃金的资源平等理论等，这些理论大致呈现两个方向：一是强调机遇平等的分配正义理论；二是强调可行能力的分配正义理论。

机遇平等建立在对资源平等或福利平等的反思基础上，认为重要的是个人要有平等的福利机遇，而不是平等的幸福生活状态。个人的禀赋、原生家庭、才能、机遇等偶然性因素对幸福生活的影响应当在社会层面被消除。但如果偶然性因素的影响都在社会层面被消除，那么个人的主动性何以体现？而且如何衡量幸福生活状态的机遇平等？在多大程度上消除这些偶然性因素的影响才算实现了机遇平等？这些问题似乎无法脱离幸福生活状态的平等，这是机遇平等难以超越的理论困境。与之相比，阿马蒂亚·森的可行能力理论似乎影响更为深远，其可行能力理论深受罗尔斯正义理论的影响。罗尔斯将基本善作为满足社会成员基本需要的核心，阿马蒂亚·森认为罗尔斯强调的是外在资源的平等分配，但面对相同的资源，不同个体将其转化为有价值的生活的能力却是大相径庭的，因此，可行能力是比外在资源本身更根本的指标。可行能力通常有三个层次的含义：一是个人建立在禀赋基础上的能力，能够发展出更高级的能力；二是个体的内在能力，这种能力已经促进了个体自身的发展；三是综合性能力，其是内在能力与外部条件的结合。可行能力理论更重视第三种综合性能力，将综合性能力视为社会保护与分配正义的目标。可行能力理论认为判断个人的幸福生活状态需要进入具体的社会活动当中，功能实现活动意味着可行能力的真正实现。"'功能性活动'（functions）的概念（很明显它源自亚里士多德），反映了一个人认为值得去做或达到的多种多样的事情或状态。有价值的功能性活动的种类很多，从很初级的要求，如有足够的营养和不受可以避免的疾病之害，到非常复杂的活动者个人的状态，如参与社区生活和拥有自尊。"① 阿马蒂亚·森认为个体只有具备了相应的可行能力才能完成功能实现活动，因此，可行能力被阿马蒂亚·森称为实现不同的"功能实现活动"组合的实质自由。也就是说，在阿马蒂亚·森的理论体系中，"功能实现活动"是幸福生活状态的内容，可行能力是幸福生活状态的条件。那么能力能否作为福利权

---

① 阿马蒂亚·森：《以自由看待发展》，任赜、于真译，中国人民大学出版社，2012，第141页。

的要素呢？

与衣食住行、健康、教育等资源或服务相比，可行能力并不是纯粹的外部条件，而是与主体直接关联的、把外在资源转化为幸福生活状态的条件，即主观条件与外部条件的结合。个人的可行能力受其自身的天赋、才能、偏好等内在因素的制约，而且对可行能力的判断和评价必须依赖于幸福生活状态本身。也就是说，我们必须首先确定幸福生活状态的构成要素，之后才能探讨与之相应的可行能力，在此基础上才能判断运用哪些可行能力去进行功能实现活动以实现幸福生活状态是正当的。可行能力的主体相关性是无法规避的，主体偏好等主观性问题也无法被排除在可行能力之外。面对主观性危机，基本可行能力清单被提出。阿马蒂亚·森将其作为每个人过上真正符合人性的生活、进行真正符合人性的功能实现活动的条件。但在基本可行能力清单中仍然无法避免评价性指标的问题，这显然无法满足福利权的客观性、外在性要求。

福利权只有规避了主体性和主体相关性，才能摆脱对具体情景的判断和评价。在考虑福利权问题的时候，能够以物品或金钱为形式、以基本需要为中心的商品消费，才是客观的、具有普遍性的对象。社会保护体系首先要解决的是严重贫困或极端不平等问题，通过税收征集资金、再通过货币补贴形式向相应的贫困人口发放资金，这仍然是最简单有效的方式。阿马蒂亚·森也曾提出，需要通过不同层次的最低收入来达到最低的基本可行能力水平。

综上，福利权的可能对象只能是幸福生活状态的外在条件，而且只能是摆脱了主体相关性的、可以对象化的外部条件。在蓬勃发展的人权话语体系中，1948年联合国大会通过的《世界人权宣言》规定每个人，作为社会的一员，有权享受社会保障，并有权享受他的个人尊严和人格的自由发展所必需的经济、社会和文化方面各种权利的实现，这种权利将通过国家努力和国际合作并依照各国的组织和资源情况来实现。1976年生效的《经济、社会和文化权利国际公约》进一步承认人人有权为自己及其家庭获得相当的生活水准，包括足够的食物、衣着和住房，并能不断改善生活条件，并确认人人享有免于饥饿的基本权利、有权享有能达到的最高标准的体质和心理健康、创造保证人人在患病时能得到医疗照顾的条件、人人有受教育的权利等。在人权不断发展的历史进程中，福利权作为权利的地位得到反复确认，但与此同时，人权膨胀的合理性也备受质疑。因此，对福利权的探讨有必要回溯到权利理论的起点，即是否存在普遍的福利权的争论，或福利权是不是一项普遍人权的争论，关键在于对现代权利本质的不同判断。

二 自然权利视域下的福利权：人道主义的伦理诉求

自然权利思想是人类思想史上第一个系统、完备的权利理论形态，自然权利最早出现于斯宾诺莎的著作当中，其后，霍布斯进一步发展了自然权利思想，洛克在继承斯宾诺莎和霍布斯自然权利思想的基础上进一步发展出体系化的自然权利理论，在学界产生了广泛影响，被视为"现代自然权利论的导师"[1]。以霍布斯、洛克等人为代表的自然权利理论试图寻找某种绝对可靠的和不可证伪的例子来证明自然权利的存在，以人在自然本性上的平等为出发点，强调自然权利是优先于自然法的，将自然权利视为一种"自明"的基本权利，表达了一种人们对自我自由和幸福拥有绝对权利的个人主义理想。[2] 自然权利理论以人性论为基础发展出了两种伦理思想，即个人主义价值观和人道主义价值理想。自然权利作为一种以个人主义为基础的权利理论，形成了自我中心的利己主义的权利关系，认为每个人都享有天赋的自然权利，个人必须对自己负责，同时也只能对自己负责。尽管个人主义的权利观与社会福利的理念基本上是相反的，但这并不影响自然权利对人道主义福利思想的启蒙作用。这是因为既然人人生而平等，那么有些人生活优越，而有些人由于收入、财产等社会原因陷入困顿的现象便是难以被容忍的。后期自然权利思想家的社会福利理念正是从这种人道主义的角度衍生而来的。自然权利所

---

① 列奥·施特劳斯：《自然权利与历史》，彭刚译，生活·读书·新知三联书店，2003，第168页。
② 参见钱宁《社会正义、公民权利和集体主义：论社会福利》，社会科学文献出版社，2007，第190页。

主张的是源于人的道德性的人权，既然人人生而平等自由，那么人们就有权利得到平等的社会保护与尊重，"人们并不是为了生活而'需要'人权而是为了一种有尊严的生活而'需要'人权"①。因此，人权可以被视为一种人道主义的要求。正是从这一权利立场出发，人道主义不仅成为17、18世纪检验政府合法性的基础，也成为挑战社会福利制度的有力武器。在自然权利观念的支配下，西方各国纷纷通过举办慈善事业来帮助陷入困境中的穷人，对其实施有条件的救助，并改善劳动者的基本生活状况。这种以人道主义为基础的社会政策也成为19世纪以前社会保护的主要形态。

启蒙时代自然权利论者主张人人生而自由，且拥有某些不可剥夺的权利。霍布斯成为"现代个人权利传统的奠基人，是第一位以权利思想完全取代正义范畴的哲学家"②。洛克被视为"现代自然权利论的导师"③。在实践层面，到18世纪末期，自然权利成为资产阶级革命的指导性理论，并在美国的《美利坚合众国十三州一致宣言》和法国的《人权和公民权利宣言》中得到正式的确认，在现代社会政治制度中具有重要地位。以霍布斯、洛克等人的观点为代表的自然权利理论试图寻找某种绝对可靠的和不可证伪的例子来证明自然权利的存在，将自然权利视为一种"自明"的基本权利，即来自自然理性的自我保存要求的人人都有的平等权利。在这种理论范式的指导下，自然权利理论着重强调自然权利从起源、内容到价值的优先性。

从起源上看，早期自然权利论者几乎都是以"自然状态"为逻辑起点的，但他们对自然状态的看法并不相同，霍布斯将自然状态视为混乱无序的战争状态，洛克则认为自然状态是一种自由平等的和平状态。那么同样以自然状态作为出发点的自然权利和自然法，哪种概念更具有先

---

① 杰克·唐纳利：《普遍人权的理论与实践》，王浦劬译，中国社会科学出版社，2001，第13页。
② 科斯塔斯·杜兹纳：《人权的终结》，郭春发译，江苏人民出版社，2002，第75页。
③ 列奥·施特劳斯：《自然权利与历史》，彭刚译，生活·读书·新知三联书店，2003，第168页。

验性呢？在自然权利思想家看来，自然权利是天赋的，作为人类最初的禀赋具有天然性、不可分割性和不可废除性，自然权利作为天赋性权利，是自然法的基础所在，因此，自然权利也就具有了相对于自然法的优先性，进而保证了自然权利在起源上的绝对优先性。

从内容上看，自然权利理论强调人人都享有平等的生命权、自由权、财产权等神圣不可侵犯的自然权利。正如1789年法国《人权和公民权利宣言》中指出的："在权利方面，人们生来是而且始终是自由平等的。……任何政治结合的目的都在于保存人的自然和不可动摇的权利。"[①] 生命权是居于首位的自然权利，自然权利可以被概括为利用一切可能的办法来保卫我们自己的权利，[②] 是一种没有任何附加条件的绝对权利。除生命权之外，自然权利还有排他性的自由权，是每个人都拥有运用自己的能力、实现自己的愿望、保护其本身特性的自由的权利。人们可以按照自己所愿意的方式运用自己的力量来行使自由权。这种自由就是用他自己的判断和理性认为最适合的手段做任何事情的自由[③]，也就是说，人人都享有平等的自由权，这种自由权能够排除他人或政治权利的干涉和侵犯，使人们能够按照自己的意愿行使权利。财产权也被以洛克为代表的自然权利思想家所重视，认为财产权不仅优先于国家和政府，也具有鲜明的排他性。在洛克看来，财产权与生命权、自由权一样都是天赋的自然权利，一个人和他的弟兄共同继承其父亲财物的权利[④]是人类与生俱来的自然权利，不需要政府的授权和认可。洛克的观点也成为自由主义"私权神圣不可侵犯"观念的思想来源。

从价值上看，自然权利论者认为自然权利以人的需求为基础，遵循了人的自然理性，阐明了世俗世界当中人所具有的主体性，因此，具有价值上的优先性。在文艺复兴背景下，自由、平等、权利等观念被思想界广泛关注，源于"本性"和"自然"的自然权利因为为人所共有，又

① 俞可平：《权利政治与公益政治》，社会科学文献出版社，2000，第98~99页。
② 托马斯·霍布斯：《利维坦》，黎思复、黎廷弼译，商务印书馆，1985，第98页。
③ 托马斯·霍布斯：《利维坦》，黎思复、黎廷弼译，商务印书馆，1985，第97页。
④ 洛克：《政府论：下篇》，叶启芳、瞿菊农译，商务印书馆，1964，第116~117页。

被作为超越权威的自然法所支持，表达了人之所以为人的基本规定和价值。在自然权利思想家看来，为保护生命权、自由权和财产权，人们以社会契约为基础形成政府，但政府也要遵循自然法，不得对自然权利构成侵犯。在洛克看来，正是为了满足人类的生存需求、自由意志和财产愿望等天然需求，才产生了自然权利，也正是为了实现这些需求才通过社会契约的方式组建政府以保护人们的自然权利。自然权利在价值上的优先性使其进一步走向了主观主义的权利理论，形成了权利优先性原则从来源到内容再到价值的统一体系。

启蒙时代的自然权利理论以人的自然理性作为研究权利的起点，使权利不仅在社会价值中处于优先地位，而且成为政府力量的逻辑原点，使自然权利成为一种绝对的、具有普遍性的价值原则，任何试图否认这些主张或试图篡改人类所有权利的绝对性的做法，都将会对个人和社会造成巨大影响。进入19世纪后，功利主义、历史主义等理论思潮对启蒙时代的自然权利理论进行了猛烈的攻击（后文将进行详细介绍），自然权利理论开始沉寂，直到20世纪70年代，在社会契约论和自然法学说复兴的背景下，自然权利理论开始重获新生。这一阶段对于自然权利理论的研究主要集中于自然权利的起源与发展，探讨其与自然法、自由民主制的关系，且相关研究仍然坚持人人生而平等且拥有不可剥夺的权利的观点，同时认为保护自然权利是政府存在的合法性基础，而且当政府失去这个合法性基础时，人们有权利对政府进行变更。

在当时的历史条件下，人道主义的福利观具有重要的思想价值，其对人的自由、平等、尊严等自然权利的推崇成为资产阶级反对封建主义和宗教神学的伟大旗帜，培育了基本的福利权利理念。另外，自然权利理论的个人主义价值观也推动了个人自我中心主义意识的生长。人道主义和个人主义这两种同样衍生于自然权利理论的价值观共同作用于工业革命时期的福利思想。从实践层面来看，1601年的《济贫法》和1834年的《济贫法修正案》既在人道主义立场上强调政府对困顿者进行救助的责任，又基于个人主义价值观强调个人应自我负责，以致贫穷被视为个体的失败，而"健康的穷人"被排斥在救济的范围之外。在这种理念的指导下，社会福利仅仅是有条件地提供给所谓"失能者"的人道主义慈善救济措施，而工业革命带来的工人阶级的普遍贫困则被视为人类的失败。自然权利福利观在实践中的矛盾性造成了人的权利等级化，形成了一种不平等的福利形态，具体表现为对穷人的排斥和"标签化"。也就是，个体一旦接受了救济，就成为所谓的"无能者"而被排斥在主流社会之外，这是一种以牺牲尊严为代价的社会政策。现代社会以资质审查为基础的社会救济就是从自然权利福利观发展而来的，是一种"剩余型"的社会福利制度。可以看出，自然权利站在人道主义的立场上阐释了以人权为核心的权利观，体现了对人类总体福利的道德关怀，并对权利做出了"是否需要外力介入来进行保障"的区分，对权利理论的发展起到了重要的奠基作用。以人性论为基础的自然权利观包含个人主义和人道主义两种相互对立的元素，这种内在张力的相互作用使得自然权利的福利观只能局限于有限度的慈善救济范畴，也为现代权利价值观的对立与冲突埋下了伏笔。

自然权利论对现代社会的政治价值产生了深远影响，但其在后来遭到诸多理论学派的批判，自然权利理论所面对的最为致命的问题就是：是否存在自然权利，何以证明自然权利的存在。1776年，在美国《独立宣言》发表前夕，功利主义代表人物边沁提出了"最大多数人的最大幸福是正确与错误的衡量标准"的著名论断，试图通过建构一种功利原理来对"社会"进行一种全新的阐释，以对抗自然权利理论者的观点。在边沁看来，权利是人类追求幸福的手段，善是衡量事态的标准，如果在一种事态当中，快乐超过痛苦的盈余多于另一种事态，那么这种事态就比另一种事态善。边沁认为，权利对个人幸福和他人幸福，以及社会总体幸福进行调节，从而最终获得最大限度的幸福。因此，边沁所指的权利可以被理解为福利权。这里需要特别指出的是，在边沁看来，个人幸福并不总是处于优先地位的，"科学地提高总体幸福的社会工程，优先于个人的权利要求也是合理的"[①]。也就是说，个人在追求幸福的时候并不拥有特权，而是要把个人权利与其对社会的义务关联起来，人们在享受福利

---

① 列奥·斯特劳斯：《政治哲学史（第三版）》，李洪润等译，法律出版社，2009，第829页。

权的同时也应对社会福利负有相应的责任。在权利与义务的关系上，边沁的功利主义理论与自然权利理论存在本质上的分歧，在自然权利理论观点看来，权利是不受义务限制的、具有不可让渡性的存在。在边沁看来，这种权利与义务的分割性使得难以对权利行使的具体条件制定具有实际意义的规范，边沁正是基于这一点对自然权利进行了猛烈的批判。边沁认为权利产生于规则，是法理的权利而非自然权利。"如果追寻幸福的权利是一项不可剥夺的权利，那么为什么要禁止盗贼通过盗窃来实现这种权利呢？为什么要禁止谋杀者通过谋杀、叛逆者通过叛逆来实现这种权利呢？"[1] 边沁进一步指出，"人们最需要提醒的事情是他们的义务，因为对于他们的权利，不论是什么权利，他们总会自觉地注意到的"[2]。按照自然权利的说法，"当一个人按他自己的方式拥有物品而不能给出任何理由时，他说：我有权利这样。当一个人有着有待实现的政治幻想时……当他发现有必要让很多人来支持他时，……他就大声疾呼权利。我有权利这样；你们也都有权利这样：唯有暴君才会拒绝我们。把我们的权利给我们。理性和功利的规定是环境的产物，要求发现的天赋，有待衡量的思想强度，调查的耐心；自然权利的言论只要求坚固的防线，坚硬的心肠以及不知羞耻的面容。它从头到尾都是无聊的主张：它与理性毫不相干，也经不起理性的考验"[3]。边沁言辞激烈地否定了自然权利原则，认为并不存在优先于政府的权利，而且衡量政府是好的政府还是坏的政府的标准是"最大多数人的最大幸福"，而非对自然权利的保护。概括起来，边沁主要通过两种方式对自然权利进行抨击：一是认为法律是权利的基础，权利优先于实在法的说法是一种谬误；二是自然权利论主张权利的不可剥夺性，不允许其他价值的存在与相互妥协，这在实践当中只能是空口白话，而不具备实际意义。

除功利主义之外，19 世纪的历史主义也对自然权利理论进行了批判，

① H. L. A. 哈特：《法理学与哲学论文集》，支振锋译，法律出版社，2005，第 196 页。
② 边沁：《政府片论》，沈叔平等译，商务印书馆，1995，第 21 页。
③ J. M. 凯利：《西方法律思想简史》，王笑红译，王庆华校，法律出版社，2002，第 265 ~ 266 页。

并在法国大革命爆发之后达到顶峰，《法国革命论》的作者埃德蒙·柏克是其中最典型的代表人物。柏克认为人类的自由根植于传统和历史，而不是"天赋"的。"没有任何经验曾经教导过我们，除了一种世袭的王位之外，还有任何其他的渠道或方法能够使我们的自由得以经常地延续下去，并作为我们世袭的权利而保持其神圣性。"① 对于一个没有自由传统和历史的民族来说，试图通过革命或变革的方式来获得自由是不可能的，对传统进行传承与修正是解决政治问题应该遵循的原则。柏克认为自然权利是"抽象的""虚假的"权利，并不能构成政府的基础。权利是历史的原始契约的结果，脱离了历史和传统的普遍权利是不存在的。"人们不可能同时既享有一个非公民国家的权利，又享受一个公民国家的权利。为了能够获得正义，他就放弃了他那可以决定对自己最为根本之点的东西都是些什么的权利。为了能够获得某种自由，他就以信赖它那全体而做出了投降。"② 在柏克看来，权利如何在实践当中被运用才是问题的关键，柏克反对自然权利所坚持的人们对自身权利的裁判权，认为如果人们仅凭个人好恶来行使权利将带来不堪设想的结果，权利不是个人判断，需要得到理性的指导，这种指导最好来源于政府。"政府乃是人类的智慧为了人类的需求而提供的一种设计。人们有权使这些需求应该由这种智慧来提供。那种出自公民社会的、对他们的情感加以充分约束的需求也计入这些需求之中。社会不仅仅要求个人的情感应该受到控制，而且即使是在群众和团体之中以及在个人中间，人们的意愿也应该经常受到抵制，他们的意志应该受到控制，他们的情感应该加以驯服。"③ 总之，柏克对自然权利的基本原则和制度诉求进行了全面的否定与批判。

英国新自由主义的先驱人物托马斯·希尔·格林从"社会认可"的角度对自然权利理论进行了批判，认为权利的绝对性和不可证伪性是不

---

① 埃德蒙·柏克：《法国革命论》，何兆武、彭刚译，商务印书馆，1998，第33页。
② 埃德蒙·柏克：《法国革命论》，何兆武、彭刚译，商务印书馆，1998，第78页。
③ 埃德蒙·柏克：《法国革命论》，何兆武、彭刚译，商务印书馆，1998，第79页。

可被接受的，在此基础上，格林对权利的范畴与属性进行了新的阐释，赋予了权利理论更加充分的社会学意义。[①] 格林认为，权利必须经由社会认可，只有通过立法的形式将个人的需要加以规范才能得到有效的保护。就其社会本质而言，权利就是通过与他人的合作以达到共同利益的过程，是法律所确立的强制性规范。格林并不局限于强调个人权利，而是将个人权利与社会权利加以区分，强调国家应调节各种社会关系以达到权利平衡。格林的权利观点强调个人权利需要经过社会认可的理念，突出了国家作为权利协调者的作用。国家在保护个人权利、促进福利增加方面的作用得到较为充分的重视，是一种较早的具有现代福利意义的思想。格林的权利思想与自然权利理论存在本质的区别。格林认为自然权利理论存在这样一种假定：个人将原本不属于社会的权利强加给社会，并且这种被强加的权利可以被用来反对社会。另外，与边沁的观点一致，格林认为自然权利把个人所拥有的权利与个人对社会的义务分割开来，这种分割对于共同利益而言并不恰当，这是因为权利作为个人通过社会认可的能力，对于共同利益是必不可少的，就其作为维持力量的当权者而言，与之相对应的义务也是必不可少的。

三 社会权利视域下的福利权：人人普享的政治道德

对于自然权利理论的种种批判客观上促进了权利理论的进一步发展。从历史角度来看，权利的出现是与个人主义的兴起相伴而生的，但随着时代的发展，人们对于人的认识不再局限于"不变的人性"和"天赋的权利"，而是能够用全面的、发展的视角看待人的能力。同时，权利理论不再局限于对个体的关注，而是逐渐认识到群体的作用，更加重视对于社会结构的分析，对于人与社会之间的互动关系也有了更为清晰的认识。权利理论的发展演变对社会福利思想产生了深刻的影响，从权利的理论形态来看，人类对社会福利的认识经历了从人道主义到社会权利的发展；从实

---

① 钱宁：《社会正义、公民权利和集体主义：论社会福利》，社会科学文献出版社，2007，第196页。

践的模式来看，则是由慈善救济演变为制度福利。

社会权利理论在现代社会政治发展进程中具有举足轻重的地位。社会权利理论的形成标志着以人性论为基础的自然权利观被更为全面的权利观所替代，成为人类表达社会公正理想的有效方式，使社会福利从人道主义的"施舍救济"提升为"人人普享"的社会权利，充分体现了社会正义的当代价值。社会权利理论的出现是传统社会保护制度与现代社会保护制度的重要分水岭。从一般意义上讲，社会权利所关注的是福利供给与服务，通过合理的权利与义务关系增强社会功能，满足社会需求，同时要满足福利供给所必要的资金来源。社会权利理论重新定义了个人与国家的关系，认为成员资格使个人被赋予正当理由向国家要求得到平等的地位和待遇，享有各种社会善带来的好处，进而使其获得通过支配合理社会资源以满足自我需要的能力；而国家则需要承担起满足社会成员基本需要、保证社会成员进行正常活动的自由的责任。

T. H. 马歇尔是首位系统阐述社会权利理论的福利思想家，其观点被视为社会权利理论的主导范式，马歇尔在《公民身份与社会阶级》一书中以英国作为案例展开经验研究，认为民事权利、政治权利和社会权利是按照历史轨迹向前线性发展的，"民事权利归于 18 世纪，政治权利归于 19 世纪，社会权利则归于 20 世纪"[①]。尽管后人对马歇尔的研究方式提出诸多质疑，但马歇尔基于英国历史的分析和解读的确创立了一个经典分析框架。马歇尔发现，公民身份当中所具备的政治要素使公民在作为代表和投票人的权利运作当中能够参与其中，而公民身份中所具备的社会要素包含的内容更为广泛，既包括有限度的经济福利，也包括确保人身安全的权利、享受社会遗产的权利，以及按照文明的社会标准生活的其他权利。在马歇尔的理论体系中，民事权利是指个人作为独立个体自由支配自己所拥有的权利，是个人的自由和在权利上与其他人平等的

---

① T. H. 马歇尔：《公民身份与社会阶级》，载郭忠华、刘训练主编《公民身份与社会阶级》，江苏人民出版社，2007，第 9 页。

地位。① 也就是说，具有公民身份的个体有资格享有与其他社会成员平等的权利地位，公民的民事权利得到公平的保障。政治权利主要是指在19世纪表现出来的包括选举权和被选举权在内的参与政治事务的政治自由权。② 社会权利可以被看作公民享有社会安全、经济福利，按照社会文明的标准进行社会生活的权利。社会权利从本质上讲就是将社会福利视为一种公共责任。20世纪，包括养老、医疗、教育在内的基本生活保障成为社会权利的主要内容，体面而有尊严的生活成为社会发展的目标。从人类自由的角度来看，民事权利、政治权利和社会权利分别代表了三种不同的自由形态，民事权利所代表的是使公民免于国家干预的自由，政治权利所代表的是在国家中的自由，而社会权利则是通过国家获得的自由。

托马斯·雅诺斯基在民事权利、政治权利和社会权利基础上增加了参与权利，并将这四种权利置于自由主义国家、社会民主国家和传统国家等不同政体的国家中进行了比较研究。认为"法律权利、政治权利、社会权利和参与权利的实施序列，各政体有所不同：一、自由主义国家遵循马歇尔提出的法律权利、政治权利和社会权利的渐进顺序，但在早早发展法律权利和政治权利以后，社会权利和参与权利通常均停滞不前。二、社会民主国家首先发展法律权利，随后政治权利和社会权利同时发展，政治权利仅略早一点。参与权利发展在最后，但水平不低。三、传统国家先发展男子的一定财产权，但社会权利开始实施很早。政治权利及工人阶级和妇女的大部分法律权利发展晚，这些权利在大部分传统国家还于1930-1945年期间被取消。参与权利开始于第一次世界大战以后，而在第二次世界大战以后得到牢固确立"③。雅诺斯基的分析使社会权利理论得到了进一步发展和深化。

社会权利的提出和实现是对福利权的肯定。当某些社会成员不具备

---

① 钱宁：《现代社会福利思想》，高等教育出版社，2006，第186页。
② 钱宁：《现代社会福利思想》，高等教育出版社，2006，第187页。
③ 托马斯·雅诺斯基：《公民与文明社会：自由主义政体、传统政体和社会民主政体下的权利与义务框架》，柯雄译，辽宁教育出版社，2000，第262~263页。

主动获得生活资料的能力时，其有从社会获得帮助的正当权利。生存是每个人都应当拥有的基本权利。长期处于绝对贫困状态而导致的生存性危机可能会引致犯罪、动乱等失序行为，对经济社会的持续健康发展构成威胁。因此，保证人的基本生存条件和消除绝对贫困应当作为人类发展的基本目标。"上层阶级必须对下层阶级所遭受的不公正负责。"① 社会福利制度正是对人类基本社会权利的有效维护，社会福利的历史就是从慈善救济到社会权利的发展史。社会权利与自然权利在社会福利领域的根本区别就在于，社会权利从社会平等的立场对公民基本权利的合法性进行肯定，放弃了基于个人主义立场的排斥、偏见和等级化主张。19 世纪以来，社会权利突破了个人权利的范畴，拓展到与国家义务相关联的积极权利。比较 1789 年法国的《人权宣言》和 1948 年联合国的《世界人权宣言》，我们可以清晰地看到，前者仅仅涉及以个人主义为基础的、不受他人干涉的种种自然权利，而后者还包括社会权利和经济权利，是一种国家对个人义务的肯定，要求国家对公民负起福利的责任，使福利权利成为基本的社会权利。

纵观西方福利文化的发展历程，社会权利对自然权利的超越同时意味着社会福利思想的重大转变，社会权利福利思想超越了自然权利的人道主义福利观，用一种现代的、"人人普享"的政治道德要求取代了传统的、"施舍救济"的人道主义伦理诉求。权利并不是文明社会当中在人道或宽容意义上的意思表示，而应当是人们所主张的合法的，或者应当被给予的公正的待遇。人道主义出于对人性的彰显，表现出"宽容"和"仁慈"的特性，但这种非正式的道德情操在社会福利领域往往表现为富人对穷人的施舍和恩赐，或是统治阶级为缓和矛盾而进行的"赎买"，并不能对贫困者的利益进行合乎法律的保护。因此，社会成员间的利益关系不能依靠人道主义的慈善和宽容来调节，而需要通过法律和制度来约束。社会权利理念建立起了个人与他人、国家与个人之间的基本关系，使社会

---

① 布莱恩·特纳编《公民身份与社会理论》，郭忠华、蒋红军译，吉林出版集团，2007，第 54 页。

福利成为国家的重要职责，呈现对人的整体性的尊重。而人道主义的价值主要体现在一种道德的调节力量，人道主义对人性平等自由的认识是社会权利理论的重要思想来源。从本质上看，权利理论从自然权利向社会权利的转向也是人道主义平等、自由、博爱理想的升华。

从总体上看，社会权利在囊括了人道主义积极道德要求的基础上，进一步强调人的政治权利、经济权利和社会权利，为现代社会福利思想奠定了坚实的思想基础。社会权利的使命在于通过社会福利制度的建构提高公民的风险抵御能力，使其能够文明、体面、有尊严地生活。以社会权利的实现为基础的福利观对于促进社会正义和人的全面发展起到了前所未有的促进作用。在实践层面，社会权利福利观在法团主义的社会保险模式中得到了一定体现，并最终在普遍主义的福利国家中得以确认。

19世纪后半期，社会权利与德国的"民族主义－威权政权"相结合形成了法团主义的社会保险模式，之后在欧洲大陆备受推崇。现代社会保护制度在德国最早建立起来，社会保护制度的建立与机器大生产有着密切的关系。在19世纪，德国属于后发的工业化强国，社会上所崇尚的是清教徒式的美德，以勤奋和节约为宗旨的资本主义精神广为流传。在当时的德国，生产过程受到严密监控，管理者由于能够控制生产流程，其地位逐步得到提高，底层的工人期待一种能够有效对抗工业化冲击的保护制度，因而通过政府力量主导经济转型成为一种理想的发展模式。在此背景下，俾斯麦首相在德国推行"国家社会主义运动"，形成了政府负担与个人责任相结合的保障理念，同时遵循以行业表现为基础的特殊性保障原则，将劳动者与市场经济紧密联系在一起。1881年，《皇帝告谕》中提出：当工人由于年老、患病、事故、伤残等陷入困境时，理应得到救济保障，工人保障由工人自行管理。德国于1878年制定了《童工法》，于1883年制定了《医疗保险法》，于1889年制定了《伤残和老年保险法》，于1891年制定了《女工法》。德国的社会保护制度框架在19世纪末期已经基本形成。进入20世纪，德国又颁布了《遗属保险法》（1911年）、《失业保险法》（1927年）、《手工艺者养老金法》（1938年）等多部法律，一种以工作和行业表现为基础的法团主义社会保险模式逐渐发展成熟。这一时期，德国通过大力发展社会权利，同时压制民事权利和政治权利，在短期内有效解决了国家建设问题，但社会权利的单独发展使其脱离了民事权利和政治权利，进而服务于威权政治。因此，法团主义的福利制度在国家本位主义传统的指导下，积极主张赋予民众一系列的社会权利，但这些权利取决于受众的"道德"与"忠诚"，其主要目的在于社会整合和维护权威。法团主义社会权利的实现是以劳动力市场的认可和缴纳费用为条件的，对不同阶层的团体实施不同的保障方案，维护地位差异成为被考虑的主要目标，社会权利的实现事实上是附庸于阶层和地位的。因此，这种法团主义的社会保险模式作为现代福利制度的一种表现形式，事实上是社会权利的有条件的实现。

比法团主义的社会保险模式更进一步，普遍主义的福利国家是以公民的社会权利为核心的制度建构，把社会权利看作具有同财产权一样的法律地位和政治地位。福利国家制度是一种不以需要程度或工作表现为基准的福利制度，其享受条件是公民身份或长期居民身份，是一种普遍公民权的实现。福利国家制度起源于英国，1942年，牛津大学经济学家贝弗里奇勋爵向英国政府提交了《社会保险与相关服务报告书》，这就是著名的《贝弗里奇报告》。这一报告不仅是英国建构福利国家的理论基础，也对世界福利制度产生了重大影响。《贝弗里奇报告》指出："应当把社会保险看成是促进社会进步的系列政策之一。成熟的社会保险制度可以提供保障，这有助于消除贫困。但贫困仅仅是英国战后重建需要解决的五大问题之一，而且在某种程度上可以说是最容易解决的一个问题。其他问题包括疾病、愚昧、肮脏和懒散。"① 以《贝弗里奇报告》为基础，英国于1945年颁布了《家庭补助法》，于1946年颁布了《国民保险法》、《工业伤害保险法》和《国民健康服务法》，于1948年颁布了《国民救济法》，这些法律为英国普遍实施国民保险和免费医疗制度奠定了基础，并统一在1948年7月5日生效。至此，时任英国首相艾德里宣布：

---

① 贝弗里奇：《贝弗里奇报告——社会保险和相关服务》，社会保障研究所译，中国劳动社会保障出版社，2008，第3页。

英国已经成为福利国家。

从国家来看，福利国家是近代社会发展的产物，人本主义在西方近代社会的兴起凸显了人的主体性地位，传统的道德型的公民资格被权利型的公民资格所取代，使人的利益需求得到的重视程度大大超过以往。在此背景下，政治共同体被认为有义务对公民的基本生活提供保障，政治共同体被赋予保障公民基本生活的职责。"如果我们不为彼此提供安全和福利，如果我们不承认成员和陌生人之间的区别，我们就没有理由构建和维系政治共同体，'如果国家仅仅意味着彼此都是陌生人，且他们所享有的权利仅仅是不能拒绝任何人，'卢梭问道，'又怎能让人们热爱他们的国家呢？'卢梭认为公民们应该热爱他们的国家，因此他们的国家也应当给他们热爱它的特定缘由。成员资格（就像亲属关系一样）是一种特殊的关系。"近代民族国家成为公民实现福利需求的诉求对象。"当人民无法为自己获取一种对于社会来说是至关重要的东西时，……政府就应当进行干预，并且为人民提供这种东西。"①

从市场来看，福利国家既依赖于市场经济的成熟，又是国家对经济生活的介入和干预。资本主义市场经济的发展埋葬了封建等级制度，使平等、自由等权利观念深入人心，为社会权利奠定了坚实的思想基础。资本主义工业大生产大幅提高了生产力发展水平，社会财富得以不断积累，也使政府具备了管理社会的能力。但也出现了诸多市场力量难以调节的社会问题，"一切封建的、宗法的和田园诗般的关系都被破坏了"②。在残酷的市场竞争中，人与人之间的关系日益倾向于单纯的利害关系，这就造成了在市场竞争中处于劣势的伤残者、患病者、年老者被无情地抛弃，财富日益向少数人手中聚集，社会贫富分化加剧，市场这只"看不见的手"并没能如古典经济学家所设想的那样实现全社会福祉的增加。特别是20世纪30年代西方爆发的资本主义经济危机，个人努力工作并没

---

① 转引自顾俊礼主编《福利国家论析——以欧洲为背景的比较研究》，经济管理出版社，2002，第73页。

② 《马克思恩格斯选集（第1卷）》，人民出版社，1995，第310页。

能避免社会整体的失败，这意味着："随着生产的社会化，原来主要由家庭、子女乃至领主承担的对个人的生老病死一类的社会保障义务，终将逐步地由社会承担。生产的社会化需要个人保障体系的社会化。"① 国家或政府介入社会生活成为一种必要。可以说，福利国家是在社会不平等加剧、社会主义运动蓬勃发展的背景下形成的。社会权利在与市场的较量当中获得了主动权，以社会权利为核心的福利国家制度成为政治舞台的主角，在二战结束后的三十年中，社会权利的实现与福利国家的建构被视为解决资本主义矛盾的救命稻草。

从公共领域的形成和发展角度来看，公民社会权利获得的载体来源于现代社会生活中的公共领域。公共领域对社会福利的意义古已有之，在西方传统社会中，带有宗教色彩的慈善事业就是社会集体功能的体现，现代民族国家的诞生，使人们的社会权利意识觉醒，国家开始介入社会领域，福利作为一种责任逐步由国家来承担。在这个过程中，公共领域始终是福利国家制度发展与完善的动力来源。工业化进程推动资本主义的劳动组织方式更加严密，一种以市场为导向、以降低产品价格作为竞争手段、强调分工和专业化的刚性生产模式得到普遍推广和应用。在此过程中，产业工人群体内部形成了较大程度的统一性和同质性，相同的工作环境和生活境遇将工人们紧密地连接在一起，他们有共同的利益诉求和生活愿望，形成了易于动员的共同体结构。产业工人的内部团结使其有能力结成有力量的组织共同对抗外部冲击。19世纪上半叶，英国著名的宪章运动通过示威、游行、罢工等方式迫使资方做出保护工人权益的妥协，产业工人在公共领域所采取的种种行动直接推动了资本主义福利国家的形成。总之，福利国家作为实现公民社会权利的制度安排，以促进社会整合、实现社会团结、维护公众利益为目标，而公共领域是各种利益诉求产生和表达的必要载体，因此，福利国家社会权利的实现事实上依赖于社会公共领域的形成与完善。

通过以上三点的论述，我们可以看出，在国家、市场和公共领域的

---

① 陈晓律：《英国福利制度的由来与发展》，南京大学出版社，1996，第7页。

共同作用下，公民的社会权利得到了最终的确认。与此同时，战争和经济危机这两个推动力量也与公民社会权利的最终获得有重要关系。两次世界大战的爆发使西方资本主义社会逐渐关注到国民的数量与质量、健康、生存质量等问题。战争期间，当青壮年男子被征召参战之后，国家就必须对其家庭成员以及其本身可能出现的伤残负担起保护责任，这成为社会权利发展的直接推动力量。战争也使国民对于安定美好生活、充分就业、健康等福祉产生了空前的认同，加之此后"冷战"的爆发，进一步推动了西方国家通过建构福利国家来维护自身合法性的步伐。除战争外，经济危机也成为制度性社会福利建构的重要推动力量，20世纪30年代的世界性经济危机使众多辛勤工作的劳动者陷入困境，古典自由主义经济学说所倡导的自由放任理念难以为继，政府力量开始介入经济领域，凯恩斯主义通过增加福利支出以刺激有效需求的观点发挥了良好的救市作用，为福利国家的形成起到了重要的推动作用。

社会权利既可以被看作对福利国家起源的诠释，又可以被看作福利国家的本来意义。① 福利国家旨在为全体社会成员提供包括健康、就业、住房等广泛领域的安全网络，福利国家的建立是公民社会权利得以确认的重要标志。公民社会权利的实现为公众提供了基本的生活保障，以一种强有力的方式满足了不同社会阶层的各种利益诉求，提高了社会整合的程度，增强了资本主义制度对社会矛盾的解决能力。福利国家的建立将不断发展的市场经济与社会的有机团结连接在一起，促进了社会一体化的形成。可以说，福利国家作为公民社会权利的制度保障，大大加强了风险抵御能力，对二战后资本主义国家的稳定发展起到了不可或缺的缓冲作用，将西方国家带入了社会高速发展的"黄金期"，也为人类社会的进步创造了空间。

马歇尔关于社会权利的社会福利思想在普遍主义的福利国家中得到了充分的实现。社会权利的确认使社会福利摆脱了自由主义传统，社会

---

① 郑秉文：《社会权利：现代福利国家模式的起源与诠释》，《山东大学学报》（哲学社会科学版）2005年第2期。

成员的福利要求获得了合法化基础，通过实施普遍的社会福利，福利国家将个人、市场和社会高度统合在了一起。福利国家作为社会权利发展进程中的特殊阶段，运用国家的力量将社会权利推至制高点。但在这个公民社会权利得到充分实现的体制中，福利国家社会权利观的局限性也充分地暴露了出来。

自20世纪70年代开始，福利国家开始面临前所未有的危机，福利国家原本作为"解决问题的答案"，旨在治愈资本主义疾病的方法，可后来却变成了"问题本身"，甚至被认为比疾病本身具有更大的危害。福利国家是一种需要负责满足社会成员福利需求的制度安排，然而福利国家所遭遇的危机也恰恰表现在福利国家制度难以满足人们的某些需要，这些需要不是物质贫困层面的。"早期资本主义所面临的主要问题是不能生产出人们期待的生活标准下所必需的产品，然而在福利国家当中，其所面临的主要控诉是个人的自决不被承认，无法为自由和自我表现创造基本条件。"[1] 劳动在传统观念中一直是满足需要的基础，而且劳动在福利国家制度中也处于重要位置。"人们希望获得能够满足尊严的生活关系并获得解放的愿望，不应当再从将他律性的劳动改造为自我活动的劳动关系革命当中产生。消除包括疾病、年老、失业、事故等在内的劳动风险成为进行补偿的出发点。就业关系仍然保持着中心地位，充分就业成为目的也成为手段——有劳动能力的社会成员都将被纳入到这种就业制度当中。"[2] 然而在福利国家的具体实践过程中，劳动生产率的提高使劳动力过剩现象日益凸显，失业人口不断增加，以致国家财政出现危机。"从前，劳动社会乌托邦是通过把活的劳动与死的劳动加以对照、把自我活动的观念作为取向的。但它在这样做的时候，必须把产业工人的亚文化生活方式假定为团结的源泉。它必定会假定，工厂里的写作关系甚至会加强工人亚文化的自发的团结力量。但是，这种协作关系已在很大程度

① R. Aronson, J. S. Cowley, *The New Left in the United States*, in *Socialist Register* 4（1967）：p. 84.

② 哈贝马斯：《哈贝马斯精粹》，曹卫东译，南京大学出版社，2004，第527页。

上瓦解它了，它们建立团结的力量是否能在劳动场所得以新生，是相当可疑的。"① 福利国家源于对工业化的应对，而福利国家危机也恰恰来源于工业化，产业转型的加速、失业现象的普遍存在、寿命的延长、老龄社会的到来、公共医疗成本的增加，这些都使得福利国家面临前所未有的危机。

从理论角度来看，福利国家社会权利理论存在的一个突出问题就是权利与义务关系的失衡。尽管马歇尔关于公民社会权利的论述在调节个人主义与集体主义的分歧上做了诸多努力，尽量使自己站在一个中立的立场上，但在权利与义务关系的问题上，其始终强调个人社会权利的实现和国家对个人的福利责任，而没有对个人所需要承担的义务做出说明，这使得社会权利成为个人单方面对国家索取福利的权利。社会权利观念的核心在于运用行政手段校正市场偏差以消除社会排斥、实现公平正义。但社会权利赋予公民的事实上是身份资格，要真正实现这种权利还应该承担公民的义务，这种义务包括公民要对自己的幸福和社会的繁荣承担责任。而福利国家对公民社会权利进行过度的保护，造成了权利与义务关系的失衡，普遍主义的社会福利并不能使人们自主自愿地激发工作热情，最终的结果是导致社会权利的不断扩张，而人们"对实现这些权利所需要的义务和责任却保持沉默"②。

从时代背景来看，福利国家的社会权利模式产生于第二次世界大战后的特殊历史时期，是以当时民族国家兴盛、权利意识空前觉醒、工业主义作为主流发展模式的早期现代化过程为前提的，所要解决的也是早期现代性所面临的贫困、失业、阶级冲突等问题。但20世纪70年代以来，全球化的迅速发展打破了传统民族国家的格局，后工业主义迅速崛起，按照丹尼尔·贝尔的观点，后工业社会有五个方面的特征：经济发展由以制造业为中心发展为以服务业为中心；科学技术研究人员取代企

① 哈贝马斯：《哈贝马斯精粹》，曹卫东译，南京大学出版社，2004，第539~540页。
② 托马斯·雅诺斯基：《公民与文明社会：自由主义政体、传统政体和社会民主政体下的权利与义务框架》，柯雄译，辽宁教育出版社，2000，第1~2页。

业主成为社会的领导阶层；理论知识成为社会决策和革新的根据；技术的发展推动通过技术评估实现有计划、有节制的目标；通过"智能技术"制定各种政策。① 可以看出，在后工业社会当中，人作为资本成为社会的主要资源，知识和信息取代资本成为生产力、竞争力和经济成就的关键所在。这些变化使福利国家已经难以适应时代发展的现实需求，变革迫在眉睫。

20 世纪 80 年代，新自由主义率先对陷入危机中的福利国家进行抨击，认为"市场交换关系是抗衡国家官僚与强制行为的经济自由系统"②，应当恢复个人主义价值观，重建自由放任的市场体制。为实现社会公平正义的目标，福利国家用社会权利的实现作为抗衡市场力量的基础以满足社会成员的需要，然而"需要"在市场中是一种通过选择来表达的自愿行为，而通过国家干预实现的"需要"则是一个非自愿的政治参与过程。也就是说，对于自由主义论者而言，人的需要是否被满足不是问题的关键，问题的关键在于"需要"是被自由地满足还是被强制地满足。在自由主义论者看来，只有竞争性的市场才能为个人提供最大限度的公正和需要，而福利国家的社会权利却是通过国家强制来实现的，因此必须抛弃福利国家的社会权利基础。

新自由主义对福利国家的全盘否定使社会福利面临重归个人主义的危险境地，面对挑战，以吉登斯为代表的新社会民主主义者做出了积极的回应。20 世纪 90 年代，吉登斯提出了"超越左与右"的"第三条道路"理论，对西方思想界产生了深远影响。"第三条道路"成为福利改革的重要理论依据。吉登斯的"新平等主义"理念和"积极福利"的思想，被视为后工业主义背景下福利改革的趋势指向。吉登斯的福利国家改革方案通过社会积极参与福利计划的思路克服福利国家的弊端，以"超越左与右"的立场推动权利与义务相结合的福利思想，弥合自由主义与社

---

① 参见丹尼尔·贝尔《后工业社会的来临》，高铦等译，江西人民出版社，2018，第 3 页。
② 约翰·霍姆伍德：《重谈公民和市场：新自由主义和"第三条道路"》，载欧阳景根：《背叛的政治——第三条道路理论研究》，2002，第 15 页。

会民主主义之间的分歧。与福利国家的社会权利思想相比，积极福利理念体现了鲜明的融合趋势和前沿色彩，既致力于维护自由资本主义的经济活力以提供实现社会权利的物质基础，又积极保护福利国家所倡导的社会正义以保障社会成员体面而有尊严的生活，还关注到当代社会变迁所带来的全球化、老龄化等问题，体现了对马歇尔社会权利福利思想的全面超越，对社会权利和社会福利的发展具有深远意义。在全球化和后工业主义浪潮的冲击下，社会权利的传统模式亟待改变，而积极福利思想为社会权利的发展提出了一种新的方向。

福利国家危机使"福利权"的正当性受到质疑，福利权是建立在"将个人能力视为社会资产"的社会权利论基础上的，这与罗尔斯的正义论相契合。而福利国家的批判者恰恰认为这种道德包袱是必须抛弃的："资本主义是三场革命的结果，每一场革命都是与旧秩序的彻底决裂。政治革命确立了个人权利至上的原则，即政府是公仆，而非主人。经济革命带来了对市场制度的认识。工业革命从根本上扩大了智慧在生产过程中的应用。但人类却从未与旧有的道德秩序决裂。将个人能力视作社会资产的道德原则已不适合自由的社会。为了更好地存续与壮大，我们需要第四场革命，一场道德革命，从而确立个人为自己而活的道德权利。"[1]

第三节 人的需要理论：基本需要的客观性争论

满足人类基本需求是社会保护当然的基本立场，隐含于我们把某些社会保护项目置于优先地位或确定某些待遇水平的过程中。或者说，当我们需要评价社会保护政策时，是否更能够满足人类基本需要是重要的准则。但"需要"似乎没能成为严肃的理论概念，一直处于被误用或滥用的境地。需要理论的形成至少有两个关键点：一是要承认共同的人类需要的存在；二是共同的人类需要是可以在实践中被满足的。

---

① 汤姆·戈·帕尔默编《福利国家之后》，熊越、李杨、董子云等译，海南出版社，2017，第194页。

一 人类基本需要的客观性

如果能够确定人类客观、普遍的基本需要，那么这些基本需要就将成为共识性的优先选择，这些需要如果没有被满足将引发激烈的抗争，这就能够为社会保护提供理论基础和实践准则。但事实上，人类基本需要的客观性、普遍性遭到众多理论学派的否定，以致关于人类需要的"相对主义"倾向长期占据主流地位。

古典经济学并没有将"需要"作为必要概念，而是用"偏好"和"需求"来代替"需要"，从根本上表达了对需要"客观性"的否定及对其所持的怀疑态度。需要在经济学领域通常被界定为政府接受了的、多数人共有的偏好，"社会需要就是社会确定的需求，这些需求很重要，是经过社会认可、通过政府干预所提供的商品或服务"①。福利经济学为"需要"奠定了一个规范的理论基础，提出了只有个人才能判定自身利益的原则，以及应当由私人消费和工作偏好决定产品的生产和分配的标准。虽然备受争议，但"只有个人才能判断自身利益"的原则发展出一种具有可操作性的福利评价方法，这种评价方法在假定能力平等的基础上评价产品对主观快乐（或幸福）的贡献，② 福利经济学在后续的发展中又将评价标准调整为通过在市场环境中的选择来评价愿望的达成，甚至直接用人们消费的商品来测量福利。无论采取何种评价和测量方法，都在试图将主观的"需要"科学地计算出来，这种方法的前提就是彻底否定了需要的客观性。经济学总是或明或暗地把"需要"和"偏好"等同起来，这种倾向在20世纪80年代新右派的观点中进一步极端化。新右派认为如果可以通过立法的形式使某些人有权利决定其他人需要什么，那就意味着政府获得了以满足公众需要的名义来限制实质性的政治自由的权利，最终将沦为专制主义。在新右派看来，为避免专制主义的倾向，社会保护必须依赖于市场机制，只有市场机制才是更有效地分配资源和确定目

---

① Nevitt, *Demand and Need* (Berkeley, University of California Press, 1977), p. 115.
② Gutmann, *Liberal Equality*, (Cambridge: Cambridge University Press, 1980), pp. 20 – 27.

标的方法。① 新右派关于需要的观点直接否定了分配正义的集体认同基础，在哈耶克、诺齐克等看来，福利最终必须采取慈善的方式才能在道德上得到认可。②

但事实上，如果人们认识到个人知识和理性的局限性，经济学"只有个人才能判断自身利益"的立场就很难站得住脚了。基于无知的想要在认识上是非理性的，而且关于未来事件和远期偏好的实用理性也存在一定的局限。新右派的观点中隐含着理性偏好的假设，无论采取何种评价和测量方法，都在试图将主观的"需要"科学地计算出来，这种方法的前提就是彻底否定了需要的客观性。这种假设就会造成"评价循环"问题。也就是，理性偏好被视为客观公正的标准，用其来评价偏好的合理性。被评估的对象部分地决定了评估标准似乎是不可避免的，独立的评估制度和运行机制无法被直接创造出来。阿马蒂亚·森指出"衡量福利的功利主义（Utilitarian）传统把福利等同于欲望的满足，忽视了人们降低自己的欲望、接受命运安排的所有方式"③。"我们对于实际得到了什么和合理地期望能够得到什么的心理反应可能经常需要对严峻的现实做出妥协。赤贫者沦为乞丐，劳动者没有土地，脆弱不堪，为了维持生计而艰难地挣扎，佣人整天超时工作，家庭妇女忍辱负重，接受命运安排的角色，所有这些人都屈从于各自不同的困境。平凡的生存需要忍受，剥夺的问题就这样被悄然无声地压制下去。"④ 这说明新右派强调自我决定个人权利的观点是不能通过将需要等同于偏好来论证的。而且市场机制还存在不可避免的"市场失灵"问题，群体偏好和隐形偏好经常会引发外部性问题。上述种种问题导致：如果没有额外的规范性评价标准，既不包含在偏好原则中也不为偏好原则所需，那么想要的满足就是一个

---

① Green，A，*The New Right*（Brighton，Wheatsheaf，1987），p. 102.
② 莱恩·多亚尔、伊恩·高夫：《人的需要理论》，汪淳波、张宝莹译，商务印书馆，2008，第16页。
③ 莱恩·多亚尔、伊恩·高夫：《人的需要理论》，汪淳波、张宝莹译，商务印书馆，2008，第31页。
④ 阿马蒂亚·森：《以自由看待发展》，任赜、于真译，中国人民大学出版社，2012，第21～22页。

无法衡量的原则。如果要制定这种外部的规范性评判标准，就需要在想要的满足原则中插入这些标准，这将会改变这种原则根本的开放性和主观性特征。然而，如果不插入这些标准，那无知与非理性的问题、评估循环的问题以及不相容的问题就仍然悬而未决。这种两难的困境完美地反映了想要满足原则以及基于这个原则的主权概念的缺陷。而人类的基本需要恰好可以成为"额外的规范性评判标准"。自由市场的正当性依赖于竞争对手之间可比的适应性，也就是，竞争对手之间在健康、教育等方面的基本需要已经得到满足，而这些需要不能简化为主观偏好。

在经济学之外，文化相对论虽然接受客观需要的存在，但认为客观需要只能由特定的群体决定，如少数族群、女性等。① 这事实上是将群体需要和群体偏好等同起来，最终导致出现在男性统治的社会中只有女性才知道她们自己需要什么、在白人统治的世界里只有黑人才知道他们需要什么等比较极端的观点，这对"需要"的客观性和普遍性显然是无益的。与之类似，多元论认为不同群体决定各自不同的需求。沃尔泽的"综合平等理论"代表了多元论关于"需要"的观点。沃尔泽在对"需要"的探讨中引入了"社会互动"（social interaction）的概念。"男人和女人生活在一起，因为他们根本就不可能分开。但他们能够以许多不同的方式一起生活……他们认可而且创造彼此的需要，并且因此规定了一种特定的形式，我将称之为'安全和福利范畴'。"② 沃尔泽承认人类需要是有客观界限的，与此同时，将个人需要与集体偏好联系起来，就要求超越群体本身文化界限的满足需要的标准。

"需要"是一个很难被确切界定的概念范畴，通常可以从"驱动力"和"目标"两个角度来理解。从驱动力角度来认识需要，需要被视为动机力量，这种力量是由特定的缺乏产生的不平衡或紧张状态造成的。著名的马斯洛需求层次理论就是以此为出发点展开的。马斯洛把需要按照

① 莱恩·多亚尔、伊恩·高夫：《人的需要理论》，汪淳波、张宝莹译，商务印书馆，2008，第19页。

② 莱恩·多亚尔、伊恩·高夫：《人的需要理论》，汪淳波、张宝莹译，商务印书馆，2008，第24页。

先后顺序划分为生理需要、安全需要、归属感和爱的需要、受到尊重的需要、自我实现的需要五个层次。在他看来这五个层次应当严格按照先后顺序来实现，也就是获得食物和水的生理动机是最具优先性的，在生理需要得到满足的情况下，再依次满足安全需要，并依此类推。马斯洛所展示的是一个有序且预见性很强的社会，但这显然与现实情况并不完全相符。在人们做出选择时，马斯洛的五个层次可能是颠倒顺序的，也可能是结合在一起的，比如在热爱冒险的人看来，自我实现的重要程度恐怕要高于安全需要。更为根本的是，客观、普遍的基本需要与作为动机或驱动力的需要是有根本区别的。做出某种选择具有强烈的驱动力并不意味着其具有规范的合理性，驱动力只能构成人类基本需要的生物学基础，而不应当具备其他的规范性。

从目标角度来认识"需要"，可以将"需要"和"想要"明确地区分开来，需要是具备普适性的目标，而想要则是因人而异的、与个体偏好和文化环境密切相关的。当然，并不是所有的需要都能够作为普适性的目标。如果某种需要不能通过一种适当的"满足物"得到满足，那么将会导致明确、客观的严重伤害，这种需要就可以被视为个人的客观利益。在这个意义上，我们显然还需要进一步区分基本需要和非基本需要，只有在本质上具有公共性的需要才能成为基本需要。然而，关于需要的客观性仍然有许多问题悬而未决，比如哪些需要是所有人为了维护自己的利益都应该努力满足的。从目标角度出发，实现目标的手段是否与避免严重伤害存在普遍性联系，这是区别需要和想要的关键所在。因此，关于严重伤害本身的共识就尤为关键。而且为了达到这种认同，还必须对正常、生命旺盛和未受伤害的人类状况有一个一致的看法。这是一个非常复杂的问题，即便人们普遍认同人类为了维持基本生存需要摄入一定量的蛋白质和碳水化合物，但摄入一定量的蛋白质和碳水化合物的方式非常多。如果不同群体按照自己的需要制定服装或住房的基本标准，那么具有普遍性的标准将无从得出，可能正是由于这一点，关于社会保护和社会政策的很多争论似乎都在原地打转或无疾而终。因此，"需要"不能仅仅服从于文化或个人偏好，关于需要和想要之间的区别必须具有规范性。

二 人类基本需要的范畴：人类解放与满足需要的权利

从前文的论证中可以看出，基本需要与避免严重伤害是紧密相关的，严重伤害将使个人丧失追求美好愿景的能力，阐释基本需要的学者几乎都在试图界定能够避免严重伤害的条件以确定基本需要的范畴，这恰好证明严重伤害的客观性。因此，确定基本的人类需要事实上就是确定个人达到何种目标才能避免严重伤害。严重伤害使个人能力受到损伤的程度足以妨碍其取得新的成就，对于任何个人来说，所谓伤害，指的是对某人的人生计划中至关重要的活动进行的任何直接或间接的干涉；相应的，他的需要也必定包括使这些活动得以实现所必需的一切。因此，为了确定一个人的需要是什么，我们必须首先确定他的人生计划，然后再确定什么活动对于这个计划至关重要，最后搞清楚使这些活动得以实现的各种条件。米勒肯定了条件的客观性，但把个人需要与其人生计划联系在了一起，这就再次回到了相对主义。这意味着对于普遍化的前提条件必须另辟蹊径，从社会参与出发，要实现避免严重伤害的目标必然基于与他人在过去、现在或将来的互动。因此，这种前提与是否损害了个人社会参与是密切相关的。社会保护的导向应该是保证一个社会的公民得到一系列的人生机会，与此相关的人生机会是为了保护个人作为一个社会成员所必需的。社会保护的目标是为参与这个社会公民的生活方式提供物质机会。需要的定义是，为达到这个目的所需要的一切，个人"需要"社会保护的原因就在于其需要必要的资源以作为正式的社会成员参与到社会生活当中。

接下来的问题就是必要的资源都包括哪些，这个问题可能要追溯到人为何成为"人"而有别于其他动物。亚里士多德认为理性和追求美德对于人之所以成为人而言至关重要。笛卡尔将亚里士多德的观点发展为二元论，即人是由物质躯体和非物质思想组成的。康德进一步把人的构成视为决定性过程，试图寻找人必须具有的条件，提出人只有具备必要的体力和脑力的能力才能够采取行动并对其行动负责，认为至少有一副受所有相关的因果过程所支配的、活着的躯体，而且有思考和选择的思维能力，这种思考和选择能力即最基本的个人"自主能力"。这种基本的自主能力意味着个人对于应该做什么、如何去做可以做出明智的选择，个人要有能力制定目标并采取行动。目标和信念构成了最低层次的自主的能动性，这使我们成为个性化的、不同于他人的个体。在这个意义上，个人的自主性受到损害就意味着他的行为能力受到约束以致其缺乏行为能力。

综上，物质躯体的存活和个人的自主性是具有普遍性的前提条件，只有这两个方面得到一定程度的满足，个人才能有效地参与到社会生活当中。生存和自主是避免严重伤害的基本前提条件，物质躯体的存活和个人的自主性构成了人类基本需要的范畴。对于人类基本需要而言，物质躯体的存活并不等同于生存，而是身体健康。从医学角度来看，严重的疾病会剥夺患者参与社会生活，如果个人未长期患病或患有严重疾病，身体健康的需要就得到了满足。避免医学领域的严重疾病作为一种客观需要具有毋庸置疑的普遍性。个人自主性显然更为复杂，至少包括相互关联的三个方面的内容——个人的自我认知、做出决策的能力和采取行动的客观机会。个人的自我认知依赖于学习过程，通过学习掌握规范参与社会生活的规则，这就使个人自主性与教育密切相关。做出决策的能力从亚里士多德的"理性"发展而来。"最低水平的自主必须在持续的时期内具备以下特征：1）行为者有智力能力树立在某种方式的生活中常见的目标和信念；2）行为者有足够的信心想要采取行动以参与某种型（形）式的生活；3）行为者实际上有时候通过不断树立目标和信念来这样做并且就此与其他人进行交流；4）行为者把自己的行为视为自己而不是其他人完成的；5）行为者有能力理解他们的行为要取得成功所受到的经验制约；6）行为者有能力对自己的行为负责。"[①] 如果不具备上述特征，个人就可以被认为丧失了做出决策的能力。采取行动的客观机会是

---

① 莱恩·多亚尔、伊恩·高夫：《人的需要理论》，汪淳波、张宝莹译，商务印书馆，2008，第82~83页。

与提高个人参与社会生活的能力密切相关的机会，当我们从自主性来看基本需要时，必须关注的是参与任何社会生活都必须具备的条件。自主性是一个程度问题，个人或多或少地都有自主能力，有高度自主能力的个人能够安排自己的生活而且决定其进程。他们是有理性的当事人，能够在评估相关信息之后在各种选择之间做出判断。不仅如此，他们还能够选定个人计划、发展关系、为了目标承担义务，在此过程中，他们的尊严和价值得以体现。拥有重要自主能力的个人是他们自己的道德世界的创造者。与物质躯体的存活相比，自主被认为是人的一种次要能力，用来批判地反映他们的首要偏好、欲望、希望等。自主是一种根据更高层次的偏好和价值观接受或企图改变这些首要因素的能力。通过运用这种能力，人确定自己的本性，赋予自己的生活意义和逻辑性，承担各自应尽的责任。

健康和自主是有能力参与社会生活的必要条件，也是生物意义上的人成为文化意义上的人的必要条件。值得关注的是，自主性除了个体层面还有社会层面。社会化的个体必须遵守社会规则，这说明自主性代表着积极的自由，是物质、教育、情感等多方面需要的满足，是社会层面的自主性。正如吉登斯所述，人类行为结构具有二元性。"我所谓的'结构的二元性'，指的是社会生活本质上的循环特点：社会制度的结构性特征既是构成那些制度的行为方式的媒介，也是它的结果。"① 因此，健康和自主是在同一个制度环境中获得，社会层面的自主性包括生产、繁衍、文化传播、权利四个方面的目标：一是任何社会都必须生产足够的满足物以确保最低水平的生活和健康需要；二是社会必须保证适当的繁衍和儿童社会化的水平；三是社会必须保证生产和繁衍所必需的技能和价值观能够在足够份额的人口之间传播；四是必须建立约束制度以保证遵守规则。②

---

① Giddens. A, *Profiles and Critiques in Social Theory*（Macmillan, 1982），pp. 36 – 37.
② 参见莱恩·多亚尔、伊恩·高夫《人的需要理论》，汪淳波、张宝莹译，商务印书馆，2008，第104页。

在生存方面，生产正常健康水平所必需的满足物是任何社会所必需的经济基础，这是超越文化相对主义的共同的物质生产活动，以及这些活动所依赖的社会组织形式，而且高效的生产活动需要群体以劳动分工的形式相互作用。每一个为世人所知的人类社会都存在劳动分工，即使是在一个简单经济、资源丰富、蒙昧无知的社会里，也并非所有的工作在所有的时候都同样有吸引力。当然，在更加复杂的经济体中差别是非常大的。因此，在劳动分工方面，与在权利制度方面一样，我们还是需要关注一种隐性的社会契约，这种契约需要经受持久的检验和重新谈判，用于调节一种固有的、不可避免的冲突，尽管冲突的强度在不同的时间和地点有很大差异。这种冲突发生在工人个人和家庭对于食物、衣服、住房及舒适环境和生活乐趣等各种需要与要求之间，社会作为一个整体的各种需要之间，位于统治地位的个人或群体的各种需求与要求之间。因此，适合集体目标的社会生产关系是基本需要得以持续满足的基础。当然，物质生产的范畴不只生产产品，还包括交换、分配和消费等过程。这就需要一系列规则来规范劳动分工和交换，因而也就涉及采用分配制度来规定每个个体应该得到什么。交换和分配机制既规定了每个个体对物质生产的重要性，又规定了何种程度的不平等是可接受的。这涉及复杂的政治和道德领域，但无论多么复杂，所有的交换和分配机制都至少能够维持群体生存的生产水平。为个人的繁衍和社会化提供物质基础是自主性的必要方面，而个人需要具备足够的文化理解力才能够驾驭生存和繁衍的社会条件，这就需要教育机构等组织形式，教育机构为个人提供学习技能的机会。最后，由于个人维持及改善健康和自主的行为是社会性的，因此，必须确保与满足需要相关的规则得以传授、学习和遵守，这就需要政治权利的介入。无论这种权利是集中的还是分散的，社会要维持下去就必须按照自己的方式生产有效性。综上，生存、繁衍、文化传播和权利构成了健康和自主的社会前提。

在明确了基本需要的社会前提之后，我们接下来需要思考的是满足需要的有效方法。在生产力发展的一个特定阶段，如果社会成员的意愿是杂乱散漫的，而且他们充分了解在这个社会中需要面临的限制条件和功能性的强制义务，如果他们能够而且愿意决定社会交往的组织形式，那么他们会怎样集体地解释他们的需要并遵循这样的解释？这就使得理性问题转变为建立原则的问题，也就是，依照哪些原则来判断满足需要最有效的政策。在韦伯所倡导的资本主义组织和管理结构中，理性被视为集体对个人的支配作用，这种方式虽然最大限度地发挥集体效率，但可能限制个人自由甚至扭曲创造潜力。哈贝马斯构想了一个"理想的言论环境"，理想的言论环境需要所有参与者充分知情、透彻理解试图解决的问题，并掌握所需的方法和交流的技巧，即阐释性理解。哈贝马斯认为只有满足了以下条件才能算是发现了真理：每一个负责任的主体只要在不受限制、不受约束的交流中详尽地检查这个观点，并都能够表示同意。用理性来主宰政治过程是哈贝马斯信奉的道德观，哈贝马斯相信普通人的本质是良善的，是有能力和谐地共同生活、工作、创造和交流，并有能力最优化地满足自己的需要的。当然专业人员必须拥有系统化的专业知识，这些基于经验的知识是普通公民基于自我反省总结出来的，专业人员的作用是制衡权利膨胀。这不仅是认知的需要，把日常情况囊括在法律范围之内，而且是一个实际需要，使行政控制可以得到执行。因此，法制化有一种使生活世界具体化的影响，这种影响一旦与重新定义的生活门类中的社会工作者和其他行政人员不断提高的专业知识相结合，就会在不知不觉之间扩大依赖的领域。这个领域包括了我们定义的家庭关系、教育以及身体健康、精神健康和福利的方式。但哈贝马斯始终无法解决个人盲目信任专业人士的问题。尽管如此，哈贝马斯所提出的通过民主协商来实现最优化需要满足的观点仍然是鲜明且有借鉴意义的。

对于满足需要的方法，罗尔斯试图建构一个结合积极权利和消极权利的正义理论。正如前文所述，罗尔斯秉承社会契约理论传统，设计出关于"首要产品"的谈判原则，首要产品包括权利和自由、机会与平等、收入与财富。罗尔斯由此阐释了两条原则：第一条原则关于根本权利和自由，第二条原则涉及经济和社会利益；第二条原则可以一分为二，分别关于社会不平等和机会平等，旨在论证处于最不利地位的社会成员也有个人发展的能力。首要产品是罗尔斯正义论的逻辑起点，是个人制订和实施具体人生计划的前提条件。罗尔斯试图证明，不平等只有对最不富裕者有益时才是可容忍的，即最不富裕者能够优化满足基本需要所必需的产品和服务。罗尔斯构建了一种社会契约。但与哈贝马斯一样，罗尔斯没有试图根据以往经验确定基本需要的内容和水平，而是认为可以在特定环境中进行广泛谈判，只要结果是理性且正义的。从基本需要理论来看，罗尔斯和哈贝马斯都为个人差异和偏好留下了广阔空间，正义既要求组织严密、专业理论知识丰富的集权，又要求在计划和执行程序方面彻底的民主。如果不能涵盖基本的人类需要的普遍特征，就要提供一种尊重妥协的社会政策战略。

小　结

"再商品化"的社会保护论都是围绕着自我调节市场展开的，但波兰尼仅仅是试图通过"社会保护运动"来论证形成于19世纪的"自我调节市场"不可能是自然和必然的，并不意味着社会保护起源于自我调节市场的形成。因此，我们可以坚持"社会保护是保护社会成员免受市场机制伤害的各种国家干预政策"的立场，但是我们有必要将对"市场"的考察向前延伸。事实上，通过交换来获取利益和利润的市场制度自新石器时代之后就非常普遍，那么在前资本主义时代的市场机制中，社会保护的基本逻辑是什么呢？为了进行更加深入的分析，我们对社会保护的考察从时间上延伸到前现代，从这一维度上回归更广泛的市场机制，那么互惠和再分配显然是人类社会更具根本性的规则，这两种规则在理论上与分配正义理论相对应。因此，本章通过考察分配正义理论，探索"去商品化"社会保护论的线索。

分配正义理论经历了从传统向现代的转变，分配正义的现代概念隐含于社会保护的形成过程中，分配正义原则从传统向现代的转变过程中解决了四个关键性问题：重新分配财产能否减少贫困或使贫困最小化，经济不平等是可以接受的还是非正义的，贫困者是否天生贫困还是应该永远贫困，提供救济是否国家的义务。这些问题的解决为社会保护提供了必不可少的理论支撑。现代分配正义原则的发展延伸到20世纪70年代之后，新自由主义在分配正义领域占据主导地位，从亚里士多德到罗尔斯，乃至罗尔斯之后，分配正义始终是基于个人权利的"应得"，尽管罗尔斯注意到基于个人权利的应得可能产生不平等，并提出通过差别原则进行矫正，但也没有否定分配正义的权利基础。

权利理论经历了从"自然权利"向"社会权利"的演变过程，20世纪中叶以来，社会权利对自然权利的超越意味着社会保护思想的重大转变，用一种现代的、"人人普享"的政治道德要求取代了传统的、"施舍救济"的人道主义伦理诉求。权利理论从个人权利向社会权利的转向，使社会权利成为人类表达分配正义理想的有效方式，社会权利观充分体现了分配正义的当代价值，分配正义理论与社会权利理论相结合，主张不通过市场机制而获得基本的生存保护，具有"去商品化"的倾向，鲜明地彰显了社会保护的主体性地位。社会保护不仅是反抗市场机制或维护社会秩序的工具，而且是良善社会的必要组成部分。

满足人类基本需求是社会保护当然的基本立场，社会保护要确保社会成员得到一系列的人生机会，为社会成员参与社会生活提供物质条件。物质躯体的存活和个人的自主性构成了人类基本需要的范畴。对于满足需要的方法，罗尔斯和哈贝马斯都为个人差异和偏好留下了广阔空间，正义既要求组织严密、专业理论知识丰富的集权，又要求在计划和执行程序方面彻底的民主。

通过对分配正义理论、社会权利理论和人的基本需要理论的梳理和总结可以看出，分配正义原则经历了从自然法传统向权利基础论转变的过程，在分配正义与美德、慈善剥离开来的同时也使社会成员过上不虞匮乏的生活成为国家的义务。人的基本需要理论是完成转变的重要动力，社会保护开始获得主体性的发展。但现代分配正义原则所强调的是个人权利的优先性，个人权利又与人的基本需要相辅相成。权利理论在20世纪下半叶已经发展为社会权利理论，以个体人性论为基础的自然权利观被更为全面的经济、政治、社会权利观所代替。权利成为人类表达社会公正理想的有效方式。市民身份观念的确认对社会保护思想产生了深远影响。分配正义理论、社会权利理论、人的基本需要理论与社会保护的发展过程相辅相成，共同回答了现代社会必须回答的问题：国家要为全体社会成员过上不虞匮乏的生活承担最终的责任。

第五章

"再商品化"互构论与"去商品化"权利论的分野与整合

"再商品化"互构论和"去商品化"权利论分别体现了社会保护的市场原则和权利原则，市场原则的实践逻辑与权利原则的内在动力为社会保护奠定了自足的规范性基础。我国社会保护体系面临着多重非均衡性问题，市场原则和权利原则尚未达到理想的均衡状态是根源所在，社会团结经济理论为市场原则和权利原则的平衡提供了新的思路。社会团结经济作为正在发展中的、开放的理论与实践范畴，正在通过不同于自由市场的方式实现增长和就业，社会团结经济成为福利国家危机之后重要的社会保护策略。法国是欧洲社会团结经济研究与实践最典型的代表，在市场与公益的双重驱动下不断发展，社会团结经济已经成长为法国重要的经济形式，对我国有重要的借鉴意义。

第一节 社会保护基本原则的再探索

通过梳理两条理论线索可以看出，"再商品化"互构论体现了社会保护的市场原则，"去商品化"权利论体现了社会保护的权利原则。市场原则围绕市场机制展开。由于市场机制对社会成员的损害，需要社会保护作为一种工具性的手段对抗或矫正市场机制造成的问题。社会保护在与自由市场的博弈中为社会成员提供基本的社会支持，客观上既缓和了社会冲突、促进了资本积累，又推动了社会保护的发展。但这种平衡一旦被打破，如果自由市场过度倾轧，会引发社会不平等和矛盾积累；如果社会保护过于强势，会引发发展成本上升，这两种情况都有可能导致经济、社会危机。相较市场原则，权利原则围绕社会成员对于社会资源的"应得"展开。分配正义理论追求的是以个人权利为基础的"得其应得"，社会权利更进一步彰显了"得其应得"的正当性。分配正义理论和社会权利理论共同确认了社会保护的核心和宗旨：政府有责任使全体社会成员过上物质不虞匮乏的生活。权利原则为社会保护提供了内生性的合法性基础，并且规定了社会保护的实践逻辑。至此，市场原则的实践逻辑与权利原则的内在动力为社会保护奠定了自足的规范性基础：政府承担必要的社会保护责任；社会保护在与市场机制的互动中不断发展；社会保护为社会成员提供有效可及且与激励机制相容的社会支持。

当社会保护不再局限于市场原则的唯一逻辑时，我们就有必要超越社会保护作为"自由市场反向运动"的逻辑起点，重新思考社会保护的基本范畴。学界对社会保护基本范畴的探讨大都从波兰尼的经典理论出发，通过社会保护与社会保障、社会福利、社会救助等范畴的比较来界定社会保护，或者从国际组织对社会保护的界定中认识社会保护，这些讨论构成了重要的认识基础。但鉴于社会保护、社会保障、社会福利、社会救助等概念在具体内容上不可避免的交叉性，本书倾向于放弃从比较中认识社会保护的路径，试图从社会保护本身的特点和内生动力角度来考察其基本范畴。延续市场原则与权利原则的逻辑进路，社会保护至少应当包括两个层次的内容：一是目标或状态，即社会保护所要达成的良好生活状态是什么；二是机制或模式，即通过怎样的制度安排能够达成社会保护所追求的目标。因此，社会保护可以被界定为，通过有效的供给模式，使社会成员过上不虞匮乏的生活的制度体系，涉及社会救助、养老保障、健康保护、劳工安全、就业保障、住房保障、教育福利、职业福利、特殊群体福利服务及其他公共服务等广泛的领域，既包括政府正式制度，也包括其他能够实现良好生活状态的非正式制度，良好生活状态是以生产方式为基础、动态发展的，涉及规范分析和事实判断的综合领域。从规范性的角度来看，社会保护需要解决两个问题：一是社会保护的自足的规范性基础，这一点通过市场原则的实践逻辑和权利原则的内在动力得到了解决；二是要解决社会保护的有效性问题，确保有效可及的社会保护制度的可持续性。对社会保护有效性的检验就是要考察在不同的历史时期，国家为社会成员提供了怎样的保护制度，使其达到了何种生活状态。市场原则和权利原则的平衡是社会保护的理论诉求和实践要求，如前文所述，当前我国社会保护体系面临着多重非均衡性问题，市场原则和权利原则尚未达到理想的均衡状态是根源所在。在此背景下，在后金融危机时代表现突出的社会团结经济值得关注。以强调集体福祉、合作互惠、共建共享的社会团结经济理论为市场原则和权利原则的平衡提供了新的思路。

第二节　社会团结经济理论的基本内容概述：
合作互依与权责共享

社会团结经济最早可追溯到 1937 年西班牙工人群体建立的一种团结经济组织，20 世纪 80 年代，在法国、智利、巴西等国出现了将商品与服务以团结的价值观从生产领域转向消费领域的实践。世纪之交，社会团结经济在很多国家和地区发展。1997 年，国际团结经济集团组织（GES）在秘鲁首都利马举行第一次国际会议。2007 年，首届团结经济亚洲论坛在菲律宾首都马尼拉举行。2007 年，美国团结经济联盟成立。2014 年，法国颁布《社会团结经济法》，这是社会团结经济发展进程中的里程碑事件。《社会团结经济法》提出，社会团结经济承载着一种与自由市场经济完全不同的历史和哲学传统，尝试将经济活动与社会公益目标相结合，突出基于参与和责任的管理逻辑，倡导个体和群体的伦理价值。这种经济形式促使我们重新思考、调整现有的发展模式，反思人类发展的终极目标和意义。社会团结经济在实现经济增长、创造财富和就业方面的表现证明，将效益和人性更好地结合是完全可能的。社会团结经济的蓬勃发展表明在矛盾中间，在资本主义的缝隙中间，我们正在建设一种全新类型的社会与经济，团结经济的经验是反资本主义的，是社会主义的表达。①

社会团结经济作为正在发展中的、开放的理论与实践范畴，正在通过不同于自由市场的方式实现增长和就业。社会团结经济的关键环节至少有三个。一是如何以社会团结经济机构为载体生产产品与服务。社会团结经济机构以民主参与、平等互助、满足成员福利需求为基本原则，形成合作社、互助保险、协会等具有合作与团结"经济理性"的基本形式，在实践中出现了道德银行、互惠贸易买卖俱乐部、住房合作社、促进和就业安置网络等模式。② 社会团结经济机构致力于培育相互支持的团结关系。当合作与团结代替了利己主义，经济增长、利润至上就不再是必然的行动目标。社会团结经济机构中成员为了满足自身需求与共同创造美好生活而主动承担更有意义的责任，形成所有成员责任共担、成果共享的良好氛围，实现个人福祉与机构发展同频共振，因而取得了良好的经济社会效益。二是如何将市场的需求方以促进团结的方式组织起来。社会团结经济可以通过富有社会责任的购买政策，促进满足消费者道德欲求的"道德消费"（ethical consumption），进而形成互惠的购买行为，从而强化社会成员之间的联系和团结合作。三是社会团结经济如何创造合作融资的机会。融资的稳定性决定了社会团结经济的可持续性。传统的政府拨款、慈善捐助等方式通常很难维持长期稳定。社会团结经济致

① 伊桑·米勒、王建富：《团结经济：关键概念与问题》，《国外理论动态》2012年第7期。
② 伊桑·米勒、王建富：《团结经济：关键概念与问题》，《国外理论动态》2012年第7期。

力于通过机构网络汇聚资源形成互助共享的融资渠道。加入社会团结经济组织的中小企业形成集合体，运用集体资源产生"外部经济效益"。例如，意大利的合作社将年利润的3%整合起来形成地区社会团结经济发展基金，西班牙创办"劳动者银行"。① 这些机构都致力于为维持现有社会团结经济机构正常运转和创建新的社会团结经济机构提供基础资金。

社会团结经济机构中的成员以协作劳动的形式使用共同占有的生产资料来创造财富，共同体的全部财富归共同体成员共享。这种模式具备马克思所说的"共同占有之下的个人所有制"（individuelle Eigenthum）②的特征。马克思在《资本论》中提出了著名的"否定的否定"论断，③即资本主义的私有制是对个人的、以自己劳动为基础的私有制的第一个否定；而"资本主义私有制的丧钟就要响了"，也就是资本主义对资本主义的私有制构成了第二个否定。对资本主义私有制的否定"不是重新建立私有制"，而是要在"协作"和"土地及靠劳动本身生产的生产资料的共同占有"的前提下，"重新建立个人所有制"。④ 社会团结经济就是以共同占有与个人所有并存为目标的发展模式。社会团结经济机构能够将许多已经存在的合作、团结的经济实践联合起来，形成适合人类活动所有领域的模式。社会团结经济机构为满足成员需求提供了有效的内生发展模式，并且在创造财富和提升就业方面表现良好。以法国为例，自2000年至今，法国社会团结经济就业人数增加了近30%；在2008年的经济困境中，社会团结经济成为法国唯一实现就业增长的领域；2020年法国专项拨款13亿欧元用于支持社会团结经济，以期促进更具包容性和可持续性的经济发展模式；2020年，社会团结经济约占法国国内

---

① Francis Vercamer, Député du Nord, Parlementaire en mission, *Rapportsur l'Economie Sociale et Solidaire "L'Economie Sociale et Solidaire, entreprendre autrement pour la croissance et l'emploi"* Avril 2010.

② 参见张小军《白水社区发展基金启示：共有基础上的个人所有制——兼论破解"经济学的哥德巴赫猜想"》，《开放时代》2016年第6期。

③ 《资本论》（第一卷），人民出版社，1975，第832页。

④ 参见张燕喜、彭绍宗《经济学的"哥德巴赫猜想"——马克思"重新建立个人所有制"研究观点综述》，《中国社会科学》1999年第5期。

生产总值的 6%，相关就业人数约占法国总就业人数的 10.5%。① 2020年，联合国社会团结经济跨机构工作组倡导在全球范围内以社会团结经济为基础，实现经济社会发展模式转型。② 我国也出现了河南信阳平桥区夕阳红养老资金互助社、陕西定边县社区发展项目合作社等具有合作与团结经济理性的社会团结经济实践。社会团结经济的发展壮大意味着其正在从空想走向现实、从边缘走向中心，成为具有增长潜力和创造就业能力的领域。

社会团结经济机构以伙伴关系的形式建立，对与市场原则不同的理性需要采用特定的方法对其进行评价。在过去几十年的实践中，法国等国家的社会团结经济是在一个相当受保护的、基本封闭的经济环境中发展的。这种模式正在发生改变，很多社会团结经济部门开始从伙伴关系逻辑转变为提供服务逻辑。这种转变使公共采购机制框架内或项目征集框架内的竞争日趋强烈，使合作银行、互助保险公司和健康互助公司等社会团结经济机构倍感压力，社会团结经济机构更加期待政府和社会各界的帮助与支持。社会团结经济所青睐的方法、开展活动所依据的价值观和原则已被证明与世界正在经历的经济、社会和道德危机的背景相关。自 2008 年金融危机以来这种相关性备受关注，因为社会团结经济总体上比传统经济部门更好地抵御了危机，特别是在就业方面表现优异。社会团结经济构成了一种可以克服危机的替代模式，并为未来新的发展模式提供了参考。在法国、欧洲其他国家甚至国际社会，发挥公共权利作用的时机或许已经到来。社会团结经济并没有将业绩、盈利能力作为最终目标，而是在实现更令人满意的经济社会发展的前提下，同时关注可持续发展和人类基本需要满足。社会团结经济将所有与"社会和经济"有关的经济形态汇集在同一个行动中，更加重视所采取行动的意义，而不是利润最大化。社会团结经济所主张的原则和价值观更重视项目及其对

---

① 庄晨燕、邓椒：《共生、共建、共享：法国的社会团结经济发展模式》，《探索与争鸣》2021 年第 4 期。

② 庄晨燕、邓椒：《共生、共建、共享：法国的社会团结经济发展模式》，《探索与争鸣》2021 年第 4 期。

整个社会的贡献，而不是短期的经济回报。在金融危机之后，在寻找重振增长途径的时代，社会团结经济会带来更多的就业机会，更有可能在控制公共支出的同时增加集体福祉，使社会成员能够更好地参与到社会团结经济中，使全体社会成员共享经济发展成果。社会团结经济对近年来蓬勃发展的新业态及出现的各种新职业更加友好，以其价值观和行动方式承载着经济活动的人文主义维度。许多社会团结经济机构致力于促进青年就业的培训和职业整合，成为新就业机会的孵化器。

在实践中，社会团结经济至少具有社会补偿和促进就业创业两方面的功能。对于合作社、医疗互助机构、互助银行甚至基金会来说，如何协调这两项功能仍然缺乏共识性的意见。社会团结经济还呼吁制定和实施能够满足多方面要求的总体政策，以维护社会团结经济的伙伴关系，使社会团结经济完全融入所采取的行动和社会政策，并在此过程中找到自己恰当的位置。当然，考虑到社会政策的特殊性和多样性，有必要做出合理的选择以避免将社会团结经济锁定在社会补偿领域，从而限制其活动范围。如果说联合性、互利性和合作性是社会团结经济毋庸置疑的标志，那么社会团结经济就不应当将自己锁定在特定的标准和机制中。社会团结经济既要保持自身的特殊性，又要实现开放性，以及与其他经济形态之间的"流动性"。近来，欧洲经济和社会委员会强调要使社会团结经济在经济、社会、团结、治理等方面广为人知并得到认可，允许社会团结经济从现有系统中受益，并采取适当措施予以配合和支持，致力于增强社会团结经济部门的优势和潜力，以最有效的方式将其纳入社会政策。① 在此背景下，社会团结经济比以往获得了更多的关注和认可。但值得注意的是，在大部分的公众舆论中，社会团结经济的轮廓的确并不清晰，因而很难界定其内容并掌握其内涵、多样性和潜力，而且社会团结经济的范畴可能超出了现有法规的客观标准及其背后的原则，这使各

---

① Francis Vercamer, Député du Nord, Parlementaire en mission, *Rapportsur l'Economie Sociale et Solidaire "L'Economie Sociale et Solidaire, entreprendre autrement pour la croissance et l'emploi"* Avril 2010.

方对社会团结经济的理解仍然存在困难。与此同时，社会团结经济还需要更清晰、明确的管理体系，法国在这方面做出了很多探索。法国社会团结经济高度依赖于地域化的行动原则，地区社会经济商会（CRES）和区域社会团结经济发展机构（INSEE）作为地域性的管理网络的核心，始终保持着良好的连续性，共同发挥着协调社会团结经济内部机构的作用。[1] 地区社会经济商会与手工业、商业和工业协会保持着良好的合作关系和密切联系，这使得地区社会经济商会在地方经济和社会发展中具有较高的知情权和一定的发言权，这对社会团结经济的持续健康发展大有裨益。

尽管实践中已出现各种尝试，但问题的关键仍在于社会团结经济如何在保持自身特色的同时融入广义的经济领域。关于这一问题的讨论主要集中于区分社会团结经济与市场经济，最终的目标是让社会团结经济能够与市场经济的各种形式平等地发挥作用，而不是仅仅让社会团结经济进入某些公共领域。关键性的挑战在于，社会团结经济是否能够在不扭曲自由竞争的前提下实现参与式民主、形成利润和报酬分配规则、成为合伙结构而非资本结构等。长期来看，有必要将社会团结经济整合到"社会效用和目的"之下。很多社会团结经济机构在资金来源方面困难重重，特别是数量最多的小型协会，这使其无法正常开展活动并维持自身的可持续运转。因此，社会团结经济需要积极的援助和支持政策，并确保其能够从中受益，以使其能够拥有至少与传统经济部门相当的受益途径。对于社会团结经济合作社，一方面，其从事经济活动的自主性和独立性有待增强；另一方面，政府对合作社的补贴政策应当更加明确。社会团结经济还需要支持机制，特别是在创新方面更加需要税收抵免政策或运营创新政策，这种协同效应是振兴社会团结经济部门并保持其竞争力的重要因素。

---

[1] Francis Vercamer, Député du Nord, Parlementaire en mission, *Rapportsur l'Economie Sociale et Solidaire "L'Economie Sociale et Solidaire, entreprendre autrement pour la croissance et l'emploi"* Avril 2010.

鉴于社会团结经济的特殊性，还需要对社会团结经济行业采取更加积极的援助和支持政策，以使其免受传统经济实体的"驱逐风险"。由于商业能力较弱，一些社会团结经济机构经常受到排斥，其可持续性备受质疑，直接影响了社会团结经济的就业预期以及参与者的社会期望。比如在残疾人服务、老年人服务、生态可持续活动等方面，社会团结经济承担着避免这些行业被削弱的责任，社会团结经济在争取公平竞争的基础上，履行满足公共受益人需求的职能，这使得社会团结经济具有不可忽视的特殊性。社会团结经济需要拥有大量相对稳定的流动资源，以增强其经济结构的坚固性和可持续性。为此，需要引导各种赞助流向社会团结经济以满足其融资需求，从而使社会团结经济的各个实体获得更适当的资金量，以实现社会团结经济的既定目标。此外，赞助不需要全部采用货币的形式，还包括提供技术、技能培训，以及配备特定专业知识的员工等。这种特殊的赞助为调动各种资源开辟了道路。在社会团结经济机构中，出于保护就业的需要，劳动力因素可能要大于资本因素。为了引导社会团结经济机构尽可能有效地进入市场，与时俱进的培训计划也是重要方面，比如旨在促进员工职业流动的培训，可使员工为可能遭遇的变化做好准备。在生产方式变迁、数字化时代来临的背景下，社会团结经济将比以往更具吸引力。

　　社会团结经济始终面临着双重挑战：既要被视为经济领域的成熟参与者，又要保留使其成为独立参与者的特殊性。这种双重愿望显然是自相矛盾的，需要通过更新社会政策以形成差异性的伙伴关系。社会团结经济要建立更多、更平衡的伙伴关系以确保其最低限度的稳定和安全。社会团结经济参与者还应被视为一般意义上的经济主体，应给予其开展活动所需的法律保障和财务支持，使其能够发挥发展经济项目、创造新就业机会、增强社会凝聚力等功能。在寻求公共参与者和私人参与者在参与社会团结经济方面的新平衡时，公共采购是比较成熟且实用的工具。公共采购要求建立或维持社会关系、包容不稳定性或满足弱势群体的要求，这与社会团结经济的契合度较高。在这些新的基础上，基于更积极主动、结构更完善的方法和政策，社会团结经济将创造出新的动力。

第三节 社会团结经济理论的基本逻辑讨论：
集中化与民主化的冲突

社会团结经济的概念化并不久远，从思想史角度来看，社会团结经济应当是一种原创的潮流，但社会团结经济有着丰富的思想渊源和理论基础，包括乌托邦社会主义、合作主义、团结主义、自由意志主义思想等。事实上，社会团结经济本身就植根于人类物种的起源。人类的历史表明，没有团结就不可能生存，这与所谓的"经济人假设"相去甚远。经济人假设认为人是自私和个人主义的，但经济人类学的经典研究表明人类文化是围绕团结机构来组织经济的，正如卡尔·波兰尼所述，直到工业革命时，交换的市场机制才开始优先于互惠和再分配关系。[1] 自由主义经济学将经济乃至社会预测建立在理性经济人的假设基础上，市场的目标是理性收益，而这正是社会团结经济理论要从根本上所批判的。在新自由主义浪潮主导下导致越来越多的贫困、不平等、边缘化、失业、不稳定、环境恶化的背景下，社会团结经济试图恢复不同经济形式的意义。

20世纪80年代，拉丁美洲陷入严重的债务危机，大约2亿人面临赤贫问题，就业不足、住房缺乏、医疗资源匮乏。[2] 当时，拉丁美洲的学者们判断，经济危机和发展体系加剧了几十年来积累的问题，[3] 而且危机还将持续下去。即使经济有所增长，就业问题也很难以得到有效解决。拉美国家不太可能通过追随工业化国家的发展战略来解决就业问题，传统解决方案无法解决贫困问题，即使是在富裕时期也无法解决，在匮乏时

---

① 参见卡尔·波兰尼《大转型——我们时代的政治与经济起源》，冯钢、刘阳译，当代世界出版社，2020，第69页。

② Comision economica para america latina y el caribe, unidad conjunta cepal cnuah de, asentamientos humanos, *taller "economia de solidaridad y mercado democratico"* Santiago, 9 de abril de 1985.

③ Comision economica para america latina y el caribe, unidad conjunta cepal cnuah de, asentamientos humanos, *taller "economia de solidaridad y mercado democratico"* Santiago, 9 de abril de 1985.

期就更加难以解决了。因此，拉美和加勒比国家有必要寻求新的解决方案。为了寻找解决办法，民主框架下的社会参与备受关注，社会团结经济在实践中开始发挥作用，如墨西哥出现的非正式的储蓄和信贷形式，哥伦比亚的微型企业，还有智利的一些被称为大众经济组织的形式。

在此背景下，1984 年，路易斯·拉泽托在著作《社会团结经济与民主市场》中阐述了一种社会团结经济的理论框架，希望为解决现实困境提出有效方案。拉泽托认为，社会团结经济是一种集体组织经济类型的行为，任何基础设施项目只有与社会成员的经济状况改善联系起来才有可能避免失败，基于此，社会团结经济超越了所谓的生存战略，在经济生产体系中占有重要位置。拉泽托致力于研究社会团结经济的可行性，考察社会团结经济能否成为变革工具、实现更公平的发展目标。

通过对经济增长理论的总结和阐释，拉泽托认为社会团结经济结构既不符合资本主义逻辑，也不符合社会主义逻辑，但超越了纯粹生存的形式，有能力为解决拉丁美洲和黎巴嫩边缘化人口的失业问题做出贡献。拉泽托的研究始于对经济和政治转型中项目危机的诊断。在微观经济层面，工人联合会、传统合作社、非正式组织和协会等不同类型的社会团结经济机构可被视为替代品或本身具有替代性。社会团结经济机构在其历史发展过程中表现出明显的低效率，合作社等机构的特定逻辑干扰了其自身的经济合理性，甚至阻碍了其发展。拉泽托试图从理论上建立模型，如工人公司模型、合作整合模型、捐赠市场模型和社会团结经济模型等，并论证这些模型是否可以解决低效率问题。此外，拉泽托还试图扩大社会团结经济的理论空间，提出微观经济学需要多样化，有必要考虑市场组织、经济关系的替代形式，以及不同理性经济过程和行为的可能性。他还在微观经济学多元化的基础上阐释全面多元化的宏观经济，寻找所谓的混合经济体、美元经济体以外的发展方向。总的来说，就是经济发展朝着更加多元化、多样性的模式迈进。经济概念本身的扩展涉及对经济需求、资源和要素的重新审视。拉泽托认为当时持续性的危机意味着经济需求不仅要满足市场上的商品和服务需求，还要满足自我保护和发展的需求，即满足不同个体、不同组织、不同社会群体的需求结构与动态转变。[1] 经济发展源于创造满足这些目标的可能性，满足生产、分配和消费过程中的要求。在生产理论层面，各种经济单位都是由生产要素组织起来的，通过某种方式整合资源以完成生产过程。任何要素都具有稀缺性，稀缺程度决定了要素是否被纳入生产领域及其升值空间，科学知识和自然资源被认为是未来最具经济价值的稀缺要素。商品在不同个人、公司、机构和经济主体之间通过不同方式进行转移，参与主体间形成了各种经济关系、人际关系和社会纽带。独立主体之间存在交换关系、捐赠关系、资产的双向流动和混合流动，从而使经济物品与主体本身以及它们之间的关系一致。更广泛的经济主体之间存在的是税收关系，或与之对应的收入分配关系。当然，广义上的税收不仅意味着纳税，还意味着工作绩效。除此之外，还有一种非常重要的关系类型——再分配发生率，即在再分配过程中第三方之间发生的经济流动关系，政府通过对资源的再分配转移主体之间的财富并对第三方产生重要影响，互惠、补偿、奖励都属于规模较小的经济关系或财富转移形式，进而形成特殊的经济循环。

在对经济关系类型进行区分的基础上，拉泽托提出社会团结经济的本质是合作共生关系，在商品和资源的流动中体现出高度的整合性。[2] 市场由商品和资源的竞争主体组成，不同经济类型的资源配置和收入分配根据不同的规则运行。经济活动的主体不仅仅是资本和劳动，市场也不仅仅是企业家、消费者和中间商之间的交换关系，更是整个相互关联和互动的复杂系统。各主体出于各种目的或利益参与到经济循环过程中，每一种经济制度都构成市场，每一个经济体都是可以组织起来的市场经济。同时，每种经济形式都会以不同方式或多或少地受到国家的控制和

---

[1] Comision economica para america latina y el caribe, unidad conjunta cepal cnuah de, asentamientos humanos, *taller "economia de solidaridad y mercado democratico"* Santiago, 9 de abril de 1985.

[2] Comision economica para america latina y el caribe, unidad conjunta cepal cnuah de, asentamientos humanos, *taller "economia de solidaridad y mercado democratico"* Santiago, 9 de abril de 1985.

干预，但控制和干预不会是绝对的，经济主体会有不同程度的主动性和经济自由。可能会形成一定程度的垄断，也可能更多地实现了民主参与。从这个角度看，市场经济和计划经济的区别就不显著了。在拉泽托看来，计划经济更像是一种特殊的市场结构，是公共权利占据主导地位的经济形势，与其他经济形式一样是按照税收关系和等级分配运行的。作为受监管的市场，监管部门在计划经济的运行中占主导地位，而市场经济的特点是市场的主导地位更突出，但每个经济体都是税收、分配、监管这三个基本部门的组合。

按照经济学的一般理论，价格体系是由经济运行过程中的各种互动构成的，并且最终是由各主体力量的对比决定的。因此，市场经济和计划经济之间并不是明显的对立关系，真正对立的应当是寡头市场和民主市场。当市场被视为一种力量关系体系时，各种经济形式的根本性区别就在于经济权利的集中程度，或者说是社会参与的削弱程度。如果经济权力广泛分布于所有经济活动主体之间就是民主市场；与此相反，经济权利集中于垄断者和寡头垄断者的就是寡头市场，权利和财富的交易将不可避免。资源配置和收入分配的决策机制也大致相同，社会参与所获得的权利越多，资源配置和收入分配的行动方式就越趋于节制。从主体间的互动关系来看，斗争越顺利、冲突越少，主体之间的关系就越融洽。以此为基础，拉泽托对经济权利的民主分配进行了补充说明：如果市场能够更民主，社会和经济互动也会更加顺畅、更具包容性；反之，经济权利越集中，社会和经济互动就会有更多冲突，更容易陷入寡头化。

由此可见，完全市场竞争理论是一种接近完全民主市场的理论，完全竞争是主体无法影响市场的经济，也就是说，每个人都面临给定的价格、给定的条件，没有人能够采取强有力的行动来改变由总体力量平衡所产生的市场条件。值得关注的是，完全竞争理论将市场视为独立于主体的客观或自动的机制，而不是各种力量的相互关系，但市场民主化仍然可以被理解为在实践中建立完全竞争理论假设的过程，即信息透明、充分就业，以及要素的流动性、自由进入、分散化等。在民主市场中，由于市场运行条件是社会化的、分散的，没有经济权利的集中。因此，拉泽托使用去中心化、参与式的模型来探索民主化市场运作方式。在公共部门或受监管的经济中，以及在社会团结经济和慈善领域，既可以验证经济权利的集中倾向，也可以验证经济权利的分散倾向，而民主化市场中起决定性作用的是各部门的社会分配和经济民主化进程。那么，经济民主化转型的过程就是一项持续性的任务，无论是在社会主义经济还是在资本主义经济，无论是在发达经济还是在欠发达经济中，抑或是在混合经济中，在每个经济部门乃至每个经济单位中都存在。社会团结经济中的志愿和合作活动中都存在集中化和民主化这两种倾向的角力。也就是说，社会团结经济指向的是基本经济元素的基础，所要实现的经济转型项目需要每个主体在合作公司中可以理解并积极参与经济和社会生活，并逐步接近民主化市场。

拉泽托对社会团结经济研究范式的兴起做出了实质性贡献，这对传统西方经济学研究范式而言，不仅是一场理论上的危机，而且伴随着一场现实的危机，新的理论构建是基于行动的必要性，是为了改变而进行的。社会团结经济理论试图将经济学从新古典主义思想中的人类行为学中拯救出来，将完全竞争模型转变为民主化市场。新古典主义思想从"边际主义经济学"或"资源合理配置的科学"来解释人类行为，而拉泽托将新古典主义思想对自由市场的维护与人类行为学区分开来，不仅有助于社会转型概念化和经济领域民主化进程，而且可以打破市场与资本主义、计划与国家、资本主义与私人自主性等概念之间一般意义上的同源性解读。拉泽托敢于运用新古典主义手段，超越新古典主义理论，冲破理解资本主义体系的认识论障碍，在完全竞争模型中描述了一种指导性的理想或纲领，使社会团结经济成为市场民主化转型过程的一部分，拯救了自由市场经济以外的经济形式。

拉泽托的另一个创见是在经济关系中引入权利问题，有学者甚至认为拉泽托的作品可以被命名为"权利与价格"。在价值与价格之间的联系中，无论是在古典主义经济学那里，还是在新古典主义经济学那里都存在价值拜物教取向。马克思主义批判价值拜物教将价值降级为价格，而且造成了不均衡的经济结构。从某种意义上说，"均等化"问题是比分化问题更根本的问题，关键在于有没有剩余价值，这也是李嘉图收入理论在现代经济思想中不那么重要的原因所在。拉泽托试图提出一种新的价格理论以替代新古典主义理论建构的价格理论。在这种情况下，价格理论被阐明为相对权利理论，市场力量越大，价格就越高，因为发达市场经济体中最强大的公司的确有能力通过技术发展和生产率提高来降低权利较小的公司所需的价格。从更实际的角度来看，权利问题的引入使交易回归到"谈判"的本质，用以缩小真实市场与模型之间的差距。将价格决定解释为权利关系的结果，规避了"公平"价格或由"市场自由力量"外生决定的价格的狭隘概念。改变价格生成机制的关注焦点有助于重视各种市场形式和具体情况的特殊性，允许包括国家在内的各个经济主体在面对所谓的"不可阻挡的价格"时采取积极的态度。生产和分配的社会化将各种要素与多元标准结合起来，如果选择不当或无法达成平衡就可能导致社会陷入危机。在探讨了交换经济、受监管的经济，以及具体的实践经验之后，拉泽托将社会团结经济假设为有潜力实现经济理性的、与新古典自由主义经济不同的经济形式。拉泽托对不同理性的阐释揭示了用单一普遍逻辑来解释经济行为的荒谬，交换经济、合作经济的合理性与其他形式的社会生产组织之间会存在某种形式的衔接，这将有利于动态的积累和增长过程。受监管的市场形式与在地方层面组织的各种社会实体的构成相结合将形成市场的去中心化，进而形成生产和分配过程的参与性，最终形成民主参与式管理模式。社会团结经济所提议的战略是将社会转变为一个单位、一个大家庭或其他类似的结构。

拉泽托认为在受监管的经济、交换经济、团结经济等不同经济形式中，集中化趋势和民主化趋势的相对权重并不重要，重要的是不同部门内部民主化市场的扩大，只有在民主化市场的成长中才能淡化权重，不同部门的相对价值限制了社会真正转型的能力。拉泽托的提议对于引入民主市场问题具有重要贡献，这也意味着社会转型需要团结经济的相对增长，在市场民主化趋势和扩大社会团结经济之间需要有一定的平衡。这事实上涉及社会团结经济增长条件的动力机制问题。对动力机制的探讨至关重要，探讨究竟是何种因素导致经济主体选择社会团结经济，可能会引发一系列问题，如构成社会团结经济的主体的地位如何，社会团结经济在整个经济中的地位如何，社会团结经济的发展是如何从一种经济形式转向另一种经济形式的。在这种经济形式中存在更加民主的市场，并且社会团结经济机构在其中具有更重要的影响力。

拉泽托的社会团结经济理论以市场逻辑产生的动力类型为出发点，强调寻求生产和市场的多元化整合，社会团结经济大致可以被表述为：节俭（随着时间的推移合理组织消费）＋慷慨（捐赠剩余资产）＋合作（自由联合工作和公平分配）＝成长（集体福祉和个人生活质量）。拉泽托试图通过更接近现实的"草根"方案来摆脱总体化的经济形式，但拉泽托并没有论证何种结构的权利是民主的，因为任何单一因素占主导地位的经济体中都存在限制增长的局限性，包括资本占主导地位的经济形式，效率至上的秩序可能会给市场民主化带来限制。而且市场民主化与社会团结经济之间的有效联系似乎也缺乏论证，以致在拉泽托的著作中，所有支持市场民主化的论点都可以在不提及社会团结经济的情况下提出，甚至可以提出与社会团结经济无关的市场民主化模式，比如交换体系与监管体系的有序共存。因此，由于当前的经济制度无法完全解释福祉水平、幸福水平，社会团结经济试图有所突破，但仍有很多问题有待探讨，比如社会团结经济的参与者是谁，如何使个体接受团结关系，等等。有学者认为使用互惠概念有助于更好地理解社会团结经济机构，利益是人类在充满风险的世界中对信任关系的社会表达，是能够发展和加强社会团结经济机构的希望，但也可能造成地位或声望的竞争，导致基于声望的"炫耀的慷慨"[1]。

对于扩大社会团结经济机构部门的可行性，拉泽托认为社会团结经济机构的活力将产生更大的吸纳劳动力、满足基本需求的能力，并为中小企业的发展和更大的创新与创造力打开空间，这对解决当时拉美国家

---

[1] Comision economica para america latina y el caribe, unidad conjunta cepal cnuah de, asentamientos humanos, *taller "economia de solidaridad y mercado democratico"* Santiago, 9 de abril de 1985.

的困境问题至关重要。20 世纪 80 年代，拉美国家面临严重的结构性失业问题，而且具有不可逆性，也就是，即便经济实现较快增长，失业率仍将维持在较高水平。职业结构发生重大变化，非常规就业迅速增加，技术变革和成熟产业的衰落使这些现象在发达国家与不发达国家同时存在。经济变革引发了政治变革，有组织的工人力量受到更多重视，欧洲出现了共同管理、合作公司等形式。但有组织的工人力量往往与管理的能力之间存在紧张关系。社会团结经济有助于释放被压抑的社会能量是可能的，否则这些能量就会被闲置。拉泽托的民主市场并没有将社会团结经济作为主导，并建议分散权利经济，因此，有助于协调私营经济、公共部门和监管部门之间的冲突，并倡导三者之间的转换。社会团结经济有两个明显的挑战性问题需要解决：一是从微观到宏观的跨越；二是从静态到动态的跨越。其中，核心问题在于集中化和民主化的力量对比与转化。具体来说，在国际经济力量相互渗透的相互依存体系中社会团结经济机构如何转变，技术进步和生产方式变迁会对社会团结经济机构的大众经济组织和合作社产生何种影响，等等。社会团结经济的可行性还取决于是否能够获得政治支持，同时必须警惕过度强调政治支持可能引发的家长制问题。在市场经济环境中，社会团结经济机构可能会面临与其他公共或私营部门的竞争，甚至面临被取代的风险，要做到既保护社会团结经济又不产生不必要的经济成本，一个有效的方法是，需要考虑哪些部门更适合或更有利于社会团结经济的发展，比如准公共产品领域、不涉及国际贸易的领域、更能体现自治或参与的领域等。也许社会团结经济在发展初期，甚至在发展的相当长的一段时期内都应该依赖于公共机构，这段时期要避免家长制的非效率风险。另一个有效的方法是设立社会团结经济发展基金，资金来源可以包括政府财政支持、参与者的资金支持以及盈利收入等。社会团结经济发展基金能够发挥成员互助、支持社会团结经济发展等多种功能。

在拉泽托《社会团结经济与民主市场》出版之后的三十多年里，社会团结经济的理念在生产、分配、消费、积累等经济发展的不同阶段被实践，证明了将团结作为经济行为重要方面的可能性和必要性，也动摇了自由市场经济占据主导地位的价值观。最近几年,社会团结经济在社会科学的各个领域越来越具有话语权,特别是在运用宏观和微观经济方法对发展模式的反思中占据重要地位。社会团结经济在欧洲、美洲、拉丁美洲、非洲等形成了学术网络,如巴西许多工会、合作社组织坚持社会团结经济的原则,并就这一问题举行了多次学术会议,特别是在世界社会论坛框架内举行了多次会议,并将支持社会团结经济倡议的意愿纳入立法程序。

从整体上看,对社会团结经济的研究表现出两种趋势。一种体现在拉丁美洲特别是智利的研究中。这种研究起源于我们刚刚详细论述的拉泽托的观点,拉泽托的研究在非洲、拉丁美洲以及教会领域都具有特别重要的地位。约翰·保罗二世在1987年访问拉丁美洲经济会议总部时就曾呼吁"建立一个团结的经济"[①]。尽管这种拉美式研究在许多立场上存在差异,但都围绕团结展开,这种趋势及其经验可以定位为反对新自由主义甚至资本主义,正如巴西文化和社会经济团结会议中提到的:我们强烈批评新自由主义形式的资本主义,特别是鼓励资产的快速生产,日益严峻的土地集中化,财富、资源、权利控制在大银行家、企业家手中。[②] 社会团结经济将恢复经济本身的道德立场,拒绝自由主义模式,这在某种程度上恢复了乌托邦社会主义者的全部意义。社会团结经济由此被理解为一种新的经济模式,正如阿曼多·德梅洛·里斯本(Armando de Melo Lisboa)所述,社会团结经济"寻求通过市场本身克服市场社会的问题",为此,他区分了市场和市场社会,并指出市场和资本主义不是同义词。[③] 因此,社会团结经济的挑战在于在不放弃重商主义机制的情况下

---

① Pablo Guerra, *Economía de la Solidaridad: Construcción de un camino a veinte años de las primeras elaboraciones*, Revista OIKOS. Universidad Cardenal Raul Silva Henriquez, Santiago de Chile, 2004.

② Pablo Guerra, *Economía de la Solidaridad: Construcción de un camino a veinte años de las primeras elaboraciones*, Revista OIKOS. Universidad Cardenal Raul Silva Henriquez, Santiago de Chile, 2004.

③ Pablo Guerra, *Economía de la Solidaridad: Construcción de un camino a veinte años de las primeras elaboraciones*, Revista OIKOS. Universidad Cardenal Raul Silva Henriquez, Santiago de Chile, 2004.

超越市场社会，这只有通过在企业之间形成团结交换的循环，从而形成另一个市场才能实现。阿根廷的各种社会组织在 2000 年左右开始大规模使用社会团结经济的概念，后来成立了独立的团结经济社会发展部。[①] 秘鲁、厄瓜多尔、哥伦比亚和委内瑞拉等国家也组织了专门的研讨会讨论社会团结经济，并总结了超越传统合作主义的重要经验，以及让·路易斯·拉维尔的理论贡献。拉维尔基于 20 世纪最后几年的考察论证了不同于市场的原则和实践，尽管有差异，但这种做法能够形成并行性特征，他们都试图在经济活动中引入团结的概念，从而提倡社会团结经济。对社会团结经济的另一种研究趋势体现在欧洲，西班牙建立了替代和团结经济网络（Reas）、西班牙社会团结经济复苏协会（Aeress）或促进和就业安置网络（rerees）等，并与大约 300 家就业安置公司建立了联系。[②]从这个角度来看，社会团结经济成为福利国家模式危机之后实施社会政策的策略之一，法国是社会团结经济欧洲研究与实践最典型的代表，下文将着重探讨。

第四节　社会团结经济的法国经验

在欧洲乃至全球范围内，法国的社会团结经济发展最为迅速且具有里程碑意义，因此，本书重点考察社会团结经济在法国的实践经验。从发展历程上看，1981 年，在法国时任领土和发展规划部部长米歇尔·罗卡尔（第 160 任法国总理）和皮埃尔·鲁塞尔的倡议下，"社会团结经济"成为法国政界的流行词语。两年后，他们成立了社会团结经济高级委员会和专门的部际代表团。2000 年，法国时任国务卿成为首任负责社

---

① Pablo Guerra, *Economía de la Solidaridad: Construcción de un camino a veinte años de las primeras elaboraciones*, Revista OIKOS. Universidad Cardenal Raul Silva Henriquez, Santiago de Chile, 2004.

② Pablo Guerra, *Economía de la Solidaridad: Construcción de un camino a veinte años de las primeras elaboraciones*, Revista OIKOS. Universidad Cardenal Raul Silva Henriquez, Santiago de Chile, 2004.

会团结经济的官员,并起草了第一份法案,2001 年成立社会团结经济专门代表团。2010 年 4 月,弗朗西斯·维卡默撰写了有关社会团结经济的第一份报告,巴洛社博士出任社会团结经济部部长,并于 2011 年提交关于社会凝聚力的提案,提议制定社会和团结经济框架法。2012 年,弗朗索瓦·奥朗德总统当选后,任命伯努瓦·哈蒙负责社会和团结经济,为部长级代表,向经济部部长汇报,并与社会团结经济高级理事会、经济 – 社会 – 环境理事会联系。① 经过一年的工作和审议,2013 年 7 月 24 日,社会团结经济法案提交部长会议协商。2014 年 7 月 31 日,法国颁布《社会团结经济法》。2015 年 11 月,政府要求社会团结经济从以社会团结为主转向兼顾社会团结与经济发展。2016 年 5 月 9 日,国会经济委员会发布《社会团结经济法》适用情况报告。

《社会团结经济法》的颁布是法国社会团结经济发展过程中重要的里程碑式事件。其中指出社会团结经济是"一种适应人类活动所有领域的创业和经济发展模式"。《社会团结经济法》规定,社会团结经济机构应当符合以下条件:一是追求利润分享;二是实行民主治理,合作伙伴、员工和利益相关者的参与权不与其对公司贡献或出资挂钩;三是社会团结经济机构的法定准备金不可分割或分配,如果发生清算或解散将重新分配给其他社会团结经济机构。② 从组成上看,社会团结经济由商品或服务的生产、转化、分配、交换和消费活动组成,具体包括可被称为社会团结经济企业的合作社、互助社、工会、基金会和协会。符合以下三个条件之一的企业被认为是追求社会效益的。一是向因经济状况或社会状况、个人情况、健康状况而处于弱势的人们提供支持。这些人可以是该企业的员工、用户、客户、会员或受益人。二是促进消除健康、社会、经济、文化排斥或不平等,促进公众教育,特别是通过大众教育维护和发展社会联系,或维持和增强社会凝聚力。三是为经济、社会、环境和参与层面的可持续发展、能源转型或国际团结做出贡献。社会团结经济

---

① CNCRE SS, Economie sociale et solidaire. Loi du 31 juillet 2014, juillet 2016.

② CNCRE SS, Econmie sociale et solidaire. Loi du 31 juillet 2014, juillet 2016.

高级理事会（CSESS）规定了社会团结经济机构持续改进良好实践的条件，主要包括：有效的民主治理方式；经济活动和就业的地域化；薪酬政策和专业培训、强制性年度谈判、职业健康安全和工作质量；对民众未满足需求的响应；在多元化、反对歧视和男女平等方面的贡献。同时，法国政府还致力于在年轻人中推广社会团结经济，帮助年轻人以社会团结经济的形式创业。

从实施效果来看，社会团结经济在法国经济中呈现一种非典型的面貌，不仅体现在其内部运作中的合作、企业民主、缺乏外部股东等方面，而且体现在其面向公众利益的宗旨上。截至 2015 年，社会团结经济拥有221325 家机构，雇用 237 万名员工，占法国就业人数的 10.5%，创造了约 1000 亿欧元的增加值。社会团结经济具有较强的抵御经济危机的能力，2008 年至 2013 年间，在其他私营部门不断削减就业岗位的时候，社会团结经济机构仍然在增加就业岗位。社会团结经济机构参与到公共机构、行政部门和法国社会保障体系的运作中，每年向法国社会保险金和家庭补助金征收联合会（URSSAF）支付近 390 亿欧元。① 社会团结经济机构几乎遍布所有活动领域，如公共服务、金融和保险、体育和休闲、艺术和表演、教学等，2/3 的法国城市中每个城市至少拥有一家社会团结经济机构。社会团结经济机构在可再生能源、医学研究、有机农业、团结金融等许多领域都具有创新性的开拓举措，通过多种渠道为年轻人提供就业机会。

从具体运行上看，社会团结经济的活动是依靠协会、合作社、互助社和基金会这四种主要机构来开展的。根据社会团结经济的共同进程，法国社会团结经济在"区域社会团结经济发展机构地区理事会"和"社会团结经济地区商会"之间的地区伙伴关系框架内实现了良性循环，使其保持着创新与活力。2008 年至 2021 年，法国社会团结经济占GDP 的比例在 6%～9%，雇用了超过 1/10 的雇员。法国社会团结经济机构的构成更为多元，各种规模的协会、合作社、互助社和基金会超过 20

---

① CNCRE SS, Economie sociale et solidaire. Loi du 31 juillet, 2014, juillet 2016, p. 4.

万个。① 在长达一个多世纪的发展过程中，有的社会团结经济机构已经发展成大公司。这些深刻的变化与规模效应、成员身份和社会变迁、消费模式与欧洲乃至世界和自由市场的对抗有关。如今，法国的社会团结经济机构可以在农产品、银行、保险和养老金等领域占据重要地位。许多协会、合作社都是新兴的、将社会创新与进取意愿联系起来的组织。从统计数据来看，社会团结经济机构的规模大于私营部门的平均水平，但"各行业的薪酬规模折算成就业情况表明，社会团结经济的薪酬总体比私营部门低22%，比公共部门低9.7%"②。这与社会团结经济的基本特征密切相关，因为社会团结经济涉及很多公共领域且兼职工作比例更高，其就业权重大于薪酬权重的结构是合理的。越来越多的社会团结经济机构认识到自身是该行业形象不断增强的利益相关者，承载着与合作、民主市场有关的价值观。社会团结经济在社会创新、增加就业岗位、维持或发展机构间的合作伙伴关系等方面表现突出，社会团结经济比其他经济形式更能有效协调需求和供给，由此创造出的就业岗位更稳定，能够更好地应对短期经济困难，这是社会团结经济中期就业水平表现良好的原因所在。法国社会团结经济的成功可以通过多种因素和内在本质来解释，这些因素和内在本质使社会团结经济在农产品生产、农业活动、银行和保险、个人服务等不同领域占据重要乃至主导地位。

社会团结经济的挑战在于既要关注传统商业模式介入较少的公共服务领域，又要融入商业竞争领域。社会团结经济曾广泛涉足公共服务领域，如互助保险、补充性社会保护联合机构等，也经常通过协会的支持向弱势群体提供服务，以满足他们的健康、医疗等社会服务需求，社会团结经济机构在旅游、文化、教育、体育等许多领域开展行动，在居民

① Arampatzi Athina, "Social Solidarity Economy and Urban Commoning in Post-crisis Contexts: Madrid and Athens in a Comparative Perspective," *Journal of Urban Affairs* 44 (2022): 1375 – 1390.

② Quoted in Pablo Guerra, *Economia de solidaridad: consolidacion de un concepto a veinte anos de sus primeras elaboraciones* (Revista OIKOS: Universidad Cardenal Raul Silva Henriquez, 2004), pp. 12 – 15.

的社会生活中发挥了重要作用。近二十年来经济社会环境的发展变化，催生了可再生能源、生态住房、废物回收等行业的迅速发展，社会团结经济在社会效用较高的活动领域表现强劲，往往扮演着创新型参与者的角色以满足新兴的社会需求。不仅如此，社会团结经济在银行业和保险业等更具商业化的领域同样占据重要地位，如合作银行和互助保险公司。社会团结经济合作组织在建筑、农业和贸易领域也能发挥重要作用。这些事实证明了社会团结经济的多样性和丰富性。社会团结经济的多样性还体现在对公共资金的依赖程度上，对于在卫生、社会和医疗社会领域工作的志愿部门来说尤其如此。对于合作社而言，其资源主要来自市场化的商品生产、销售和服务等，对公共资金的依赖性显著低于志愿部门。与社会企业、社会组织等范畴相比，社会团结经济的特征更多地体现在公众参与上，社会团结经济汇集了各种各样的经济行为，这些行为既不属于古典自由主义经济的范畴，也不属于严格意义上的公共服务范畴。社会团结经济开展活动的方式和所追求的目标构成了其特殊性，从本质上看，社会团结经济是在服务于经济项目的基础上实现其社会效用目标的，并尽可能地将双重维度结合起来。这确实是其与传统经济的一个重大区别，因为对于社会团结经济来说盈利并不是首要目标，其首要目标是回应市场未能满足的需求。尤其是在公共服务领域，长期以来并未产生足够的利润来刺激传统私人领域的投资，而社会团结经济机构与其他经济部门有很大不同，因为利润或盈余本身并不是目的，而是服务的手段，因此其能够在这些"市场未能满足的需求"领域发挥作用。

强调参与和共治是社会团结经济的另一个突出特征。社会团结经济运行过程中注重贯彻民主原则，体现为"一人一票"规则，而且决策者是通过工作为所开展的活动做出贡献的人，这也是一个真正的团结因素，并且创造了很多稳定的就业机会，由此也使得居民对社会团结经济机构开展的活动产生了兴趣，地方政府也乐于提供必要的财政支持以实现双赢。当然，这些基于共同价值观和实践的特征，在不同地域、不同领域的强度和可见性差异较大，但强调参与和共治仍然构成了社会团结经济明显区别于其他经济形式的重要特征。

社会团结经济在市场与公益的双重驱动下不断发展，法国对社会团结经济的态度似乎是希望其成为经济社会生活的成熟参与者，但由于其双重驱动的特殊性，社会团结经济将无法与传统经济中的其他参与者平等竞争。因此，双重驱动意味着要同时防范双重风险：一方面，不能将社会团结经济锁定在公共服务领域而使其边缘化；另一方面，不能使其完全市场化而丧失参与、共治、团结、公益的特质。这就需要社会团结经济获得更多的专业知识、支持和项目援助，并使其从人员培训和获得外部技能方面获得帮助和支持。

小　结

社会团结经济承载着一种与自由市场经济完全不同的历史和哲学传统，尝试将经济活动与社会公益目标相结合，突出基于参与和责任的管理逻辑，倡导个体和群体的伦理价值。社会团结经济在实现经济增长、创造财富和就业方面的表现证明，将效益和人性更好地结合是完全可能的。

社会团结经济的关键环节至少有三个：如何以社会团结经济机构为载体生产产品与服务；如何将市场的需求方以促进团结的方式组织起来；社会团结经济如何创造合作融资的机会。社会团结经济始终面临双重挑战：既要被视为经济领域的成熟参与者，又要保留使其成为独立参与者的特殊性。社会团结经济的发展壮大意味着其正在从空想走向现实、从边缘走向中心，成为具有增长潜力和创造就业能力的领域。

从思想史角度来看，社会团结经济既具有原创性又有丰富的思想渊源和理论基础，路易斯·拉泽托在其著作《社会团结经济与民主市场》中提出社会团结经济的本质是合作共生关系，在商品和资源的流动中体现出高度的整合性。拉泽托阐述了一种社会团结经济的理论框架，希望为解决现实困境提出有效方案。

从实践上看，在欧洲乃至全球范围内，法国的社会团结经济发展最为迅速且具有里程碑意义，法国将社会团结经济界定为一种适应人类活动所有领域的创业和经济发展模式，社会团结经济机构应当追求利润分享、实行民主治理，从具体运行上看，社会团结经济的活动是依靠协会、合作社、互助社和基金会这四种主要形式开展的。从实施效果来看，社会团结经济机构参与到公共机构、行政部门和法国社会保护体系的运作中，几乎遍布所有经济活动领域，通过多种渠道为年轻人提供真正的就业机会，社会团结经济在法国的发展具有重要的借鉴意义。

第六章

社会团结经济视角下社会保护的中国道路

中国社会保护体系面临着供给主体非均衡性、区域非均衡性、职工－居民二元非均衡性等多重非均衡性问题。多重非均衡性问题根源于市场原则和权利原则，各要素尚未达成良好的平衡状态。社会团结经济以集体福祉、合作互惠、共建共享的逻辑代替生产性、市场化的逻辑，形成组织基础和整合力量，为全体社会成员提供较为充分且均衡的保护，通过多种合作形式将抽象的公共利益具象化为社会成员的具体利益，为解决中国社会保护体系的多重非均衡性问题提供了新的思路。具体到我国的实际情况，可在现有社会保护体系的基础上探索建立非常规就业者合作社、探索制定基本医疗保险家庭联保政策、探索确定覆盖全民的社会保护底线、落实终身教育应对变革挑战。

第一节　探索建立非常规就业者合作社

合作社理论起源于 19 世纪初空想社会主义者主导的合作社运动。正如本书第一章第二节社会保护理论的中西方思想渊源中所介绍的，圣西门、傅立业和欧文等空想社会主义者阐述了比较完整的合作社原理，并在实践中推动合作社运动的发展。空想社会主义者倡导的合作社是由基层的合作生产组织组成全国联盟，由全国联盟统一组织生产，保护合作社成员的劳动成果。这些思想对后世合作社发展产生了深远影响。在空想社会主义理论之后，西方关于合作社的研究大致可以分为两个阶段。第一阶段从 19 世纪中叶到 20 世纪 60 年代，主要运用新古典经济学的分析范式探讨合作社的性质。19 世纪英国等的农业危机导致农业工人失业增多、工资下降，大批中小农户破产，农业劳动者的生活更加困苦，在此背景下，有关合作社理论的研究受到西方学者的广泛关注，出现了不同的观点。一种观点认为应当将农场主合作社发展成为合法的垄断组织，这种垄断能够促进农业工人与农场主之间建立长期稳定的关系，既能提供就业，又能节约成本。与之相反的观点认为合作社的关键在于效率而非垄断，应当通过民主参与提升自身竞争力，使合作社更有效率，进而提升整个经济系统的运行效率。[①] 关于合作社研究的第二阶段大致从 20 世纪 60 年代至今，在这一阶段科斯经济学的分析范式受到青睐。学界开始关注合作社本身的发展，广泛讨论合作社的运营效率、内部结构等问题。例如，将企业理论运用到合作社研究中，探讨合作社中规模与激励的关系；或者将技术变量引入合作社模式中，探讨技术创新对合作社生产效率的影响；用不完全契约理论探讨合作社的交易成本；将代理理论和博弈论应用于合作社研究中，分析合作社的内部结构和组织方式；等等。[②] 值得关注的

---

① Nourse. E. G. , "Competition as Method and an Goal," Washington Brookings Institution (1942) 4, pp. 31 – 33.

② Staatz W. D. , et al. "The Membrane Glycoprotein Ia-Iia (Vla – 2) Complex Mediates the Mg-Dependent Adhesion of Platelets to Collagen," *Journal of Cell Biology* (1989) 108：1917.

是，马克思在论证如何向社会主义和共产主义过渡时创立了科学的合作社理论，提出劳动者将在无产阶级领导下根据实际需要组建生产者联合体，通过合作的形式弥补劳动者在生产资料、劳动工具、劳动力等方面的不足，在提高个人生产力的基础上形成更高级的集体合力。① 合作社在中国的实践中，合作理念、合作范围、合作形态等方面存在不同程度的发展演变，但始终致力于提高社员组织化程度和协作分工水平，通过联合生产经营发展生产力。

合作社通常被视为特殊的企业，国际合作社联盟认为："合作社是人们自愿联合、通过共同所有和民主管理的企业，以满足社员共有的经济、社会和文化需求和愿望的一种自治组织。"② 但合作社显然与普通企业有着本质区别：一方面，企业以资本的利润最大化为目标，但合作社要求资本处于从属位置；另一方面，有效率的企业治理结构要求剩余索取权与控制权的对称性，合作社的产权是所有社员平等、共同拥有的，合作社的收益也应当是平均分配的，这就造成了民主控制原则与按惠顾额分配盈余原则之间的矛盾。因此，合作社是具有市场因素的混合企业组织形式，是劳动者基于生产生活需要联合组建的互助性合作经济组织，对外寻求市场效益最大化以提高社员收益，对内为社员提供低成本的生产性服务，通过劳动联合实现社员的团结发展。

我们倡导建立非常规就业者合作社的目标正是提高非常规就业者组织化程度、实现非常规就业者的劳动联合。从当前非常规就业者所面临的突出问题出发，非常规就业者合作社至少可承担两方面职能。一方面，使非常规就业者通过合作社形成联合体。无法与用人单位签订劳动合同的非常规就业者可自愿加入合作社，通过互助保险的方式积累社会保险基金，同时要求社员的用人单位向其所在合作社按比例缴纳社会保险费，通过非常规就业者、合作社、用人单位三方共同积累形成互助保险基金，

① 参见《马克思恩格斯选集》（第 2 卷），人民出版社，2012，第 581 页。
② 许建明：《合作社、康德式社会契约与何瓦斯剩余分配制》，《经济社会体制比较》2022 年第 3 期。

并从互助保险基金中提取一定比例作为储备基金。当社员由于各种原因面临断缴、缴费不足等困境时，可申请由储备基金补足，从而确保互助保险基金的稳定性。最终非常规就业者以合作社社员身份参加职工社会保险，合作社用互助保险基金为社员缴费，使社员享受较为完备的社会保险待遇。另一方面，将合作社发展为社会团结经济机构。建立非常规就业者占比较高的外卖合作社、快递合作社、网约车合作社、家政合作社等机构，这些合作社既可从事人力资源服务活动，如为非常规就业者介绍用人单位、为用人单位推荐非常规就业者、开展各类求职招聘服务，举办就业和创业指导、人力资源培训等，也可以吸纳与非常规就业者关联密切的生产经营企业，形成规模效应和集体合力，实现产供销有效衔接，降低交易成本，提高非常规就业群体市场主体地位。无论哪种形式的非常规就业者合作社，都要规避市场逻辑的逐利取向，遵循社员福祉与机构发展相辅相成的社会团结经济理念，提高非常规就业者组织化程度，维护其社会保护权益。

第二节　探索制定基本医疗保险家庭联保政策

我国现行基本医疗保险制度要求社会成员以个人身份参保，在实践中造成了职工家庭参与多种医疗社会保险。2018 年，职工医保基金累计结余 18605.38 亿元，其中统筹基金累计结存 11460.96 亿元，个人账户累计结存 7144.58 亿元；2022 年，职工医保基金累计结余已达 35105.76 亿元，其中统筹基金累计结存 21393.11 亿元，个人账户累计结存 13712.65 亿元。[1] 这说明职工医保基金不仅大量结余，而且积累迅速。与此同时，非就业家庭成员保障不足现象仍然突出，2018 年，0～18 岁儿童医疗卫生费用筹资中家庭卫生支出达到 55%。[2] 2009 年城镇居民医疗保险处于

---

[1] 相关数据来源于《2022 年医疗保障事业发展统计快报》，http://www.nhsa.gov.cn/art/2023/3/9/art_7_10250.html? eqid = de938247001a4a2a00000006643a4576。

[2] 张毓辉、万泉、王秀峰、翟铁民、柴培培、郭峰、李岩、黄云霞、陈春梅：《以健康为中心的卫生费用核算体系研究》，《中国卫生经济》2018 年第 5 期。

试点推广阶段，城镇家庭医疗现金消费支出占家庭现金消费支出的比重约为 5.0%，而在医保全覆盖的 2022 年，城镇家庭医疗现金消费支出占家庭现金消费支出的比重反而上升到 8.2%，① 这在一定程度上反映出城镇家庭仍然需要支付较高的医疗费用。

　　家庭联保是解决基本医疗保险制度发展不平衡、不充分问题的有效切入点。当前，数字化的知识、信息和资本正在成为重要的生产要素，数字技术与实体经济逐步加深融合，面对企业联合劳动形态趋于瓦解的数字化时代，家庭作为收入、消费和保障共同体应当承担更多的社会保护职能。在社会医疗保险领域，全球大部分国家和地区都采用了以家庭为单位的参保模式，② 基本逻辑是将参保范围扩展至以婚姻和血缘为基础的家庭成员，由家庭中的就业人员参加基本医疗保险并缴纳保费，其未就业的家属作为联保人员自动连带参保，享受相同或低于直接参保人的保障待遇，具体待遇水平根据缴费等情况核定，在实践中形成了联保人员无须缴费的德国模式、联保人员部分缴费的中国台湾模式等经验模式。中国台湾地区健康保险制度中的眷属联保机制就是典型的家庭联保模式。自 2012 年开始，中国台湾地区健康保险制度的参保对象分为源参保人和源参保人的眷属两种。源参保人的眷属包括无职业的配偶、无职业的直系亲属、未满 20 岁的子女或年满 20 岁无谋生能力（仍在学就读且无职业）的子女。源参保人的保费由源参保人和投保单位共同缴纳；眷属的保费由源参保人、投保单位和政府共同承担，保费的具体数额由源参保人缴费基数、缴费率、负担比例和眷口因子③共同决定。眷属本人不缴费，眷属的参保和退保都依附于源参保人。自 2016 年至今，眷属的缴费率维持在 4.69% 左右，眷属享有与源参保人同等的待遇水平。目前，中国台湾地区健康保险的参保率达百分之百，其中有约 1/3 属于眷属参保

---

① 相关数据根据《中国统计年鉴（2010）》中的"表 10 - 5 城镇居民家庭基本情况"和《中国统计年鉴（2023）》中的"表 6 - 1 全国居民人均收支情况"计算。
② 李珍、陈晨、黄万丁：《再家庭化：基本医疗保险改革的必然选择》，《暨南学报》（哲学社会科学版）2023 年第 2 期。
③ 眷口因子是指眷属所依附的源参保人所负担的眷属人数。

人，相关调研结果显示，以眷属身份新纳入全民健康保险的人群中利用门诊的就医率提高了 69%，利用住院的就医率提高了 145%，而且健康保险制度实施后，家庭贫困率由 13.7% 下降到 7.5%，特别是对儿童和老年人的减贫效果尤为显著。[1]

家庭联保模式对我们来说也并不陌生，计划经济体制下形成的公费医疗和劳保医疗制度中就业群体的家庭成员也能够享受部分待遇。李珍教授是较早提出医疗保险家庭联保政策主张的学者，提出了"二元向一体渐进融合发展"[2] 的学术思想。本书借鉴李珍教授的观点，认为基本医疗保险家庭联保是解决基本医疗保险制度发展不平衡、不充分问题的有效途径。具体而言，在全民统一、强制参保的基础上形成以家庭为参保单位的基本医疗保险制度，即就业人口参保，家庭内的抚养（扶养、赡养）人口自动被保，达到就业人口缴费、一家老小受益的目标。基本医疗保险的参保人包括就业参保人及其非就业家属，就业参保人的保费由参保人和用人单位共同承担，非就业家属的保费由就业参保人缴费、就业参保人用人单位缴费、各级政府补贴及职工基本医疗保险个人账户改革形成的积累等构成。基本医疗保险家庭联保要遵循非就业家属的医疗保险水平与就业参保人一致的原则，而且非就业家属的参保、转保、退保等行为只与就业参保人相关，不受年龄、身体状况、地域等因素影响。家庭联保能够增加职工基本医疗保险的实际受益人，因此，居民基本医疗保险参保人就会逐步减少，为适度提高居民基本医疗保险财政补贴额度和人均筹资水平提供了可操作空间，从而使职工基本医疗保险和居民基本医疗保险之间的差距逐步缩小，最终实现二元制度自然融为一体，满足平衡且充分的双重目标，形成互助共济与社会风险共担的共同体。

---

[1]　参见党思琪、杨宜勇、施文凯《台湾地区全民健康保险制度的眷属联保机制分析》，《中国经贸导刊》2021 年第 23 期。

[2]　李珍、陈晨、黄万丁：《再家庭化：基本医疗保险改革的必然选择》，《暨南学报》（哲学社会科学版）2023 年第 2 期。

第三节 探索确定覆盖全民的社会保护底线

社会保护底线来源于底线公平理论和社会保护底线倡议,这些理论与实践共同表达了政府主导、社会共担最低保护的愿望。底线公平理论是景天魁教授在 2009 年左右提出的。景天魁教授把社会公平区分为保障权利一致性的公平和保障权利差异性的公平(多劳多得、多缴多得、长缴多得),二者合起来共同组成底线公平。"底线"不是从保障水平高低的意义上确定的,而是指政府责任和市场作用的边界,政府、市场、家庭、个人、社会组织必须承担的、不容推卸的责任底线。在社会保护的诸多制度中,最低生活保障、基础教育、基本医疗保障这三项是满足个人基本生活需要和发展需要的,是政府必须承担的责任底线。[①] 关于社会保护底线的阐释可以追溯到 2004 年,全球化社会影响世界委员会在《公平的全球化:为所有人创造更多机会》中提出"必须为个人和家庭提供最低水平的社会保护,并将其无可争议地作为全球经济中社会经济底线的一部分"[②]。自此,社会保护底线被用来表示国家向所有人提供至少维持基本水平的社会保护。[③] 联合国建议社会保护底线应当包括社会服务和社会转移两部分,[④] 社会服务是指全体社会成员都有经济能力享受卫生、教育等基本服务,社会转移是指建立一套最基本的社会转移制度以为穷人和弱势群体提供最低收入保障,并使其享受包括医疗服务在内的最基本的服务。[⑤] 借鉴上述观点,本书认为中国的社会保护底线至少应当包括国民年金、灾难性卫生支出保障、意外伤害保障,以及更具包容性的社

---

① 景天魁:《底线公平:公平与发展相均衡的福利基点》,《北京工业大学学报》(社会科学版)2015 年第 1 期。

② World Commission on the Social Dimension of Globalization. *A Fair Globalization:Creating Opportunities for All*(Switzerland:Switzerland DTP,2004),p. 13.

③ ILO:R202-Social Protection Floors Recommendation,2012(No. 202),https://www.ilo.org/dyn/normlex/en/f? p = NORMLEXPUB:12100:0::NO::P12100_ILO_CODE:R202,最后访问日期:2023 年 11 月 22 日。

④ 唐钧:《社会保护的国际共识和中国经验》,《国家行政学院学报》2018 年第 3 期。

⑤ 唐钧:《从社会保障到社会保护:社会政策理念的演进》,《社会科学》2014 年第 10 期。

会救助等内容。现提出以下建议。

一是建立普惠性的国民年金制度。国民年金是以减少老年贫困为目标、由一般税收负担的非缴费型年金制度，为达到一定年龄的国民提供水平较低的普惠性养老金，也就是世界银行五支柱方案中的零支柱，在很多国家取得了良好的制度效果。[①] 例如，美国的国民年金主要是指补充收入保障制度（Supplemental Security Income，SSI），即为年满65周岁、退休金过低且没有其他收入来源的老年群体提供补充养老金。韩国的国民年金主要是指基础老年养老金计划（Basic Old-Age Pension Scheme，BOAPS），规定65周岁以上收入较低的老年人家庭，依申请审核家庭收入，通过后可按月领取养老金补助。日本《国民年金法》规定，60岁以上或生活困难的日本国民免费加入国民年金，无论性别、职业，以及是否有收入，均能以个人身份获得年金给付。[②] 我国现行城乡居民基本养老保险制度在待遇水平、筹资方式等方面，具备一定的国民年金性质。鉴于此，本书建议用普惠性的国民年金制度代替缴费型的城乡居民基本养老保险制度，探索建立针对中低收入老年群体的普惠型国民基础年金和家计调查型国民补贴年金。达到一定年龄的中低收入老人可通过所在社区申请普惠型国民基础年金，收入仍不足的可申请家计调查型国民补贴年金，形成更有针对性、资金使用更高效的国民年金制度，有效防范老年贫困问题。

二是建立灾难性卫生支出保障制度。世界卫生组织规定家庭医疗支出等于或超过满足基本生存支出后可支配收入的40%时，就可以判定这个家庭发生了灾难性卫生支出风险。[③] 灾难性卫生支出普遍超出家庭的承受能力，有必要通过社会共担来解决。我国目前没有专门的灾难性卫生支出保障制度，主要通过基本医疗保险、商业保险机构承办的补充医疗

---

① 参见李珍主编《社会保障理论（第四版）》，中国劳动社会保障出版社，2018，第172～173页。

② 参见岳卫、陈昊泽《公平性视角下的日本国民年金制度研究》，《保险研究》2023年第2期。

③ Xu K., Evans D. B., Kawabata K., et al. "Household Catastrophic Health Expenditure：A Multicountry Analysis," *The Lancet* (2003) 362：111–117.

保险、针对低保群体的医疗救助实现综合保障。一是基本医疗保险。基本医疗保险由职工基本医疗保险和城乡居民基本医疗保险组成，近年来覆盖面稳定在 95% 左右，2022 年职工医保住院费用目录内基金支付比例为 84.2%，居民医保住院费用目录内基金支付比例为 68.3%，①值得关注的是，未参加基本医疗保险的大多是低收入或贫困群体，也就是最需要医疗保险的群体。二是大病保险。大病保险采取向商业保险机构购买的方式，主要包括城乡居民大病保险、职工大额医疗费用补助和公务员医疗补助三个部分。城乡居民大病保险对居民医保参保患者发生的符合规定的高额医疗费用给予进一步保障；职工大额医疗费用补助对参保职工发生的符合规定的高额医疗费用给予进一步保障；公务员医疗补助参照清单管理。三是医疗救助。医疗救助是对低保对象、特困人员等符合条件的救助对象按规定给予救助，对规范转诊且在省域内就医的救助对象，经三重制度保障后政策范围内个人负担仍然较重的，给予倾斜救助，具体救助比例由统筹地区根据实际情况确定。②从现有三项制度的实施效果来看，2018 年医改监测数据显示，城乡居民大病医疗补充保险的实际支付比例约为 62.7%；全国第六次卫生服务统计调查结果显示，1998 年至 2018 年的 20 年间，调查家庭中贫困家庭占比呈上升趋势，在致贫原因中，因疾病或损伤致贫的比例从 15.2% 上升到 58.5%，可以看出，现行政策应对灾难性卫生支出的效果并不理想。③国务院办公厅于 2021 年发布《关于健全重特大疾病医疗保险和救助制度的意见》（国办发〔2021〕42 号），要求强化基本医保、大病保险、医疗救助（以下简称"三重制度"）综合保障，实事求是确定困难群众医疗保障待遇标准，确保困难群众基本医疗有保障，不因罹患重特大疾病影响基本生活，同时避免过度

① 相关数据来源于《2022 年全国医疗保障事业发展统计公报》，http://www.nhsa.gov.cn/art/2023/7/10/art_7_10995.html，最后访问日期：2023 年 11 月 22 日。

② 参见《国家医保局 财政部关于建立医疗保障待遇清单制度的意见》（医保发〔2021〕5 号），http://www.nhsa.gov.cn/art/2021/8/10/art_53_5768.html，最后访问日期：2023 年 11 月 22 日。

③ 参见国家卫生健康委统计信息中心《全国第六次卫生服务统计调查专题报告（第一辑）》，中国协和医科大学出版社，2021，第 208～210 页。

保障；促进三重制度综合保障与慈善救助、商业健康保险等协同发展、有效衔接，构建政府主导、多方参与的多层次医疗保障体系。可见，发挥现有制度的整合性功能仍然是当前主要的政策取向，但从长远发展考虑，本书建议建立专门的灾难性卫生支出保障制度，以家庭为单位参保并缴费，加之基本医疗保险结余、政府专项补贴等，共同形成灾难性卫生支出基金，用于给付发生灾难性医疗卫生支出风险家庭的相关费用；与基本医疗保险有效衔接，形成基本医疗保险满足全体社会成员的基本医疗卫生需求、灾难性医疗卫生支出保障防范大病风险的基本格局，最大限度地满足社会成员各类医疗卫生需求，避免因病致贫、因病返贫。

三是建立覆盖全民的意外伤害保障制度。目前，我国主要通过工伤保险与意外伤害保险来防范公民意外伤害风险，工伤保险与意外伤害保险在保险目的、责任主体、赔偿范围等方面存在本质差异，但在广义上都属于防范意外伤害的范畴，因此，在实践中出现了很多赔偿竞合问题。这也说明二者存在进一步明晰或整合的必要。《工伤保险条例》规定工伤保险是国家为了保障因工作遭受事故伤害或者患职业病的职工获得医疗救治和经济补偿，促进工伤预防和职业康复，分散用人单位的风险而举办的社会保险制度。用人单位通过缴纳工伤保险费将因工伤而产生的赔偿责任全部或部分地转移给工伤保险基金，既能减轻用人单位的赔偿负担，又能保障劳动者在发生工伤后及时获得治疗和经济补偿。工伤保险作为社会保险，其宗旨是保护劳动者权益、分散用人单位风险、维护公平正义和社会稳定。意外伤害保险属于商业保险，与社会保险以保护劳动者权益不同，商业保险的目的在于保护保险活动当事人的合法权益。[①]意外伤害保险本质上是一种合同行为，合同双方当事人遵循自愿原则且地位平等，很容易受到商业保险市场普遍存在的道德风险的影响。事实上，社会成员无论是否就业都存在遭遇意外伤害的风险，而且一旦遭遇意外伤

---

① 《中华人民共和国保险法》第一条规定："为了规范保险活动，保护保险活动当事人的合法权益，加强对保险业的监督管理，维护社会经济秩序和社会公共利益，促进保险事业的健康发展，制定本法。"

害就可能造成身体损害或财产损失，造成个人或家庭难以承受的损失。意外伤害风险能够较好地通过大数法则进行分散，因此，本书建议将意外伤害保险纳入社会保险范畴，形成面向就业群体的职业伤害保险和面向全体社会成员的人身意外伤害保险。职业伤害保险更具针对性，尽量涵盖全体就业群体，无法覆盖的则通过人身意外伤害保险分散风险，充分利用大数法则维护全体社会成员的基本社会保障权益。

四是完善更具包容性的社会救助制度。改革开放之后，我国的社会救助制度经历了渐进式的改革进程，从经济体制改革的配套性制度到家计调查式的现金给付制度，再到以最低生活保障制度为核心，以医疗救助、教育救助、住房救助、就业救助、受灾人员救助等专项社会救助为重要内容的综合性社会救助体系，在脱贫攻坚过程中发挥了重要的基础性保障作用，在2021年之后进一步承担起巩固脱贫攻坚成果、切实兜住兜牢基本民生保障底线的重要职能。在未来的发展中，社会保护底线还要采用更具普适性的、精准化的识别机制，为家庭人均收入低于贫困线的贫困者提供食品券、救济金，并根据其实际需要提供必要的教育救助、住房救助等，满足贫困者的基本生存需要，推动贫困者有效地参与到经济社会生活当中，从经济社会发展所带来的社会分配中获得有效收益，提升个体和家庭改善生计系统的能力，摆脱困境、防范陷入贫困的风险。要提升贫困者参与劳动力市场的能力，对于符合工作年龄且具备劳动能力的贫困者要通过积极建设就业服务平台、帮助贫困者掌握市场所需要的技能和能力，推动其通过就业来摆脱贫困。对于暂时或永久不适合工作的贫困者，社会救助制度应体现出更大的包容性，为其提供基本的生活所需和多样性的生活目标，使贫困群体不仅获得收入，而且成为对社会有贡献、有尊严的公民。同时，通过社会参与培养公民的社会责任担当，培养有竞争力且负责任的公民。另外，要通过社会化手段防范和化解重大疾病、灾害等事件所带来的贫困风险，推动贫困者形成稳定的社会支持网络，提高贫困者子女的受教育水平以阻断贫困的代际传递，使贫困者能够积累社会资本，提升改善生计系统的能力。

综上，包括国民年金、灾难性卫生支出保障、意外伤害保险、社会救助等内容的社会保护底线是包容性、基础性的兜底保障，致力于满足全体社会成员的基本生活和发展需要。

第四节　落实终身教育以应对知识变革挑战

社会团结经济以合作互惠、共建共享为核心理念，劳动者的稳定就业仍然是社会团结经济视角下社会保护体系的重要基础。但数字化时代劳动力市场对认知技能的需求迅猛增长，工作稳定性不断下降，这就需要通过终身教育使劳动者在职业生涯的各个阶段都能提升技能，以适应劳动力市场的要求。1965 年，法国成人教育专家保尔·朗格朗在联合国教科文组织召开的国际会议上首次提出"终身教育"的理念。1972 年，联合国教科文组织在教育报告《富尔报告》中强调终身教育的重要性，提出教育的中心是人，教育在目的、内容、形式、时间、空间等各个方面应当日益向着包括整个社会和个人终身的方向发展，"在这个进程中人通过各种经验学会如何表现他自己，如何和别人进行交流，如何探索世界，而且学会如何继续不断地——自始至终地——完善他自己"[1]。此后，联合国教科文组织在全球范围内大力推广终身教育，取得了丰硕的实践成果。2021 年，联合国教科文组织发布报告《共同重新构想我们的未来：一种新的教育社会契约》，提出教育可以从社会契约的角度加以审视，并且把确保终身接受优质教育权利作为新的教育社会契约原则，[2] 进一步明确了终身教育在未来数字化时代的关键地位。数字化时代的发展变化使劳动者需要依赖终身教育体系以避免被劳动力市场淘汰，现阶段，我国社会保护体系比以往更加需要终身教育体系的支持。我国从 20 世纪 90 年代开始构建终身教育体系，1995 年《中华人民共和国教育法》提出"建立和完善终身教育体系"，《中国教育现代化 2035》进一步提出构建服务

---

[1]　联合国教科文组织国际教育发展委员会编著《学会生存——教育世界的今天和明天》，教育科学出版社，1996，第 197 页。

[2]　UNESCO, *Reimagining Our Futures Together: A New Social Contract for Education*, (Paris: UNESCO, 2021), p.2.

全民的终身学习体系。从中国社会保护体系的现实需求出发，落实终身教育应当重点关注以下几个方面。

一是需要形成政府主导、企业投资、各类教育机构服务的多元合作格局。职工教育培训是终身教育的重要方面，在终身教育中发挥企业的主体能动性是职业教育与产业发展有机融合的关键举措。鉴于此，应当通过税收优惠、校企合作等方式鼓励企业加大对职工教育的投入，引导企业从职工终身职业发展的角度开展职工教育培训，以人才交流、在职教育、专业技术资格鉴定为媒介促进职工教育培训与继续教育、成人教育有效对接。探索校企一体化育人模式，形成校企在人才培育和创新研发等方面的双赢局面。同时，要充分发挥社区教育在终身教育体系中的重要作用，拓宽社区教育的资源引入渠道，以加强职业技能培训为核心，将就业服务与终身教育结合起来，大力发展以社区为载体的继续教育。以政府购买等形式支持社会力量开展继续教育培训，健全终身教育培训监管和保障机制。二是建立职业风险识别机制，支持技能落后或所处岗位有望实现自动化的劳动者，学习新技能，提高抗风险能力。三是建立学习激励机制，激发劳动者参与终身教育的积极性，推动普通教育、职业教育、继续教育等各类教育形式之间的相互认证，营造良好的终身教育氛围。四是重视数字化技术在终身教育中的应用，积极发展远程教育，并利用人工智能等数字化技术赋能终身教育。通过以上方式，最终构建国家主导多元合作、有效整合教育资源、关注劳动者终身职业发展的终身教育体系，满足数字化时代劳动力市场对劳动者的现实需求。

小　结

社会团结经济理论试图将经济学从新古典主义思想中的人类行为学中解放出来，将完全竞争模型转变为民主化市场，使社会团结经济成为市场民主化转型过程的一部分，为自由市场经济以外的经济形式提供了发展空间。社会团结经济在市场与公益的双重驱动下不断发展，通过参与和共治使社会团结经济成为经济活动的成熟参与者。在实践中，社会团结经济有助于释放在自由市场经济中被压抑的社会能量，能够在市场无法满足需求的领域发挥重要作用。

具体而言，首先，我国可探索建立非常规就业者合作社，非常规就业者合作社有助于提高非常规就业者组织化程度、实现非常规就业者的劳动联合，规避市场逻辑的逐利取向，遵循社员福祉与机构发展相辅相成的社会团结经济理念，维护其社会保护权益。其次，在社会团结经济理论指导下，我国还可通过探索建立基本医疗保险家庭联保政策以解决基本医疗保险制度发展不平衡、不充分问题。在全民统一、强制参保的基础上形成以家庭为参保单元的基本医疗保险制度，即就业人口参保，家庭内的抚养（扶养、赡养）人口自动被保，达到就业人口缴费、一家老小受益的目标，形成互助共济与社会风险共担的共同体。再次，通过探索确定覆盖全民的社会保护底线可以实现政府主导、社会共担最低保护的愿望。社会保护底线包括国民年金、灾难性卫生支出保障、意外伤害保障，以及更具包容性的社会救助等内容。此外，社会团结经济以合作互惠、共建共享为核心理念，劳动者的稳定就业仍然是社会团结经济视角下社会保护体系的重要基础，通过建立职业风险识别机制等方式实现国家主导多元合作、有效整合教育资源、关注劳动者终身职业发展的终身教育体系，满足劳动力市场对劳动者的现实需求。

社会团结经济以集体福祉、合作互惠、共建共享为基本原则，尝试用团结逻辑的方式实现社会团结目标，在现有社会保护体系的基础上探索建立非常规就业者合作社、制定基本医疗保险家庭联保政策、确定覆盖全民的社会保护底线等，将去组织化的非常规就业者重新团结起来，解决社会保护体系的非均衡性问题，使全体社会成员获得体面生活的基本保障，实现自由全面的发展。

参考文献

A. C. 庇古：《福利经济学》，朱泱、张胜纪、吴良健译，商务印书馆，2011。

阿马蒂亚·森：《以自由看待发展》，任赜、于真译，中国人民大学出版社，2012。

埃德蒙·柏克：《法国革命论》，何兆武、彭刚译，商务印书馆，1998。

柏拉图：《理想国》，郭斌和、张竹明译，商务印书馆，1986。

保罗·皮尔逊编《福利制度的新政治学》，汪淳波、苗正民译，商务印书馆，2004。

贝弗里奇：《贝弗里奇报告——社会保险和相关服务》，社会保障研究所译，中国劳动社会保障出版社，2008。

边沁：《政府片论》，沈叔平等译，商务印书馆，1995。

布莱恩·特纳编《公民身份与社会理论》，郭忠华、蒋红军译，吉林出版集团，2007。

蔡仁华主编《中国医疗保障制度改革实用全书》，中国人事出版社，1997。

陈晓律：《英国福利制度的由来与发展》，南京大学出版社，1996。

丹尼尔·贝尔：《后工业社会的来临》，高铦等译，江西人民出版社，2018。

党思琪、杨宜勇、施文凯：《台湾地区全民健康保险制度的眷属联保机制分析》，《中国经贸导刊》2021年第23期。

道格拉斯·C. 诺思：《经济史中的结构与变迁》，陈郁、罗华平等译，上海三联书店、上海人民出版社，1994。

董仲舒：《春秋繁露·仁义法》，张祖伟点校，山东人民出版社，2018。

董仲舒：《春秋繁露·深察名号》，张祖伟点校，山东人民出版社，2018。

杜佑撰《通典》，王文锦、王永兴、刘俊文、徐庭云、谢方校点，中华书局，1992。

冯桂芬：《校邠庐抗议·汇校》，熊明心校对，冯凯整理，上海社会科学院出版社，2015。

哥斯塔·埃斯平－安德森：《福利资本主义的三个世界》，苗正民、滕玉英译，商务印书馆，2010。

龚自珍：《龚自珍全集》，上海人民出版社，1975。

《古文观止》，吴楚材、吴调侯编，俞日霞编译，二十一世纪出版社，2014。

顾俊礼主编《福利国家论析——以欧洲为背景的比较研究》，经济管理出版社，2002。

顾昕：《从社会安全网到社会风险管理：社会保护视野中社会救助的创新》，《社会科学研究》2015年第6期。

顾炎武：《日知录校释（上）》，张京华校释，岳麓书社，2011。

郭毅生：《太平天国经济史》，广西人民出版社，1991。

国际劳工局：《争取社会正义和公平：全球化的社会保护底线》，国际劳工局出版处，2011。

国际劳工组织：《世界社会保障报告：全民社会保护以实现可持续发展目标（2017—2019）》，华颖等译校，中国劳动社会保障出版社，2019。

H. L. A. 哈特：《法理学与哲学论文集》，支振锋译，法律出版社，2005。

哈贝马斯：《哈贝马斯精粹》，曹卫东译，南京大学出版社，2004。

《韩非子·备内》，陈秉才译注，中华书局，2007。

《韩非子·奸劫弑臣》，秦惠彬校点，辽宁教育出版社，1997。

《韩非子·解老》，陈秉才译注，中华书局，2007。

《韩非子·显学》，秦惠彬校点，辽宁教育出版社，1997。

洪秀全：《太平天国诗文选译·原道醒世训》，杨益茂、宋桂芝译注，巴蜀书社，1997。

胡寄窗：《中国经济思想史简编》，中国社会科学出版社，1998。

华颖：《全球社会保障的最新动态与未来展望》，《社会保障评论》2018年第2期。

黄绍筠：《中国第一部经济史——汉书食货志》，中国经济出版社，1991。

J. M. 凯利：《西方法律思想简史》，王笑红译，王庆华校，法律出版社，2002。

杰克·唐纳利：《普遍人权的理论与实践》，王浦劬译，中国社会科学出版社，2001。

景天魁：《底线公平：公平与发展相均衡的福利基点》，《北京工业大学学报》（社会科学版）2015年第1期。

卡尔·波兰尼：《大转型——我们时代的政治与经济起源》，冯钢、刘阳译，当代世界出版社，2020。

卡尔·雅斯贝斯：《历史的起源与目标》，李夏菲译，漓江出版社，2019。

康帕内拉：《太阳城》，陈大维、黎思复等译，商务印书馆，1997。

康有为：《大同书》，陈得媛、李传印评注，华夏出版社，2002。

科斯塔斯·杜兹纳：《人权的终结》，郭春发译，江苏人民出版社，2002。

莱恩·多亚尔、伊恩·高夫：《人的需要理论》，汪淳波、张宝莹译，商务印书馆，2008。

老子：《老子》，饶尚宽译注，中华书局，2007。

李宏图：《"权利"的呐喊——19世纪西欧的社会冲突与化解》，《探索与争鸣》2007年第6期。

李泽厚：《中国古代思想史论》，人民出版社，1986。

李珍、陈晨、黄万丁：《再家庭化：基本医疗保险改革的必然选择》，《暨南学报》（哲学社会科学版）2023年第2期。

李珍主编《社会保障理论（第四版）》，中国劳动社会保障出版社，2017。

李贽：《焚书·续焚书校释·答邓石阳》，陈仁仁校释，岳麓书社，2011。

李贽：《焚书·续焚书校释·童心说》，陈仁仁校释，岳麓书社，2011。

理查德·蒂特马斯：《蒂特马斯社会政策十讲》，江绍康译，吉林出版集团，2011。

联合国教科文组织国际教育发展委员会编著《学会生存——教育世界的今天和明天》，教育科学出版社，1996。

列奥·施特劳斯：《自然权利与历史》，彭刚译，生活·读书·新知三联书店，2003。

列奥·斯特劳斯：《政治哲学史（第三版）》，李洪润等译，法律出版
　　社，2009。

《论语·季氏》，张燕婴译注，中华书局，2007。

《论语·颜渊》，张燕婴译注，中华书局，2007。

《论语·雍也》，张燕婴译注，中华书局，2007。

罗伯特·诺齐克：《无政府、国家与乌托邦》，何怀宏等译，中国社会科
　　学出版社，1991。

罗伯特·欧文：《欧文选集》（第1卷），柯象峰、何光来、秦果显译，商
　　务印书馆，1979。

罗尔斯：《作为公平的正义——正义新论》，姚大志译，上海三联书店，
　　2011。

洛克：《政府论：下篇》，叶启芳、瞿菊农译，商务印书馆，1964。

《马克思恩格斯选集》（第2卷），人民出版社，2012。

《马克思恩格斯选集》（第1卷），人民出版社，1995。

迈克尔·沃尔泽：《正义诸领域：为多元主义与平等一辩》，褚松燕译，
　　译林出版社，2002。

《孟子·公孙丑上》，万丽华、蓝旭译注，中华书局，2007。

《墨子·兼爱》，墨子及弟子编著，吕昂译注，二十一世纪出版社集团，
　　2015。

皮埃尔·米盖尔：《法国史》，蔡鸿滨、张冠尧、桂裕芳、王泰来、王文
　　融、孙娴、郭华榕、周剑卿译，商务印书馆，1985。

钱宁：《社会正义、公民权利和集体主义：论社会福利》，社会科学文献
　　出版社，2007。

钱宁：《现代社会福利思想》，高等教育出版社，2006。

钱信忠：《中国卫生事业发展与决策》，中国医药科技出版社，1992。

钱运春：《西欧生产方式变迁与社会保护机制重建》，上海社会科学院出
　　版社，2011。

塞缪尔·弗莱施哈克尔：《分配正义简史》，吴万伟译，译林出版社，2010。

《尚书·礼记（精选）》，顾迁、吕友仁译注，四川文艺出版社，2021。

尚晓援：《中国社会保护体制改革研究》，中国劳动社会保障出版社，2007。

宋敏求：《唐大诏令集·赐孝义高年粟帛诏》，洪丕谟、张伯元、沈敖大点校，学林出版社，1992。

孙中山：《孙中山选集》，人民出版社，2011。

T. H. 马歇尔：《公民身份与社会阶级》，载郭忠华、刘训练主编《公民身份与社会阶级》，江苏人民出版社，2007。

《太平经·六罪十治诀》，杨寄林译注，中华书局，2013。

汤姆·戈·帕尔默编《福利国家之后》，熊越、李杨、董子云等译，海南出版社，2017。

唐钧：《从社会保障到社会保护：社会政策理念的演进》，《社会科学》2014 年第 10 期。

唐钧：《社会保护的国际共识和中国经验》，《国家行政学院学报》2018 年第 3 期。

唐钧：《社会治理与社会保护》，北京大学出版社，2018。

唐运舒、谈毅：《"做实做小"养老金个人账户改革的问题与对策》，《当代经济管理》2009 年第 1 期。

特伦斯·麦克唐纳、迈克尔·里奇、大卫·科茨：《当代资本主义及其危机：21 世纪积累的社会结构理论》，中国社会科学出版社，2014。

田毅鹏等：《中国社会福利思想史（第二版）》，中国人民大学出版社，2017。

童星：《社会转型与社会保障》，中国劳动社会保障出版社，2007。

托马斯·霍布斯：《利维坦》，黎思复、黎廷弼译，商务印书馆，1985。

托马斯·莫尔：《乌托邦》，吴磊编译，人民日报出版社，2005。

托马斯·雅诺斯基：《公民与文明社会：自由主义政体、传统政体和社会民主政体下的权利与义务框架》，柯雄译，辽宁教育出版社，2000。

万俊人主讲、张彭松整理《义利之间——现代经济伦理十一讲》，团结出版社，2003。

汪时东、叶宜德：《农村合作医疗制度的回顾与发展研究》，《中国初级卫生保健》2004 年第 4 期。

汪行福：《分配正义与社会保障》，上海财政大学出版社，2003。

王艮：《王心斋全集·语录》，陈祝生等校点，江苏教育出版社，2001。

王一：《关于实现社会保障资源平衡配置的思考》，《经济纵横》2012 年
　　第 11 期。

吴兢：《贞观政要·君道》，俞婉君译注，二十一世纪出版社集团，2018。

武川正吾：《福利国家的社会学——全球化、个体化与社会政策》，李莲
　　花、李永晶、朱珉译，商务印书馆，2011。

许建明：《合作社、康德式社会契约与何瓦斯剩余分配制》，《经济社会体
　　制比较》2022 年第 3 期。

《荀子·富国》，叶绍钧选注，崇文书局，2014。

《荀子精华》，王建玲译注，辽宁人民出版社，2018。

《荀子·性恶》，叶绍钧选注，崇文书局，2014。

亚当·斯密：《国富论》，谢宗林、李华夏译，中央编译出版社，2010。

杨燕绥、阎中兴等：《政府与社会保障——关于政府社会保障责任的思
　　考》，中国劳动社会保障出版社，2007。

姚介厚、李鹏程、杨深：《西欧文明》（下），中国社会科学出版社，2002。

伊桑·米勒、王建富：《团结经济：关键概念与问题》，《国外理论动态》
　　2012 年第 7 期。

俞可平：《权利政治与公益政治》，社会科学文献出版社，2000。

约翰·霍姆伍德：《重谈公民和市场：新自由主义和"第三条道路"》，载
　　欧阳景根：《背叛的政治——第三条道路理论研究》，2002。

岳卫、陈昊泽：《公平性视角下的日本国民年金制度研究》，《保险研究》
　　2023 年第 2 期。

张东江、聂和兴主编《当代军人社会保障制度》，法律出版社，2001。

张广利主编《社会保障理论教程》，华东理工大学出版社，2008。

张廷玉等撰《明史·太祖本纪》，中华书局，1974。

张小军：《白水社区发展基金启示：共有基础上的个人所有制——兼论破
　　解"经济学的哥德巴赫猜想"》，《开放时代》2016 年第 6 期。

张燕喜、彭绍宗：《经济学的"哥德巴赫猜想"——马克思"重新建立个人所有制"研究观点综述》，《中国社会科学》1999 年第 5 期。

张毓辉、万泉、王秀峰、翟铁民、柴培培、郭峰、李岩、黄云霞、陈春梅：《以健康为中心的卫生费用核算体系研究》，《中国卫生经济》2018 年第 5 期。

章太炎：《国故论衡·原儒》，岳麓书社，2013。

赵鼎新：《解释传统还是解读传统？：当代人文社会科学出路何在》，《社会观察》2004 年第 6 期。

郑秉文：《社会权利：现代福利国家模式的起源与诠释》，《山东大学学报》（哲学社会科学版）2005 年第 2 期。

郑功成等：《中国社会保障制度变迁与评估》，中国人民大学出版社，2002。

郑功成：《论中国特色的社会保障道路》，武汉大学出版社，1997。

郑功成：《中国社会保障 30 年》，人民出版社，2008。

郑杭生、杨敏：《社会互构论：世界眼光下的中国特色社会学理论的新探索——当代中国"个人与社会关系研究"》，中国人民大学出版社，2010。

政务院：《中华人民共和国劳动保险条例》，1951。

周寿祺：《探寻农民健康保障制度的发展轨迹》，《国际医药卫生导报》2002 年第 6 期。

朱承、刘佳：《江苏思想史》，江苏人民出版社，2020。

庄晨燕、邓椒：《共生、共建、共享：法国的社会团结经济发展模式》，《探索与争鸣》2021 年第 4 期。

《资本论》（第一卷），人民出版社，1975。

《资本论》（第一卷），人民出版社，2018。

Arampatzi Athina, "Social Solidarity Economy and Urban Commoning in Post-crisis Contexts: Madrid and Athens in a Comparative Perspective," *Journal of Urban Affairs* (2022) 44: 1375 – 1390.

CNCRE SS, Economie sociale et solidaire. Loi du 31 juillet 2014, juillet 2016.

Comision economica para america latina y el caribe, unidad conjunta cepal cnuah de, asentamientos humanos, taller "economia de solidaridad y mercado democratico" Santiago, 9 de abril de 1985.

Dew-Becker, Ian and Robert, J. Gordon, Where did the Productivity Growth Go? Inflation Dynamics and the Distribution of Income," Brooking Pages on Economic Activity (2005) 2 (2): 67.

Francis Vercamer, Député du Nord, Parlementaire en mission, *Rapportsur l'Economie Sociale et Solidaire* "*L'Economie Sociale et Solidaire, entreprendre autrement pour la croissance et l'emploi*" Avril, 2010.

Giddens. A. , *Profiles and Critiques in Social Theory* (Macmillan, 1982), pp. 36 – 37.

Green, A. , *The New Right* (Brighton, Wheatsheaf, 1987).

Gutmann, *Liberal Equality* (Cambridge: Cambridge University Press, 1980).

Nevitt, *Demand and Need* (Berkeley, University of California Press, 1977).

Nourse E. G. , "Competition as Method and an Goal," Washington Brookings Institution (1942) 4: 31 – 33.

Pablo Guerra, *Economía de la Solidaridad: Construcción de un camino a veinte años de las primeras elaboraciones*, Revista OIKOS. Universidad Cardenal Raul Silva Henriquez, Santiago de Chile, 2004.

Pierre Rosanvallon, *The New Social Question Rethinking the Welfare State* (Princeton University Press, 2000) .

Quoted in Pablo Guerra, *Economia de solidaridad: consolidacion de un concepto a veinte anos de sus primeras elaboraciones*, (Revista OIKOS: Universidad Cardenal Raul Silva Henriquez, 2004), pp. 12 – 15.

R. Aronson, J. S. Cowley, *The New Left in the United States*, in Socialist Register (1967) 4.

Staatz W. D. , et al. "The Membrane Glycoprotein Ia-Iia (Vla – 2) Complex Mediates the Mg-Dependent Adhesion of Platelets to Collagen," *Journal of Cell Biology* (1989) 108: 1917.

UNESCO, *Reimagining Our Futures Together: A New Social Contract for Edu-*

cation (Paris：UNESCO，2021)，p. 2.

World Commission on the Social Dimension of Globalization. *A Fair Globalization*：*Creating Opportunities for All* (Switzerland：Switzerland DTP，2004)，p. 13.

Xu K.，Evans D. B.，Kawabata K.，et al. "Household Catastrophic Health Expenditure：A Multicountry Analysis," *The Lancet* (2003) 362：111 – 117.

后 记

这是我在社会科学文献出版社出版的第二部学术专著，距离上一本书已经过去了七年。中国人对数字有着特殊的情感，所谓"逢七生变"，"七"似乎意味着一个周期的结束。可以说，本书是对我这七年学术成果的总结。

这七年我仍然执着于对社会保障基础理论的研究，梳理了关于正义、权利、平等的相关思想与理论，总结出"再商品化"互构论和"去商品化"权利论两条理论线索，并提出在社会团结经济理论视角下的整合思路，尝试为社会保障理论研究做一点基础性的工作。七年来，我的理论研究兴趣有增无减，虽然理论成果周期长、进步慢、发表艰难，但建构中国式现代化理论体系的时代召唤使我更加坚信，对于中国问题的确认和解答需要沉潜且周密的理论思索。

这七年，我的工作生活发生了很多变化，我回到了母校吉林大学任教，守正创新，如沐春风；我有了第二个女儿，欢然恋恋，彼此陪伴。我的老领导付成老师不幸辞世已有四年，至今想来仍心有戚戚焉。在我撰写后记时，国际冲突中的人道主义危机不断上演，历史的悲剧似乎正在重现，由此而来的愤懑之情有如窗外的皑皑白雪无从消融，但也正因如此，对于权利、团结、人的基本需要的探讨和坚持尤显重要和珍贵。

点点滴滴的心血，经年累月地流淌汇聚成眼前的这本书，其中有慰悦也有困惑，有收获而惴惴更多。感谢胡庆英编辑不辞辛劳、认真负责、细致严谨的编辑工作，感谢我的博士生张泽雨、李鑫一丝不苟的校对工作，感谢家人的理解与支持。书稿校对过程中不断发现各种错漏之处，着实令我惶恐不安、坐卧不宁。真诚希望读者对书稿中的不足之处予以指正，也望不吝赐教。

在书稿即将付梓之际，李强教授因病医治无效在北京逝世，悲恸之情，难以言表。先生治学求真求实，躬行践履，是新时期中国社会学学科的重要奠基人。先生为人正直谦和，睿智儒雅，以君子之姿书写家国情怀。先生为师循循善诱，提携后辈，以良师之范厚德育人。为本书所撰序言，是先生最后的嘱托与期寄，吾等后辈学人必将继承先生遗志，坚定理想信念，坚持探讨中国社会的"真"问题，坚守服务人民群众的学术立场。

谨以此书献给李强教授，致敬，缅怀！

王 一

2023 年 12 月 15 日于吉林大学匡亚明楼

图书在版编目（CIP）数据

社会保护的理论分野与整合："再商品化"互构论
与"去商品化"权利论／王一著. -- 北京：社会科学
文献出版社，2023.12
　　ISBN 978 - 7 - 5228 - 3076 - 6

　　Ⅰ.①社…　Ⅱ.①王…　Ⅲ.①社会保障 - 研究 - 中国
Ⅳ.①D632.1

中国国家版本馆 CIP 数据核字（2023）第 244756 号

社会保护的理论分野与整合
——"再商品化"互构论与"去商品化"权利论

著　　者／王　一

出 版 人／冀祥德
责任编辑／胡庆英
责任印制／王京美

出　　版／社会科学文献出版社·群学出版分社（010）59367002
　　　　　地址：北京市北三环中路甲 29 号院华龙大厦　邮编：100029
　　　　　网址：www. ssap. com. cn
发　　行／社会科学文献出版社（010）59367028
印　　装／北京联兴盛业印刷股份有限公司

规　　格／开　本：787mm × 1092mm　1/16
　　　　　印　张：14.5　字　数：211 千字
版　　次／2023 年 12 月第 1 版　2023 年 12 月第 1 次印刷
书　　号／ISBN 978 - 7 - 5228 - 3076 - 6
定　　价／98.00 元

读者服务电话：4008918866